"十三五"国家重点图书出版规划项目

国家出版基金项目
NATIONAL PUBLICATION FOUNDATION
齐康 主编 可持续发展的中国生态宜居城镇系列丛书

理想城镇港口区域可持续发展研究

王 宇 著

东南大学出版社
·南京·

丛书总序

党的十九大胜利召开,这是全国人民的一件大事。我们在以习近平同志为核心的党中央领导下,在各个方面都取得了长足的进步。在新的征途上,我们还有大量的工作要做,到两个一百年我们将会成为一个富强、民主、文明、和谐的社会主义现代化国家。

我们今天仍是发展中国家,在建设中尚有许多贫困地区需要扶持,在农村中存在孤寡老人、留守儿童需要关照。随着全球气候变暖,有的地区雾霾等恶劣气候影响着人们的健康生活;在发展农村经济时,切忌盲目发展,要保持青山绿水。

我们尚处在转型阶段,在这个关键时期我们不能松懈。我们要做的事还有很多,主要是:

传承——把历史上的优秀文化传承下来,剔去糟粕。

转化——在转型阶段向新阶段转化,如新型城镇化的开拓发展。

创新——我们的目的是要不断地创新,探索永无止境。

科技是第一生产力,我们的教育就是要培养忠于人民、为人民服务的有文化、有理想、有技术、有道德的人才,为中华民族的伟大复兴做出贡献。

近年来,我们的团队在以习近平同志为核心的党中央领导下,教学科研工作取得了一些成绩,尤其在研究可持续发展的中国生态宜居城镇方面做了一些探索。在党的十九大精神指引下,我们深感前途是光明的、任务是艰巨的。我相信,只要大家团结在以习近平同志为核心的党中央领导下,努力工作,尤其在新型城镇化建设中努力探究和开拓,一定会取得新成果。

本课题是"十三五"国家重点图书出版规划项目,也是国家出版基金项目,感谢新闻出版广电总局的大力支持及给予的肯定,相信在大家的共同努力下,在东南大学出版社的支持与编辑的辛勤工作下,我们一定能够顺利完成本套丛书的出版。

齐 康

2017 年 11 月

序

　　城市有山地城市、丘陵城市、平原城市和滨水城市等，港口区域空间形态特征及演变规律的探索对于促进城市经济和产业发展具有重要的意义。

　　本书对长江下游城市港口区域形态的研究，落实于以江苏省为主的港口区域，具有针对性与现实性，经过对六个港口系统全面与深入的理论研究，对我国类似地区城市经济与社会发展，具有战略意义与学术价值，同时也具备一定的实践指导作用。

　　本书首先从宏观的层面分析了港口区域与城市之间的关系，梳理了影响港口区域空间形态变化的成因，并有针对性地提出了港口区域空间优化的模式；其次作者又从微观层面对港口的功能布局、交通组织、景观结构、建筑特色等几个方面进行了总结分析，并结合国外优秀案例，提出了长江下游港口区域空间发展的策略。

　　文献综述翔实全面，对国内外相关理论进行了系统的综述分析，尤其在研究对象的文献搜集整理上做了大量的工作，包括指导性的政策原则等方面，并以大量案例的调研分析为基础，为该研究形成了较好的理论支撑。

　　我为之作序，使读者得以参考。

目　　录

1 绪 论

1.1 研究背景、目的及意义

1.1.1 研究背景

港口区域空间对城市经济、社会发展都起着至关重要的作用。由于经济全球化和跨国公司生产布局的新方式,发达国家纷纷向发展中国家进行产业转移。而远洋运输因其低廉的运输成本、出色的运输效率、优越的运输安全,已成为产业转移优先选择的运输方式,沿海、沿江地区因而形成极大的区位优势。当代全球 3/4 的大城市、70% 的人口都集中在距海岸线 100 km 左右的沿海地带。我国首批 14 个沿海开放城市生产总值占全国生产总值的 18.6%,沿海港口运输量以惊人速度增长,港口货物吞吐量连续几年排名世界第一,集装箱吞吐量占世界近 1/4,2010 年上海集装箱量更是首次超过新加坡成为全球集装箱第一港。在此背景下,很多国家提出"滨水战略"和"以港兴城,港以城兴"发展战略。

长江是我国的第一大河,是连接东西航运的大动脉,沟通了内陆腹地和沿海的广大地区,是中国的"黄金水道"。长江下游是我国经济开发较早、文化发达、历史悠久、经济繁荣的一个重要经济区域①,也是我国河港数量最多、类型最全、发展程度最高的河港分布区域②,本书为何要以长江下游港口区域空间作为研究重点,主要原因有以下几点:

1. 长江下游发达的城市数量比较多,城市化程度高,区位和城镇依托条件好。

长江下游是我国生产力布局 T 形轴线结合部,沿海与中西部地区的连接带,水路交通中枢,长江、沿海、远洋物资中转的枢纽区域,也是太平洋区域空间经济联系的重要门户。区域内的城镇化水平很高,沿江城镇规模大、数量多,具有港口所需的优越区位和城镇依托条件。

长江下游城市密集,城市化水平高,是全国经济密度最大的经济带,也是经济增长潜力最大的地区,在长江沿线的城市竞争力中,各项指标都排名第一(表 1-1)。在城市层次空间分异中,长江下游是一级中心城市、二级中心城市的主要分布地点,其城市空间扩张和城市化水平都达到了一个很高的层次,拥有广阔的腹地和发展空间,是港口可开发规模最大、影响范围最广的区域。长江沿岸的城市分布密度有所差别,下游城市密度明显高于中上游,下游城市平均密度为 60~70 km,中游城市平均密度 117 km,下游地区的设市总数占全国总数的 18.4%,其中包括现代国际大都市上海,4 个经济发达的省会城市南京、杭州、合肥、南

---

① 张学恕. 中国长江下游经济发展史[M]. 南京:东南大学出版社,1990:1
② 曹有挥,毛汉英,许刚. 长江下游港口体系的职能结构[J]. 地理学报,2011(9):590

昌,44 个中等及以上城市,还有 277 个县级小城市及小城镇。长江下游城市化程度明显高于中上游,包括苏锡常、宁镇扬、上海等都市圈,是中国城市经济发展水平较高,较具有竞争力的经济区域,其区域城乡一体化格局已初步形成。

表 1-1　长江经济带竞争力空间分异①

竞争力空间分异	长江下游地区	中游地区	上游游地区
综合竞争力	6	2	2
经济规模竞争力	6	2	2
社会富足度竞争力	7	2	1
发展效率竞争力	5	3	2
发展互动竞争力	6	3	1

2. 港口区域发展条件好,分布密集,空间形态体系比较容易建立,但存在发展问题突出的特点(图 1-1)。

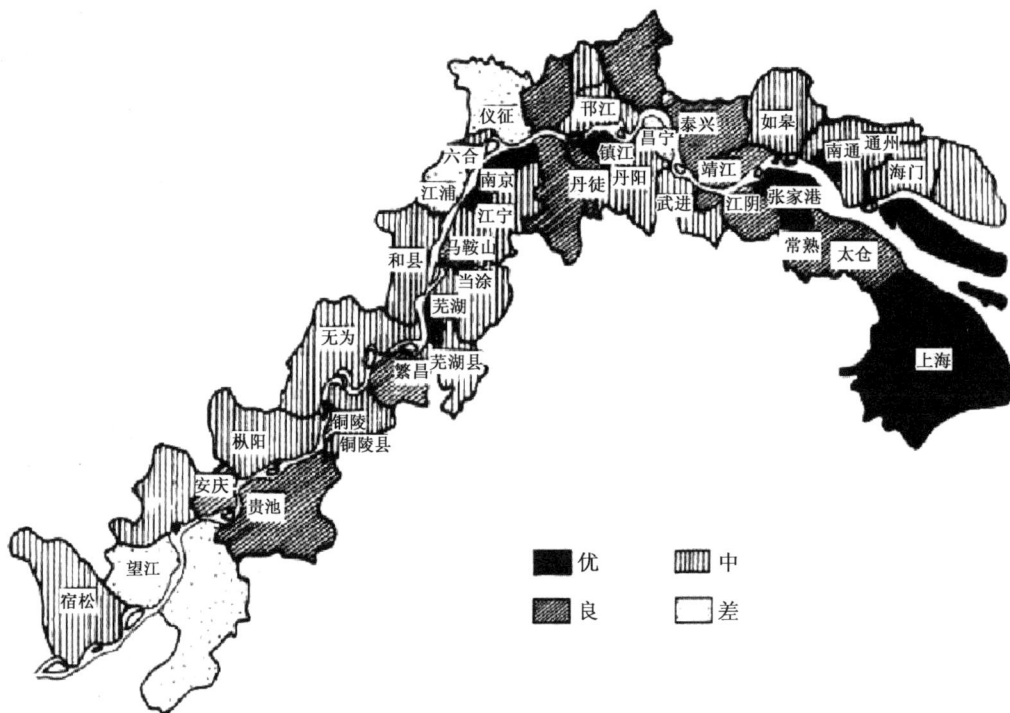

图 1-1　长江下游港口体系区域基础的空间差异

图片来源:曹卫东,曹有挥,李海建.港口体系区域基础的综合评价研究——以长江下游干流沿岸港口体系为例[J].安徽师范大学学报(自然科学版),2004(2):198

长江下游沿岸资源条件良好,岸线发展潜力巨大,为港口的建设与发展提供了优越的条件。长江岸线约 900 km,海岸线长约 3 200 km,河段流量大、江面宽阔,水运条件优良,其自

---

① 彭劲松. 长江经济带城市综合竞争力及空间分异[J]. 重庆工商大学学报(社会科学版),2007,24(4):43

然地理条件是港口选址的基础。长江下游具有优越的地理位置,除了拥有"黄金水道"长江和"黄金海岸"以外,还拥有众多内河河流,如京杭大运河、淮河等,拥有众多湖泊,如鄱阳湖、太湖等,长江下游负担运输任务的船舶占长江全线运力的 58%。一方面,长江下游沿岸地区具有江、海、陆综合联运的作用,是长江沿岸、南北沿海与近远洋集装箱货流的中转运输的主要枢纽地段;另一方面,长江下游将成为长江流域与环太平洋区域经济联系的重要门户。这样的优越条件造就了长江下游密集的港口分布,但其发展依然存在许多问题。从实践经验看,包括长江下游沿线城市尚未做好以港口为动力特征、构筑开放型城市结构调整的准备。港口无序竞争、综合交通体系欠缺等等问题都亟待解决。港口面临着自身改造问题,港口与后方城市之间存在交通、空间发展、环境保护等诸多矛盾。

3. 对港口区域的研究主要集中在产业经济学、人文地理学以及港口、海岸及近海工程等学科,而从建筑学和城市规划角度的研究比较少;在研究尺度上,宏观方面的研究较多,中微观方面的研究较少;在分析类型上,定性的研究较多,定量的研究较少。

已有的空间分析手段单一,力度不够,造成分析出来的港城空间演化无合理理论支撑,也无法对城市空间形态的发展得出规律性总结,对港口发展的建设不能做出有益的指导和建议。其次,没有在区域整体空间发展角度给予全面的统筹和充分的协调,使港口之间充满恶性竞争和重复建设,而最终影响到整个区域的长远发展。

"以港兴城,港以城兴,港为城用"是世界范围内港口城市发展演变的普遍规律。在国际内河航运的复苏以及区域经济发展的背景下,长江沿线港口尤其是南京以下、长江下游的港口成为沿江各市发展的热点。依托长江航运,我国经济最发达的长三角地区充分发挥着对中西部地区的辐射效应。一方面,"港以城兴",港口的发展对城市建设的作用越来越重要,长江下游各地港口都在扩大规模以适应城市发展的需求。随着中西部地区加快发展,内河水运优势不断凸显,沿江城市对提升长江运力的需求也与日俱增,港口建设成为城市发展的重要战略方向。另一方面,"以港兴城",港口的发展也对城市的发展提出了更高的要求,城市经济活动的扩张、生活辅助设施的供给、集疏运网络的完善等等,给城市带来了新的发展机遇和发展空间,也为港口的发展开辟了新的天地[①]。在这样的发展背景下港口区域空间发展面临诸多问题:港口区域与城市空间形态发展之间具有什么样的关系和规律? 如何通过控制港口区域空间形态的发展来对城市空间形态的发展做出指导?

如何充分认识港口区域空间形态特征及演变规律,对探索我国城市空间形态发展具有十分重要的理论和实践意义。

1.1.2　研究目的及意义

目前我国的港口与城市之间普遍存在协调发展的问题,其促因是多方面的。首先,归结于我国港口城市规划的特殊性。在港口发展的历程中,港口与城市之间的相互衬托和促进关系逐渐凸显,但如何在空间布局上有机结合、相互协调、合理调配城市的资源环境还有很大欠缺。其次,城市规划部门与港口规划部门各自为政,分块管理,没有相互配合,使得港口规划与城市规划缺乏整体性考虑,港口与城市从相互衬托、相互促进的关系转变为相互干扰、相互制约的关系。本书通过对长江下游城市几个有特色的港口区域空间形态的纵向研

---

① 陈烨. 京津冀沿海港口城市空间形态演变研究[D]. 北京:中国城市规划设计研究院,2008:2

究,分析港区与城市之间的关系并找到港区与城市发展的矛盾与平衡点;通过对城市港口区域空间形态进行横向比较研究,由港口空间形态在不同阶段的表现分析出影响港口区域空间形态的深层结构,提出该港口区域空间的优化模式,并结合国外港口区域空间发展的成功案例,提出长江下游港口区域空间的发展策略。

本书期待达到以下目标:

通过对长江下游城市港口区域空间形态演变纵向的分析和横向的对比研究,发现港口区域空间发展存在的问题和不足,有针对性地为该地区港口区域的空间发展提供相应理论支撑,为我国其他港口与城市发展提供一定的参考和借鉴,并对未来的发展趋势做出理论预测。

从空间角度强化对港城关系的研究,对港口进行合理的功能定位,探索生态适宜的港城空间组织模式,并通过分析长江下游城市港口区域空间形态演变过程,总结影响港口空间发展的深层结构,提出港口空间区域发展演进规律。

通过对港口区域建筑空间模式的研究和总结,补充港口区域空间形态在微观层面的内容,使港口空间与城市空间更好地融合,推动城市整体空间的发展,并针对港口面临的转型问题,提出适合港口区域再开发的设计原则。

1.1.3 相关概念解析

1. 长江下游、长江下游城市

长江习惯上分为三大段:上游为长江正源沱沱河至湖北省宜昌的江段,长 4 500 km;中游为宜昌至江西省湖口的江段,长 940 km;下游为湖口以下至长江出海口的江段,长 830 km。在航线上,上游航线为四川省宜宾至宜昌;中游航线为宜昌至汉口;下游航线为汉口至上海。长江下游地区是我国的重要经济区域,在我国经济文化发展中占有重要地位,此处研究的长江下游城市特指位于长江下游沿江岸或靠近江河入海口的城市,是从功能地域的概念来界定的(图 1-2)。

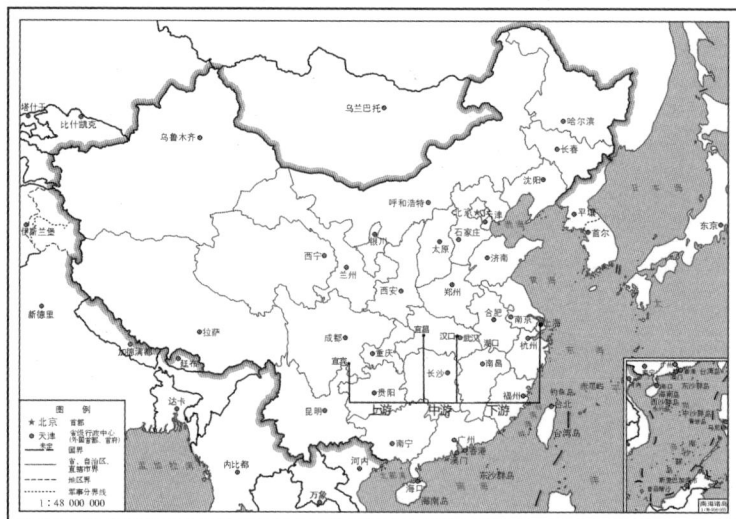

审图号:GS(2019)1824号   自然资源部 监制

图 1-2 长江上游、中游、下游航线分段示意图

图片来源:作者根据资料标注

2. 港口与港口区域

港口是具有水陆联运设备和条件、供船舶安全进出和停泊的运输枢纽,水陆交通的集结点和枢纽,工农业产品和外贸进出口物资的集散地,船舶停泊、装卸货物、上下旅客、补充给养的场所。由于港口是联系内陆腹地和海洋运输(国际航空运输)的一个天然界面,因此,人们也把港口作为国际物流的一个特殊结点①,其范围包括港内水域及紧接水域的陆地。港口按地理位置可分为海港、河口港、河港、湖港及水库港等,按用途可分为商港、渔港、军港、工业港、避风港等。

港口区域指位于城市的滨水区域空间,是为港口服务或以港口为核心功能的城市区域及建筑空间。研究长江下游城市港口区域空间发展的规律和特色,对推动这一区域乃至全国的港口区域空间发展具有重要的借鉴意义。

3. 空间形态

形态(Morphology)一词来源于希腊语 morphe(形)和 logos(逻辑),指形式的构成逻辑,含义很广。城市形态是一个复杂的经济、文化现象和社会过程,是在特定的地理环境和一定的社会发展阶段中,人类各种活动与自然因素相互作用的综合结果,是人们通过各种方式去认识、感知并反映城市整体的意象总体②。城市空间形态,包含了空间结构和城市外部形态两方面的含义,因此可以定义为城市在空间结构、外部形态及其相互关联所形成的空间系统。

4. 港口可持续发展

港口可持续发展是可持续发展定义在港口发展问题上的应用和拓展。港口可持续发展即指港口在生产建设过程中,在保证环境及自然资源不受破坏的前提下,不断提升港口的生产条件和技术能力,加强港口与其腹地联系及与周边港口的合作,在和谐健康的环境中完善港口的社会文化,实现港口经济的持续健康发展。

1.2 国内外研究现状

1.2.1 城市空间形态相关研究与实践

1.2.1.1 国外研究现状

国外对于城市形态的研究,从公元前 450 年的世界上最早的都市古希腊米利都市的棋盘方格网研究,到现在的多学科交叉的城市研究,可以说城市形态的理论已渐近成熟。

1. 对城市形态的研究分类(可见表 1-2)

---

① Ych405. 港口(运输枢纽)[EB/OL]. (2013-12-21). http://baike.baidu.com/subview/64932/8050245.htm? fr＝Aladdin

② 武进. 中国城市形态:结构、特征及其演变[M]. 南京:江苏科学技术出版社,1990:4-5

表1-2 国外城市空间形态研究

形态分析（Morphological Analysis）基于从二维到三维的城市地图、规划与建筑设计和城市实体研究，目的是解释城市现象和剖析其中隐含的规划管理看、建筑师、业主和各种相关专业人员在城市形态变化中的作用及责任	城市历史研究（Urban History Studies）	西方	著名学者培根（Baken）、吉尔德恩（Gledion）、科斯托夫、芒福德、拉姆森（Rammussem）、斯乔伯格等对传统城市研究做出主要贡献
		中国	两种城市形态：《周礼·考工记》，体现了高度集中的政治体制和中国传统的伦理与哲学思想。《管子》倡导自然的哲学，人类的居住环境应和自然环境相协调，主张从实际出发，不重形式，不拘一格。这两种城市形态互相补充构成中国传统城市形态理论
	市镇规划分析（Town Plan Analysis）		起源于欧洲中部，以德国的斯古特（Schlter）为代表的"形态基因"（Morphogenes）研究是最早的理论基础，康泽恩进一步发展形成康泽恩学派，后来成立于英国伯明翰大学地理系的城市形态研究组，继承发展了其思想，影响到西方的城市研究学术领域①
	建筑学的方法（Architectural Approaches）		从建筑师与城市设计师发展的对城市形态的理解，最有代表性的类型学（Typology）与文脉研究（Contextual studies），类型学起源于意大利与法国，根据罗塞（Rossi）的理论，类型学是普遍的，存在于所有的建筑学领域，可以在建筑与城市分析中被广泛使用，文脉研究着重于对物质环境的自然和人文特色的分析
	空间形态研究（Space Morphology Studies）		起源于1950年由马奇、马丁在英国剑桥大学创立的"城市形态与用地研究中心"，认为城市由基本空间元素组成，它们构成了不同的开放与围合空间和各种交通走廊等，从不同规模层次分析城市的基础几何元素，目的是试图描述和定量化这些基本元素和它们的关系
环境行为（Environment Behavior Studies）关注人的主观意愿和人的行为与环境之间的互动关系	代表人物：乔尔（Gehl）、林奇（Lynch）、拉波波特（Rapoport）、赖特（Whyte）等，建立了人类行为与物质环境关系的理论，建议城市发展演变应与当地生活方式及文化相适应，强调设计应与环境相协调，即"环境行为"的方法		
政治经济学关注政治与经济因素和相关的社会组织在"城市过程"中的作用	广义的来说包括宏观经济学、社会学和政治学的方法。在建筑环境与商品生产过程之间建立了联系。从哈维到鲍尔再到诺克斯，都强调了建筑环境产生和变化与社会生产与再生产过程密切过程，在这一过程中资本是主要作用因素。同时城市发展的组织形式及相关社会机构所起的作用是研究重点		

① 谷凯.城市形态的理论与方法——探索全面与理性的研究框架[J].城市规划,2001,25(12):36-39

2. 具有一定影响力的城市形态理论研究见表 1-3

表 1-3　国外具有一定影响力的城市形态理论研究

理论	作者	年代及著作	主要内容	图　示
田园城市 (Garden Cities)	英国的埃比尼泽·霍华德爵士 (Ebenezer Howard)	1898 年在其著作《明日的田园城市》中提出	将人类社区包围于田地或花园的区域之中,平衡住宅、工业和农业区域的比例的一种城市规划理念①	 图 1-3　Howard three magnets 图片来源:Marnanel. Howard-three-magnets[EB/OL]. (2014-02-20). http://zh. wikipedia. org/wiki/File:Howard-three-magnets. png
广亩城市 (Broadacre City)	美国建筑师赖特	1930 年代提出的城市规划思想	随着汽车和电力工业的发展,已经没有把一切活动集中于城市的必要;分散(包括住所和就业岗位)将成为未来城市规划的原则②	
有机疏散 (Theory of Organic Decentral-ization)	美国建筑师伊利尔·沙里宁	在 1943 年出版的著作《城市:它的发展、衰败与未来》(*The City*: *Its Growth*, *Its Decay*, *Its Future*)中对此理论进行了详细的阐述	此理论是为了缓解城市过分集中和过分膨胀所带来的种种弊端,提出关于城市发展及其布局结构的理论,是城市分散发展的一种理论,并从土地产权、价格、城市立法等方面论述了其必要性和可能性	 图 1-4　芬兰大赫尔辛基的分散方案, 1918 年沙里宁设计 图片来源:伊利尔·沙里宁. 城市:它的发展、衰败与未来[M]. 顾启源,译. 北京:中国建筑工业出版社,1986:175

① Howard E. Garden Cities of To-morrow[M]. New York:The MIT Press,1965:62
② 广亩城市[EB/OL]. (2013-11-06). http://baike. baidu. com/view/1691990. htm

理论	作者	年代及著作	主要内容	图 示
城市形态 (Good City Form)	美国建筑师凯文·林奇 (Kevin Lynch)	在1981年的著作《城市形态》(Good City Form)中对其做了相关阐述	将可识别性看做感觉的一种,论述了城市形态的形成原因及什么样的城市形态是好的,在此基础上提出"标准理论"概念,特点在于将人的价值观融进对城市形态的探讨中,是对恰当的城市形态及其原因的一套想法①	活力　感受　可及性　管理与控制　效率与公平　适宜性 图1-5　建立城市形态的一组性能指标 图片来源:Lynch K. Good City Form[M]. New York:The MIT Press,1981:85
精明增长 (Smart Growth)	美国精明增长联盟 (Smart Growth America)	2000年美国规划协会联合60家公共团体共同组成	核心内容:用足城市存量空间,减少盲目扩张;加强对现有社区的重建,重新开发废弃、污染工业用地,以节约基础设施和公共服务成本;城市建设相对集中,密集组团,生活和就业单元尽量拉近距离,减少基础设施、房屋建设和使用成本②	
智慧城市 (Smart Cities)	美国加州旧金山的一次国际会议	1990年国际会议后正式出版的文集"The Technopolis Phenomenon:Smart Cities, Fast Systems, Global Networks",成为关于智慧城市研究的早期代表性文献	探寻城市通过信息技术聚合"智慧"以形成可持续的城市竞争力的成功经验	图1-6　智慧城市基本结构 图片来源:张陶新,杨英,喻理. 智慧城市的理论与实践研究[J].湖南工业大学学报,2012,17(1):2

① Lynch K. Good City Form[M]. New York:The MIT Press,1981:32

② 精明增长[EB/OL]. (2012-09-16). http://baike.baidu.com/view/2186786.htm,

理论	作者	年代及著作	主要内容
紧缩城市（The Compact City）	迈克·姆斯、伊丽莎白·伯顿、凯蒂·威廉姆斯	2004 年出版的《紧缩城市》汇集了众多专家撰写的有关城市形态的文章，对紧缩城市给发达国家城市带来的影响进行了探讨	紧缩城市理论是针对城市环境不断的恶化、交通问题的日益突出以及郊区化、逆城市化等为题提出的，是以遏制城市扩张为前提的，通过对集中设置的公共设施的可持续性综合利用，有效地减少交通距离、废气排放量，并促进城市的可持续发展。其主要观点是：最大限度地利用城市土地，减少空闲、废弃用地，减少城市用地无休止的蔓延①

3. 国外研究述评

过去的几十年，中西方对于城市形态多集中于政策规划、发展管理、社会规划、发展影响评估、社会规划与经济发展上，研究脱离了物质环境，而物质环境在规划学科占据很重要的位置。当前西方规划学科对于城市研究的热点集中在"可持续发展"和"城市交通"研究上，环境、经济、社会效益与城市形态的联系也日益得到重视②。

1.2.1.2 国内研究现状

1. 国内研究现状（见表 1-4）

表 1-4 国内城市空间形态研究

不同层面的研究	作者	著作	研究主旨
国家层面	武进	《中国城市形态：结构、特征及其演变》	研究中国城市形态的专门著作，对城市形态做出了自己的定义，采用定量统计分析方法，并引入社会学的研究方法，探索了城市形态演变规律，为形成理想城市做出了有益的指导③
	段进	《城市空间发展论》	对城市演进与发展中的空间发展规律和规划方法做了研究，其中涉猎了多学科的知识，包括建筑学、规划学、生态学、地理学、经济学、哲学、社会学等众多领域④
	顾朝林	《集聚与扩散——城市空间结构新论》	讨论了城市与外部环境及城市内部各组成要素之间的相互关系，论述了城市空间结构基本理论、城市空间结构主要因素、城市空间结构研究理论框架、城市内部地域结构、城市的向心与离心增长、城市郊区化和城市空间结构演化规律等⑤

① 刘宇峰. 试论紧缩城市与分散城市[J]. 科技情报开发与经济,2007,17(15):131

② 谷凯. 城市形态的理论与方法——探索全面与理性的研究框架[J]. 城市规划,2001,25(12):39

③ 武进. 中国城市形态:结构、特征及其演变[M]. 南京:江苏科学技术出版社,1990:2

④ 段进. 城市空间发展论[M]. 南京:江苏科学技术出版社,2006:1

⑤ 顾朝林,甄峰,张京祥. 集聚与扩散:城市空间结构新论[M]. 南京:东南大学出版社,2000:2

续表 1-4

不同层面的研究	作者	著作	研究主旨
国家层面	熊国平	《当代中国城市形态演变》	立足于 1990 年代以来时代的发展,在新的时代背景中考察城市形态的动态演变,从全球化、信息化、知识经济等多角度审视城市形态的发展演化,对新的时代背景下的新的空间现象进行深入研究,运用于实践,进一步推动城市形态的理论研究,丰富现有的研究成果①
区域层面	邬艳丽	《东北地区城市形态研究》	以东北地区纵向研究为基础,阐述了东北城市的历史发展过程,以城市发展的影响因素为内涵,以城市形态模式为外形,全面论述了东北城市不同时期发展及其形态的动因和外在表现,具有较好的借鉴价值②
	陈烨	《京津冀沿海港口城市空间形态演变研究》	以分析的方式,通过总结归纳京津冀地域的形态演变和推动演变的动力机制,得出沿海港口城市港城空间模式,并对京津冀地区沿海港口城市城镇发展的空间框架做出趋势判断,并提出在实践过程中应重点解决的核心问题,具有很高的参考价值③
城市层面	余建华	《南通城市空间发展战略研究》	从人文地理角度对南通市空间结构从点(区域层面)到面(城市的面状结构)进行分析,分析了南通市区位条件、产业条件、城市空间要素的发展演变,对南通发展规划提出调整建议④
	王建波	《烟台城市空间形态的演变》	通过对烟台不同时期城市空间形态演变历程的描述,从构成城市空间形态的城市空间形态结构、肌理、边界及其标志、特殊地段、地标与城市观察点入手,阐述了形成不同时期城市空间形态特征的城市规划建设理念方法⑤

2. 国内研究述评

我国的城市化发展速度快,地区差异大,而我国对于城市形态的研究在广度和深度方面均不断提高,并借鉴了国外学者及其他学科的研究成果,在拓宽了研究思路的同时提出了更高的要求。但是,当前研究仍旧深度不够,城市形态缺乏综合性动力机制的探讨,对于城市形态的发展趋势研究较少。

1.2.2　港口区域空间相关研究与实践

1.2.2.1　国外研究现状

国外学者对港口与城市空间的关系很早就进行了研究,也取得了一定的成果。

---

① 熊国平. 当代中国城市形态演变[M].北京:中国建筑工业出版社,2006:21
② 邬艳丽.东北地区城市形态研究[D].长春:东北师范大学,2004
③ 陈烨.京津冀沿海港口城市空间形态演变研究[D].北京:中国城市规划设计研究院,2008:6
④ 余建华.南通城市空间发展战略研究[D].南京:南京师范大学,2002:3
⑤ 王建波.烟台城市空间形态的演变[D].上海:同济大学,2006

1. 港口与城市空间关系研究见表 1-5

表 1-5 国外港口与城市空间关系研究

理论	提出者	主要内容	图示
港口通用模型	伯德	1963 年由英国地理学家伯德通过对不列颠的一系列主要港口进行综合考察后总结出来,依据港口物资设施的添加与变化,将港口发展划分为六大阶段:①原始发展阶段,②顺岸式港口扩展阶段,③顺岸式港口细部变化阶段(突堤、栈桥等),④船坞细部变化阶段,⑤港池式码头发展阶段,⑥专业化码头(深水泊位)发展阶段。从港口设施扩展的角度对港口城市空间关系进行分析,对后来的港城关系研究具有重要的启发意义[1]。提供了一种对不同港口进行比较的方式,首次分析了港城之间的作用,并揭示出一个规律:随着港口设施的添加,港口向下游发展的趋势十分明显[2]	 图 1-7 港口通用模型 图片来源:Bird H J. The Major Seaports of the United Kingdom. London:Hutchinson, 1963:76
霍依尔模型	霍依尔	通过功能和空间的相互作用,展示了港口城市互动关系的演化,解释了由于功能和空间矛盾而导致的城市和港口的分离	 图 1-8 大城市与港口:不同时期的演进与分离 图片来源:Norcliffe G,Bassett K,Hoare T. The Emergence of Postmodernism on the Urban Waterfront:Geographical Perspectives on Changing Relationships[J]. Journal of Transport Geography. 1996,4(2):123-134
亚洲枢纽港口城市合并模型	某学者	以枢纽港新加坡和香港为例分析了亚洲港口城市的关系,亚洲枢纽港口城市是由沿海渔港发展而来,外来殖民势力对港口的发展起了很大的作用,港口利用自由港政策,其中转功能得到充分的发挥,而港口的工业并不那样突出,其滨水区并没有经历从衰落到复兴的过程(表 1-6)	

---

① Bird J H. Seaport Gateways of Australia [M]. London:Oxford University Press,1968:30

② Bird J H. Seaports and Seaport Terminais[M]. London:Hutchinson University Library,1971:71

理论	提出者	主要内容	图示
迪克吕埃模型	迪克吕埃	港口城市发展的模型,建立在弗莱明(Fleming)和海斯(Hayuth)提出的中心性概念之上①。分析了港城空间关系在不同时期的变化,"左上到右下"的对角线是从"沿海城镇"向"全球枢纽港口城市"的发展过程,"左下到右上"是港口城市的两个极端。显示发展最不平衡的现象,从有限中心性的港口枢纽到有限中间性的一般城市,两条对角线交汇处即港口城市②。分析"港口城市"会演变为一般城市,枢纽港口城市会演变为沿海城市,接着变为一般城市③	 图 1-9　迪克吕埃模型 图片来源:Ducruet C. Port Cities:Laboratories of Globalisation[D]. Le Havre University,2004:22

表 1-6　西方和亚洲港口城市演化模型④

西方港口城市模型	模型 ○ 城市 ● 港口	时间	模型 ○ 城市 ● 港口	亚洲枢纽港口城市合并模型
原始港口城市:城市与港口在空间上和功能上紧密结合		古代/中世纪—19世纪		沿海渔港:小社区依靠自给自足的当地贸易
港口城市拓展:快速发展的商业和工业迫使港口在城市之外拓展		19世纪—20世纪早期		殖民地港口城市:由外来势力的利益需求而发展港口和城市以便于货物出口及地理控制
现代工业港口城市:工业特别是炼油工业发展和集装箱设备要求独立和更大的空间		20世纪中期		中转港口城市:贸易扩大和中转功能发挥,现代港口由海洋拓展而发展

---

① Ducruet C. Port Cities:Laboratories of Globalisation[D]. Le Havre University,2004:22

② Ducruet C,Jeong O. European Port-city Interface and Its Asian Application[R]. Korea Research Institute for Human Settlements,2005:17

③ 王列辉. 国外港口城市空间结构综述[J]. 城市规划,2010,34(11):57

④ Lee S W,Song D W,Ducruet C. A Tale of Asia's World Ports:The Spatial Evolution in Global Hub Port Cities [J]. Geoforum,2008:372-385

西方港口城市模型	模型 ○城市 ●港口	时间	模型 ○城市 ●港口	亚洲枢纽港口 城市合并模型
退出城市滨水区：海运技术的改变导致独立的临港工业区发展		1960—1980 年代		自由贸易港口城市：出口导向政策吸引低价劳动力和工业利用港口设施通过免税产品
城市滨水区的复兴：大规模现代化港口占用大量路上、水上空间，位于城市中心的老港区复兴		1970—1990 年代		枢纽港口城市：枢纽功能导致港口效率提高，靠近城市中心导致土地压力增大
港口城市联系恢复：全球化和多式联运改变港口作用，港口城市联盟复兴，城市的再开发促进港口与城市的融合		1980—2000 年代		全球枢纽港口城市：持续的港口活动、腹地拓展使枢纽港成本增加，新港出现

2. 港口区域空间研究（见表 1-7）

表 1-7　港口区域空间研究

理论	提出者	主要内容	图示
东南亚国家港口空间结构模型	麦基[①]	模型显示港口对城市空间结构的影响。外国商业带和西方商业区直接和港口区相连，以便充分利用港口的便利交通。混合土地利用区和政府部门集中区也分布在港口区周围。居住区、新郊区、农作区与港口的联系并不紧密，因此这些区域都远离港口。由于港口周边都分布着商业区、居住区、行政区等，新工业区只能选择在农作带之外的区域布局	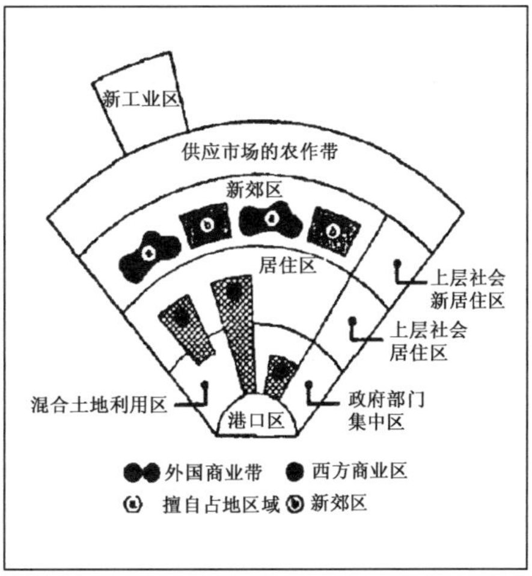 图 1-10　东南亚城市空间结构 图片来源：McGee T G. The Southeast Asian City：A Social Geography of the Primate Cities of Southeast Asia [M]. London：Bell & Sons Ltd，1967：87

① McGee T G. The Southeast Asian City：A Social Geography of the Primate Cities of Southeast Asia [M]. London：Bell & Sons Ltd，1967：25-122

理论	提出者	主要内容	图示
非洲国家港口空间结构模型	索默尔	对非洲港口城市空间结构演变过程进行考察,非常关注在传统时期、殖民时期和后殖民时期港口城市空间结构的演变。在传统时期,城市的存在和发展是封闭性的,居住区、市场、广场以及行政中心都在城墙内。虽然城市位于港口附近,但港口对城市的作用非常有限。在殖民时期和后殖民时期,港口的作用逐渐显现,靠近市中心的码头不断兴建,商业在港口后方兴起。铁路和港区相连,使广大腹地通过港口纳入世界市场。和麦吉模型不同,非洲工业在滨水区和铁路附近出现,以节约运输成本	 **图 1-11 非洲港口城市发展模型①** 图片来源:Sommer J W. The Internal Structure of African Cities〔C〕//Knight C G, Newman J L. Contemporary Afica Geography and Change. Engelwood Cliffs,NJ:Prentice Hall. 1976:103
塔夫—莫里尔—顾尔德模型(港城发展单因子动力模型)	塔夫	开创了现代港城发展动力模型研究的先河,该模型总结了导致港口区位空间格局发生变化的因素,归纳出欠发达地区的交通发展模型②
塔夫—莫里尔—顾尔德模型(港城发展单因子动力模型)	莫里尔	对模型加以改进,将不定期班轮服务与定期班轮的影响,尤其是后者的作用纳入对港口体系的考虑,加入了"边缘港口发展与港口体系扩散型发展"这一阶段
港口工业化研究 / 海港体系与空间变化	霍依尔和希令	探讨港口、工业与城市、区域的相互作用及其随时间的变化③
港口工业化研究 / 港口工业化与区域发展	霍依尔和平德	通过技术来吸引工业不难,但要通过吸引关联活动来取得区域扩散效应不简单,需要在经济指导下来促进港口与区域的相互融合④
滨水区复兴与开发	彼得·霍尔	在全球对城市滨水区的复兴与开发热潮的背景下,彼得·霍尔将滨水再开发看做是 1980 年代城市发展中的重大事件,他认为可以与 1950 年代的高速公路的出现、1960 年代的新城运动相媲美⑤

① Sommer J W. The Internal Structure of African Cities〔C〕//Knight C G, Newman J L. Contemporary Afica Geography and Change. Engelwood Cliffs,NJ:Prentice Hall,1976:39

② Taaffe E J, Morrill R L, Gould P R. Transport Expansion in Underdeveloped Countries:A Comparative Analysis〔J〕. Geographical Review,1963,53(4):502-529

③ Hoyle B S, Hilling D. Seaport Systems and Spatial Change:Technology, Industry and Development Strategies〔M〕. Wiley, Chichester, 1984:1-215

④ Hoyle B S, Pinder D A. Cityport Industrialization and Regional Development:Spatial Analysis and Planning Strategies〔M〕. Oxford:Pergamon Press,1981:23-339

⑤ Hall P. Waterfronts:A New Urban Frontier (Working Paper No. 538)〔D〕. Berkeley C A:Institute of Urban and Regional Development,University of California,1991:1-2

3. 国外研究评述

国外港口区域空间研究主要围绕港城关系与港口区域空间展开,分别是港口区域空间宏观和中观的研究尺度。其中港城关系研究多采用了形态学的研究方法,分析手段较为单一,影响了研究的深度和准确性。如伯德的港口通用模型不足之处在于对港口服务的陆向腹地和海向腹地,尤其是航运活动考虑较少,对港口所在城市发展的研究也不够深刻。之后的 1971 年,伯德对港口通用模型进行修改,来适应集装箱的运作。对于港口区域空间集中在滨水区的研究上,对港口其他区域的研究较少,主要是对西方国家滨水区复兴的研究,对发展中国家如亚洲、非洲等城市港域空间研究局限于 1970—1980 年代,当前的发展情况研究较少。

1.2.2.2　国内研究现状

1. 国内研究现状(见表 1-8)

表 1-8　国内港口与城市空间关系理论研究

学科分类	作者	著作	研究主旨
产业经济学	罗正齐	《港口经济学》	较系统阐述了港口的形成、发展,以及港口类型、港口城市规划布局,并提出我国港口管理体制的改革方向①
	郑弘毅	《港口城市探索》	结合一般城市发展的共性和港口城市发展的个性,系统阐述了港口城市规划问题②
	赵一飞	《上海国际集装箱枢纽港备选方案比较》	用层次分析结合专家选址的方法,对处于争议焦点的三个港口选址方案做了比较分析,结果认为洋山港的建设对上海国际航运中心建设的影响作用最大③
	刘秉镰	《港城关系机理分析》	从港口对城市发展所具有的先导性作用和推动作用,以及城市经济发展对港口的需求两个角度阐述港城间的作用机理。并指出港口群和城市群相互依存发展。文章还从港口功能和港口产业两方面阐述了港口推动城市经济作用过程,比较翔实地从理论上阐述了港城关系④
城市规划学	谢金金	《张家港市港城关系研究》	从港城关系方面去论证,阐述了张家港港口与城市关系发展的两大动力产业链和空间链,并总结出港城关系优化发展的主要特征⑤
	孙青林	《沿海港口城市空间结构》	从城市规划的角度,按照城市空间结构—港口城市空间结构—港口城市空间结构发展趋势的论述顺序,归纳了港口城市空间结构的形成因素,总结出港口城市空间结构的一般性演变规律⑥

①　罗正齐.港口经济学[M].北京:学苑出版社,1991:5
②　郑弘毅.港口城市探索[M].南京:河海大学出版社,1991:3
③　赵一飞.上海国际集装箱枢纽港备选方案比较[J].上海交通大学学报,2000(1):69
④　刘秉镰.港城关系机理分析[J].港口经济,2002(3):23
⑤　谢金金.张家港市港城关系研究[D].苏州:苏州科技学院,2011:10
⑥　孙青林.沿海港口城市空间结构[D].哈尔滨:哈尔滨工业大学,2008:8

学科分类		作者	著作	研究主旨
城市规划学		王诺,白景涛	《世界老港城市化改造发展研究》	研究世界各国老港城市化改造和滨水开发的发展进程,从滨水地区再开发角度去论证,关注于滨水区的开发模式、规划设计等问题①
		中国城市规划设计院	《现代海港城市规划和港区合理布局》	中国城市规划设计院等单位参加的,在改革开放初期所做得比较完整的一份研究报告。该报告从现状总结开始,其中包括了海港城市类型的总结和影响港城规模的要素,分析了港口的选址和港区的合理布局、岸线规划、港城各类用地布局,具有很强的参考价值②
人文地理学		唐秀敏	《港城关系的发展与上海国际航运中心建设》	从港城关系演进的角度出发,在分析港口与城市发展一般规律的基础上,总结出国际航运中心形成和发展的一般规律。在此基础上,通过对上海港城发展的历史与现状分析,研究了上海国际航运中心建设的背景、条件,探索并提出了上海加快建设国际航运中心的实施路径③
		武强	《近代上海港城关系研究(1843—1937)》	通过分析从 1843—1937 年间上海城市地理、经济产业、市政经费,即港区与城区扩展的关系、港口与城市产业的互动、上海港对市政建设的支持等方面,论证了近代百年的历程中,上海城市与港口在发展中的相互影响④
交通运输		王敏	《张家港港发展战略研究》	利用环境因素识别技术和 Swot 态势分析技术,分析了张家港港的发展战略环境,并用灰色理论对吞吐量进行预测,对张家港港未来发展战略进行探讨⑤
其他	环境工程	金辉虎	《港口建设项目环境经济分析与评价研究》	通过对港口建设项目特点的详细分析、港口环境影响分析、港口环境经济损失分析的深入理解,结合文献资料、实证分析和理论分析相结合的方法,从宏观、微观两个层面来构建生态港口的环境经济分析指标体系,并估算出损失总现值,以评价应用港口建设项目的社会可接受性⑥

2. 国内研究评述

就国内研究而言,相关研究起步较晚,直到 1990 年代才开始有比较集中探索。对港口区域的研究主要集中在产业经济学、人文地理学、交通运输工程学等学科,而从建筑学和城市规划角度的研究比较少,对港口区域的空间演化及其演化因多种因素作用而产生的深层结构缺乏研究;在研究尺度上,宏观方面的研究较多,中微观方面的研究较少;在研究方法

① 王诺,白景涛.世界老港城市化改造发展研究[M].北京:人民交通出版社,2004:3
② 中国城市规划设计院.现代海港城市规划和港口合理布局[M].哈尔滨:黑龙江人民出版社,1985:4
③ 唐秀敏.港城关系的发展与上海国际航运中心建设[D].上海:华东师范大学,2005:9
④ 武强.近代上海港城关系研究(1843—1937)[D].上海:复旦大学,2011:6
⑤ 王敏.张家港港发展战略研究[D].武汉:武汉理工大学,2003:10
⑥ 金辉虎.港口建设项目环境经济分析与评价研究[D].西安:长安大学,2011:3

上,定性的研究较多,定量的研究较少,并缺少有效的空间表达形式,只对港城关系进行了初步探讨(图 1-12)。对于港口区域空间的单体案例分析较多,缺少不同类型港口区域空间的对比研究,以便从各港域空间发展异同中提炼出港域空间发展变化的一般规律。

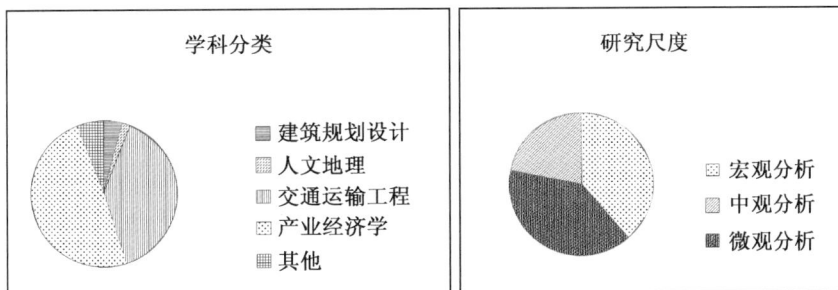

图 1-12 国内研究学科分类及研究尺度
图片来源:作者自绘

1.3 研究的创新点

本书研究的创新点主要有以下几方面:

(1)通过对长江下游不同类型的六个城市港口区域空间的比较研究,分析了各港口区域不同的空间组织模式和演化过程,剖析了影响港城空间形态演化的深层结构,并针对每个港区的发展特点提出相应的优化模式,从各港区彼此间的发展异同提炼和总结出港口空间发展的一般规律。

(2)针对港城滨水空间的特殊性,增加了港口区域空间在微观尺度的研究,对长江下游城市港口区域建筑空间特征进行了总结,从功能布局、交通组织、景观结构、建筑特色等几个空间要素入手,分析如何通过塑造和改善滨水区域环境来推动港口区域空间的发展,将港口区域空间的论证拓展到建筑学领域。

(3)结合国外港口滨水区域再开发的成功案例,总结出港口区域空间新阶段的发展模式:港口区域的复兴、港口区域再开发、港口区域转型三种模式,分析和归纳了港区发展的经验与教训,为我国港口区域空间开发提供借鉴。

(4)城市空间是一个复杂的、开放的、动态的有机系统,文章摒弃了之前对城市空间进行的孤立、单方面的研究,把港口区域空间与城市空间的有机联系和互动关系作为着眼点,并将其看做一个整体,以系统论、方法论的观点进行相关阐述,对港口区域从传统偏重经济、地理、交通层面的研究,拓展到建筑学层面的研究。

1.4 研究方法

(1)对比与比较的方法。港口城市空间形态演变是一个漫长而复杂的过程,不同的历史阶段,其形态会发生显著的变化。通过对长江下游六个具有代表性的城市港口区域空间形态演化的纵向研究,找出不同港口城市空间形态在同一时期和不同时期的相同性、相异性及变化,分析不同港口区域发展过程,总结出未来发展的趋势;通过对国内外港口区域空间发展的横向比较研究,总结国外港口城市空间形态的发展经验以资借鉴。

（2）理论与实践相结合的方法。通过实地调研六个具有代表性的港口城市,搜集第一手现实资料,获得对理论的现实支撑,并检验理论的科学性;将理论分析贯穿于对港口区域空间形态的演变过程之中,结合空间形态演变的动力机制,选取具有代表性的港口城市作为理论验证对象,对其进行相关资料整理分析。

（3）综合分析的方法。城市空间形态演变是一个动态的、复杂的有机系统,影响其演变的因素有很多,港口区域空间的形成也是各系统相互作用的结果。所以要以综合分析的方法,将影响城市空间的各因素相互关联,并作为一个有机的整体去研究,认识各因素及相互作用的关系,把握好其演变规律,总结出演变趋势。

2 港口与城市的关系

"以港兴城,港以城兴,港为城用"是世界范围内港口城市发展演变的普遍规律。港口与城市发展相辅相成,如何科学认识并处理好二者之间的关系,对建设和谐的港城关系、促进港城一体化,以及科学合理地规划设计港口区域空间有着重要的意义。

2.1 港口与城市的发展历程

港口是具有停靠船舶、上下旅客、装卸、储存和驳运货物等服务设施,并有明确界限的水域和陆域所构成的场所。由于港口是联系内陆腹地和海洋运输(国际航空运输)的一个天然界面,因此人们也将港口作为国际物流的一个特殊结点。港口城市以港口作为窗口,以一定量的腹地作为依托,而港口在港口城市中占有特殊的地位,以城市作为载体的港口经济是城市经济的重要组成部分。现代港口发展分为四个阶段(表 2-1),我国的港口发展现状主要处在第二、三阶段,小部分港口还处在第一阶段。

表 2-1 现代港口发展阶段

要素	第一代港口	第二代港口	第三代港口	第四代港口
时间	20 世纪中叶以前	1960 年代前后	1990 年代	21 世纪后工业化时期
基本功能	水路客货运输转接	运输转接,工业与商贸中心,增值工业与商业服务	多式联运及集装箱运输	全球资源配置的枢纽
港口作业和活动范围	码头及相关水路域范围	形成临港工业区,活动范围向临海区域积聚	活动范围更大,已超出传统港口界限,港口与城市关系更加密切	向深水岸线和城市外部扩展
作业对象	散杂货	临港产业	商品、服务、资本、人才、资源	全球资源
发展的核心因素	劳动力与资金	资本与技术	技术、信息、服务	人才与环境
生产特点	货物流动:简单的个别服务和很少的增值服务	货物流动:换装,提供联合服务,增值服务范围进一步扩大	货物流与信息流、资金流、人才流一体化:提供一揽子综合服务,港区增值服务大大增加	强调个性化,提供全程多方面服务

2.1.1 时间演化

2.1.1.1 古代——港城自然发展阶段

人类最早的港口出现于古代文明的最初发源地大河流域附近,如尼罗河、幼发拉底河和底格里斯河、黄河与长江中下游等地,也是人类最早的聚居地。如亚历山大、巴比伦等古城为了达到对奴隶和军事的掠夺,成为港口的发源地(图2-1)。在公元前3 000多年,出现了最大的港口,位于地中海沿岸的奇尔城邦。此时港城因为交通条件的限制,处于比较自然的发展阶段,港口作为城市的一个组成部分存在,完全为城市服务,城市也因为码头的运输便利条件,发展成为区域内的经济、政治中心。

图2-1 古埃及的运输船,腓尼基①的商船

图片来源:王诺,白景涛.世界老港城市化改造发展研究[M].北京:人民交通出版社,2004:2

2.1.1.2 近代——港城的急剧发展

到工业革命时期,蒸汽机、轮船的出现,水陆交通方式的改变,使得陆地与海上的交通网络连接起来,城市与港口急剧发展。工业革命开始后,西方资本主义国家为了掠夺资本,展开了对外贸易活动,一批新建港口在大西洋沿岸出现,世界的贸易和航海中心也由地中海转移到大西洋。社会商品经济的发展,人口数量的迅速增长,公路、铁路的四通八达等等因素都影响了港口及经济腹地的发展,城市空间也不断扩大,原来的港口形式已远远满足不了需求,新港区亟待建设。此时建设发展起来的港口,都为下一步发展成为综合性港口奠定了基础,如马赛(图2-2)、鹿特丹、汉堡、伦敦等港口。

这一时期的港口建设因发展的局限性而产生了一些问题:

(1)港口规划缺少整体的协调性,阻碍了港口集疏运体系的形成,影响了港口的发展。

(2)同一功能类型的码头重复建设,降低了港口的使用率。

(3)港口的选址多位于江海河的交汇处,水网的连接使水运更加便捷,但缺点是在江海河交汇处容易形成淤泥浅滩,航道也容易回淤,不适宜深水码头的开发建设。

2.1.1.3 现代——港城发展的新阶段

第二次世界大战后,港城进入一个全新的发展阶段。经济全球化、区域经济一体化趋势愈来愈明显,促进了国际贸易的巨大增长,推动了航运的大发展,同时技术的进步也加快了港口的建设和改造。

---

① 腓尼基人是历史上一个古老的民族,自称为闪美特人,又称闪族人,生活在今天地中海东岸相当于今天的黎巴嫩和叙利亚沿海一带。他们曾经建立过一个高度文明的古代国家,公元前10世纪至公元前8世纪是腓尼基城邦的繁荣时期。腓尼基是古代世界最著名的航海家和商人,他们驾驶着狭长的船只踏遍地中海的每一个角落,地中海沿岸的每个港口都能见到腓尼基商人的踪影。

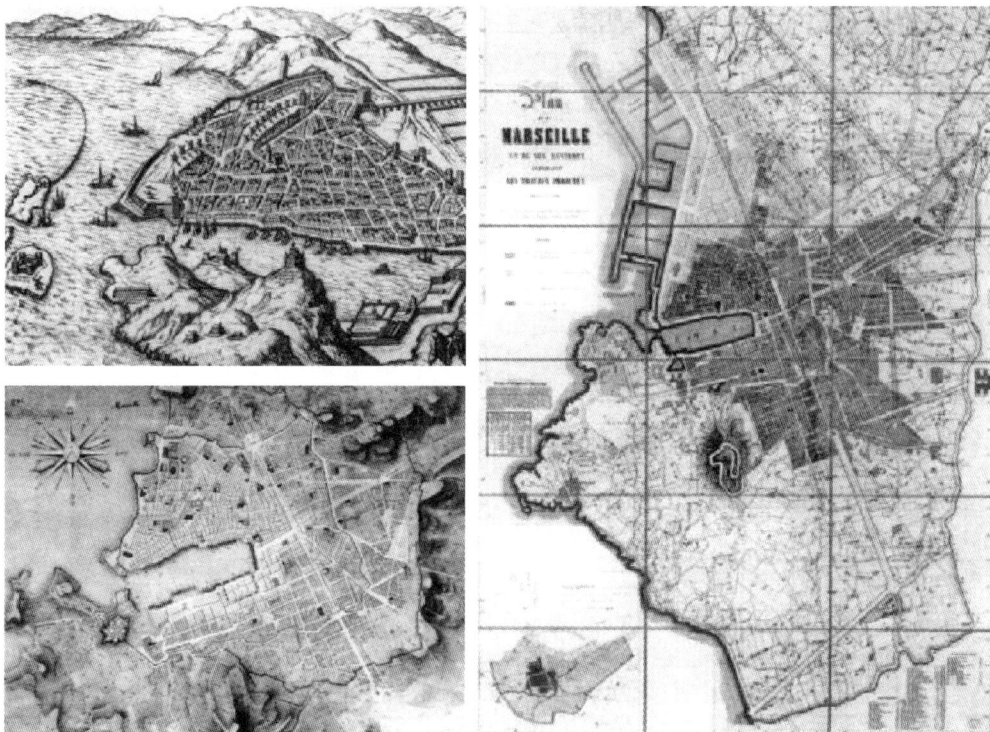

图 2-2　1582 年、1786 年、19 世纪的马赛港(港口从选择天然港湾作为港址,到形
成大规模的人工建筑港口,城市也由围绕港口呈自然发展状态,到以适于
停泊的海湾为中心城区以等半径向外扩展,再到围绕港口形成了新市区)

图片来源:王诺,白景涛.世界老港城市化改造发展研究[M].北京:人民交通出版社,2004:79-80

(1)船舶的改进:货船的运输成本取决于载重量的多少,客船也因船型大而更加舒适,货船、客船因为技术的进步、直接的利益都趋向大型船舶演化(图 2-3,图 2-4)。船舶的大型化对港深要求更高,原有的港滩难以适应船舶变化的需求(图 2-5),成为航运的主要矛盾。如何在港口原有基础上改造成深水港口,是现代水工技术的重大课题之一。

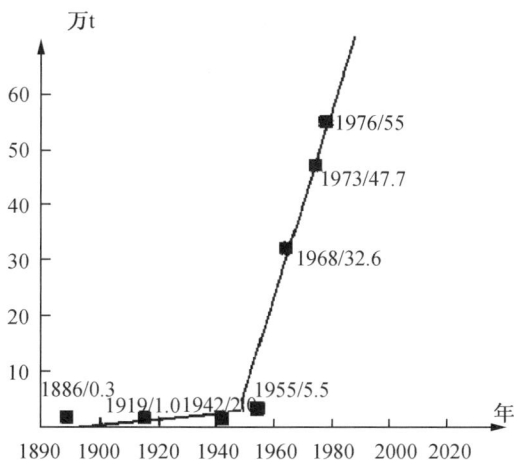

图 2-3　油运船舶大型化发展沿革与基本走势

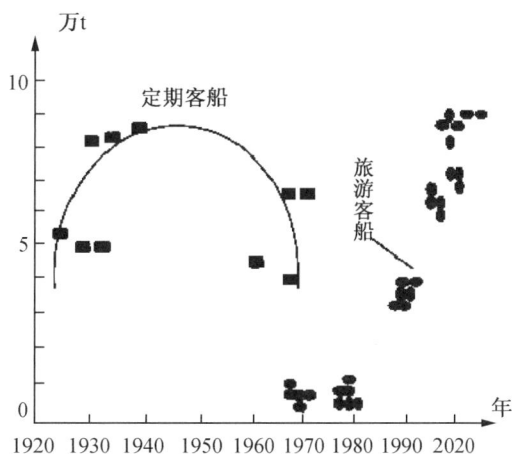

图 2-4　定期客船和旅游客船大型化进程

图片来源:王诺,白景涛.世界老港城市化改造发展研究[M].北京:人民交通出版社,2004:5

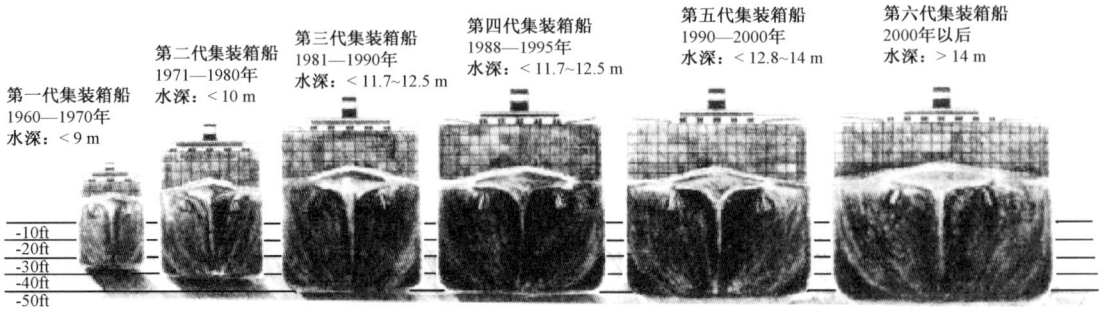

第一代集装箱船
1960—1970年
水深：<9 m

第二代集装箱船
1971—1980年
水深：<10 m

第三代集装箱船
1981—1990年
水深：<11.7~12.5 m

第四代集装箱船
1988—1995年
水深：<11.7~12.5 m

第五代集装箱船
1990—2000年
水深：<12.8~14 m

第六代集装箱船
2000年以后
水深：>14 m

图 2-5　不同年代的船型变化对水深的要求（1 ft≈0.3 m）

图片来源：王诺,白景涛.世界老港城市化改造发展研究[M].北京:人民交通出版社,2004:6

（2）港口集疏运体系的形成：公路、铁路、航空、高铁等新的交通运输方式发展，与港口运输形成了综合的交通网络系统，在提高了港口的运输能力的同时，扩大了港口的水域、陆域面积，增大了服务范围。

（3）世界著名的一些老港经历了从兴盛到衰退的过程，其老港区设施陈旧，港区环境肮脏，生产能力退化，已经不适应城市和港口发展的新需求，甚至成为新的社会问题，面临着滨水岸线城市化改造的新阶段。

2.1.2　空间演化

港城的空间演化是动态的，是港城空间界面不断发展变化的过程和地域空间的集聚与分离，在不同演化阶段表现为港口与城市相互作用的内容的变化和发展方向的调整（图2-6）。马赛港和城市的空间演化，可以直观地说明这一点（图2-7）。

2.1.2.1　初级发展阶段

初级发展阶段是港口与城市最原始的发展阶段，此时港城唇齿相依：城市沿港湾周边逐渐发展起来，港口是城市的中心，为城市运送必需品、进出货品，是城市向外辐射功能的原始通道①。此阶段历时较长，是港城高度融合的阶段，也是因港口而形成发展的城市必需的一个历史阶段（图2-8）。

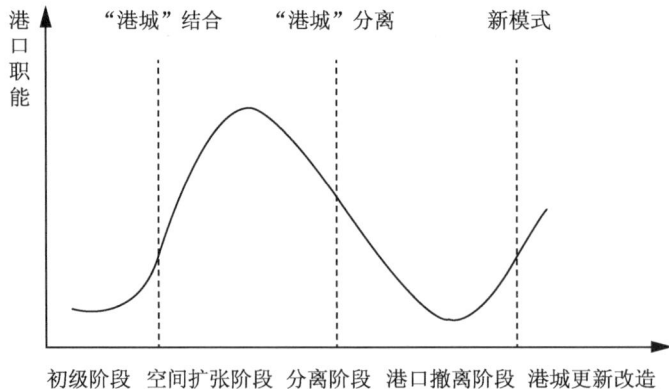

图 2-6　港城关系演变特征5个阶段

图片来源：作者根据资料重绘

---

① 唐秀敏.港城关系的发展与上海国际航运中心建设[D].上海:华东师范大学,2005

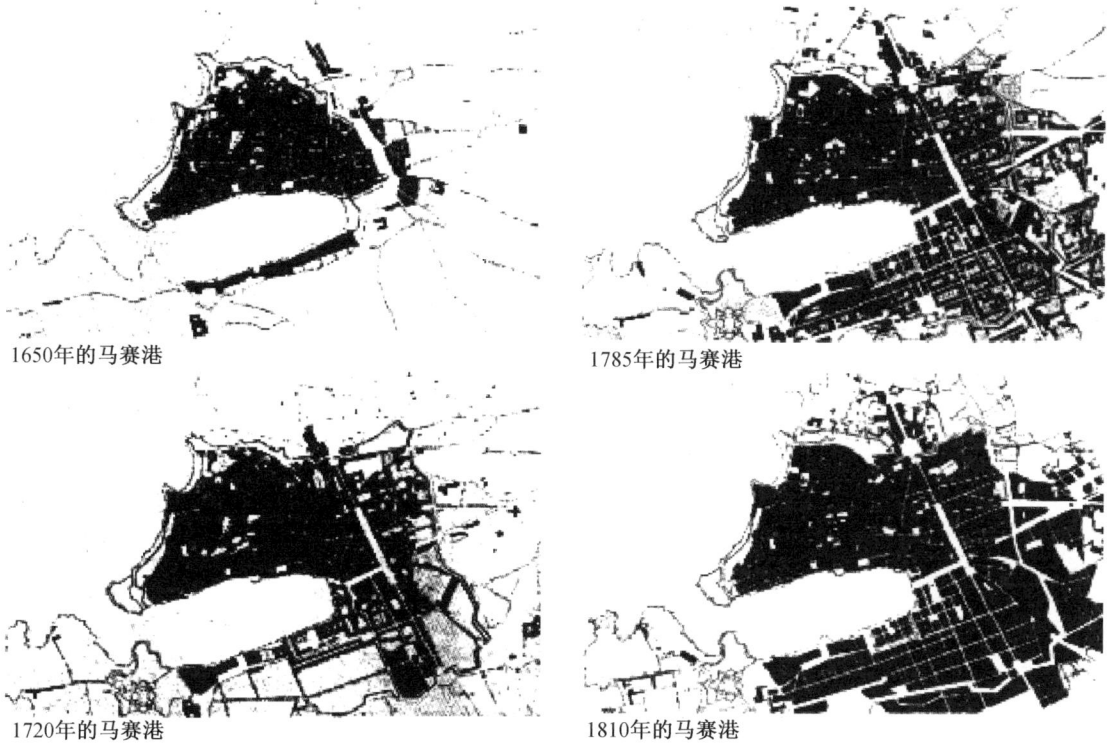

1650年的马赛港

1785年的马赛港

1720年的马赛港

1810年的马赛港

图 2-7　马赛港与马赛市的空间演化(马赛市围绕马赛湾周边逐渐发展起来)

图片来源:王诺,白景涛.世界老港城市化改造发展研究[M].北京:人民交通出版社,2004:78

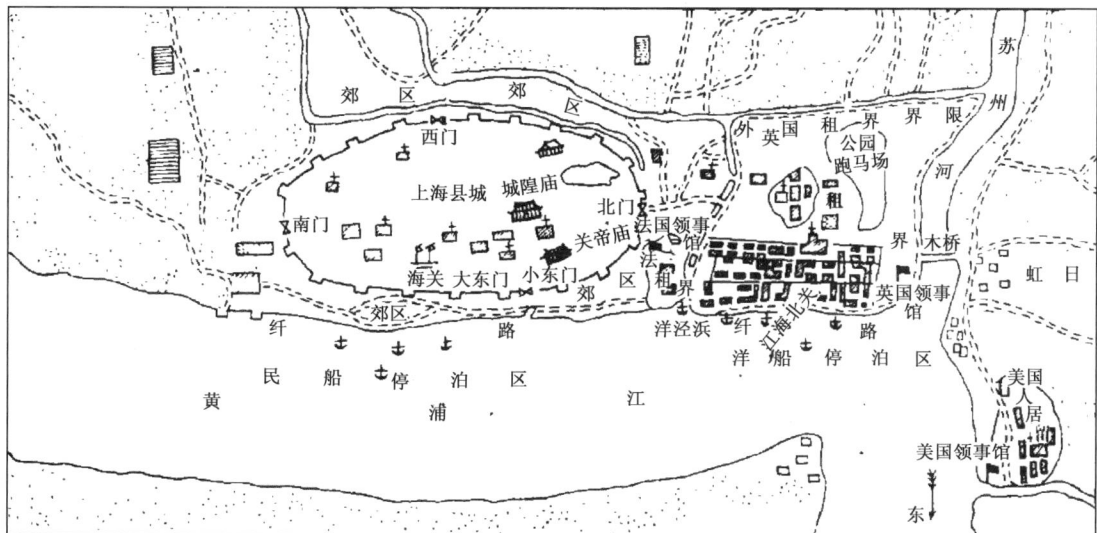

图 2-8　1853 年的上海城市与港口空间关系图

图片来源:邹逸麟,张修桂.上海港的历史地理[J].自然杂志.1993(2):33

2.1.2.2 空间的各自扩张阶段

随着工业、商业的发展和国际贸易的开展,为给港口产业和服务布局提供足够的空间,给城市提供更加完善的服务,港口与城市在地域空间上不断拓展,港口规模的日益膨胀与城市的空间扩张产生了矛盾冲突,从高度融合的状态演变为界面的分离(图2-9)。

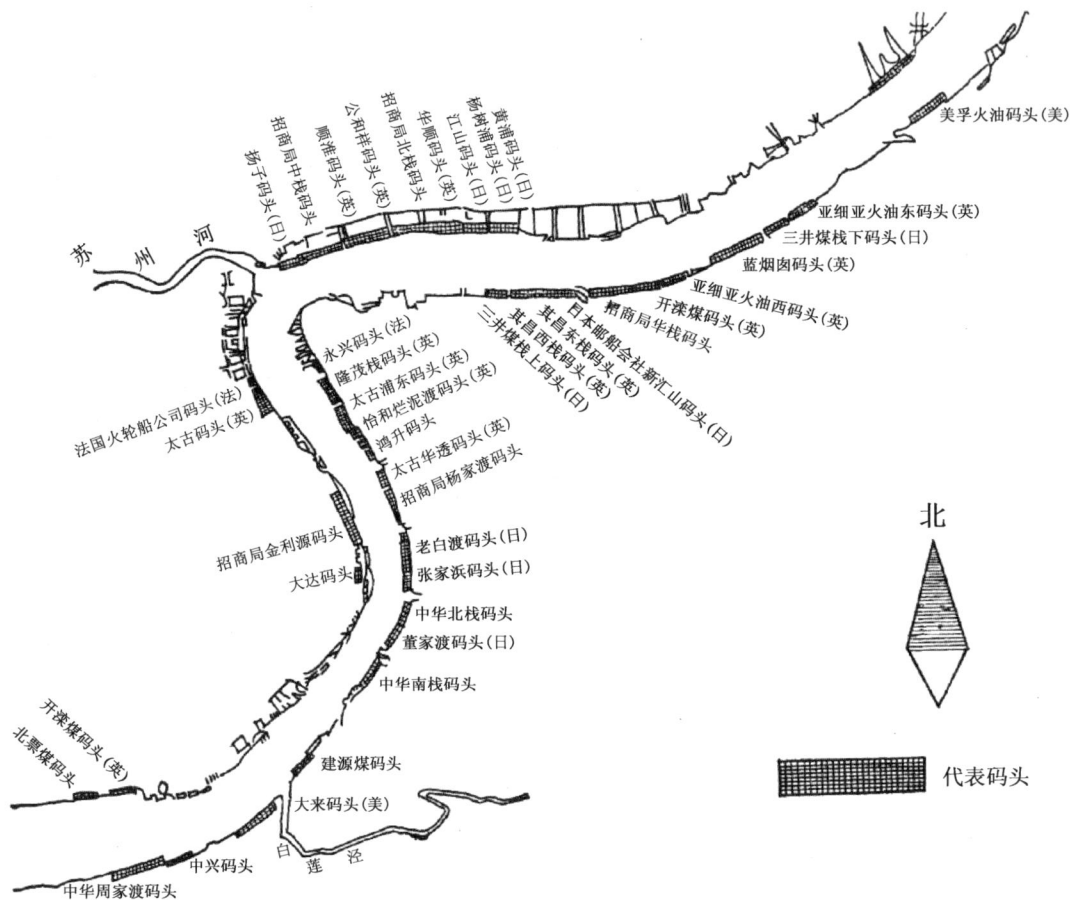

图2-9　1937年上海码头分布图(码头沿黄浦江向上下游两个方向扩张)

图片来源:《上海港史话》编写组.上海港史话[M].上海:上海人民出版社,1979:238

2.1.2.3 港城分离阶段

港城在功能、性质上的进一步分离,港口服务范围的延伸,集装箱运输、相关产业的发展,新的更为有效的集疏运体系的出现,使得港口需要更多的地域空间来更新设施。之前位于市中心的港口超负荷运转,对城市的环境交通产生了很大的负面影响,而原有码头设施陈旧简陋、工艺水平低、生产效率低,需要技术更新改造以形成专业化码头,为提高生产效率、服务质量,港口与城市进一步分离(图2-10)。

2.1.2.4 港口撤离阶段

港口要在更大的空间内为城市发挥作用,城市也需要成为港口更好的依托,港城呈现互为促进、互为发展的新关系,港口撤离城市原有滨水区,寻找更好的发展空间。但此阶段的城市规划没有对港口与城市进行合理定位,没有合理调整城市空间结构和产业布局,使港城发展未协调一致、有效结合。

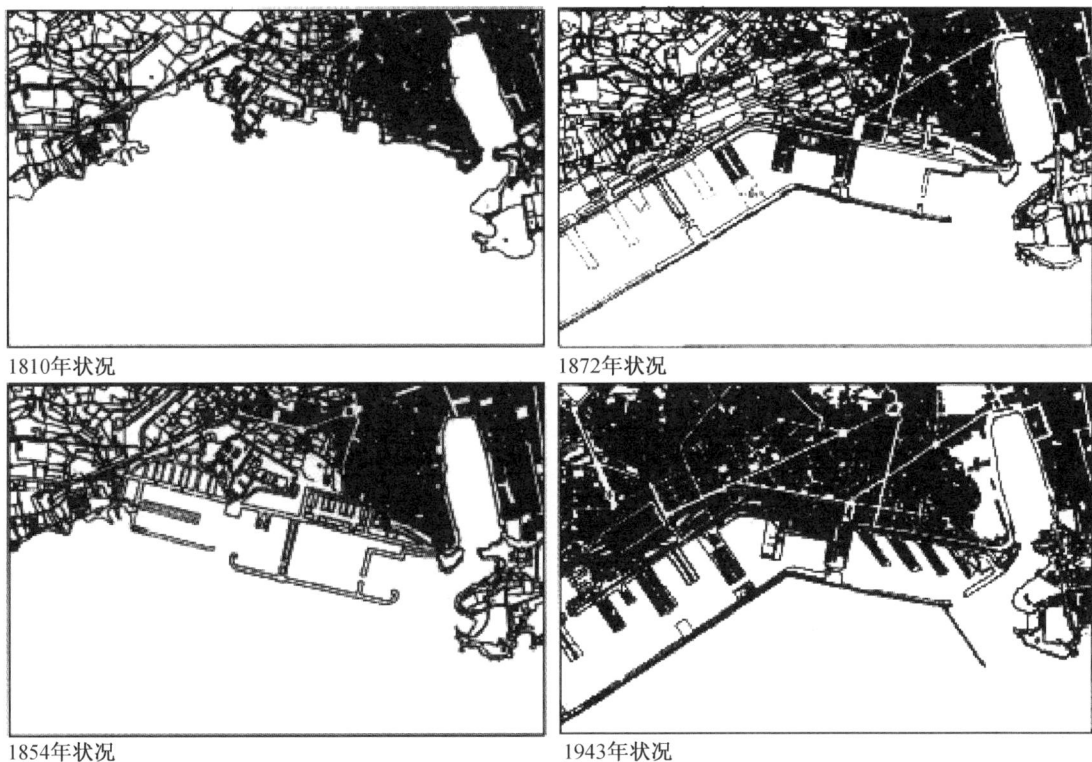

1810年状况

1872年状况

1854年状况

1943年状况

图 2-10 马赛新建港口空间演化(原有港湾不能满足经济发展的需要,人们开始兴建更好的新港口)

图片来源:王诺,白景涛.世界老港城市化改造发展研究[M].北京:人民交通出版社,2004:78

2.1.2.5 滨水区再开发、港城更新改造阶段

(1)老港区城市化改造:新港区的重新选址是此阶段港城发展的特点。从 1950 年代开始,依托港口发展起来的城市的产业结构发生了变化,滨水工业转移到发展中国家,港口也向具备水深条件的地区迁移,原有老码头的设施出现闲置的状态,变成闲散人员的聚居地,成为社会隐患,滨水区改造迫在眉睫。国外老港区改造起步早,对我国的老港改造有一定的借鉴意义。

(2)港区的重新选址:经济全球化的发展,要求港口在更高的层面、更大的区域范围内发挥作用,也要求城市为港口提供更为完善的服务。为使港口有更大的发展空间,特别是使港口向枢纽港、组合港,甚至是国际航运中心转化,需要为港口选择深水条件好、地理资源丰富的区域重新建设。

2.2 港口与城市的相互关系

"港口和城市有着十分密切的关系。自有人类以来,人们就利用天然河流,创造出一代又一代的人类文明。世界发展到今天,港口如何依托城市现有的经济、技术条件,达到自我完善、自我发展,而城市经济又怎么利用港口门户走向世界,港为城用,城以港兴,应该是我们在世界经济新的挑战面前所要研究的主要课题。"[①]深入理解分析港城关系的内涵,对研

① 杨伟,宗跃光.现代化港口城市港城关系的建设[J].经济地理,2008,28(2):209

究港城关系有重要的指导意义。

2.2.1 港城互动发展规律

通过分析港口与城市不同阶段的不同特点,可以总结归纳出港城互动的发展规律,港城发展可以归纳为四个主要发展阶段①:

(1)第一阶段:初级商港型经济发展阶段。这是港城初始联系阶段,源于港口的运输中转功能,是港口最基本的功能,而由此产生的港务部门和集散部门,称为港口直接产业。它是港城发生联系的最初媒介,也是港口城市兴起的根本原因。

(2)第二阶段:港口工业型经济发展阶段。这是港城相互关联的阶段,作用因素主要是港口的工业功能,港口与城市的关系开始走向一体化。港口城市从简单地服务于港口到积极地利用港口的转变,从被动受港口驱动发展转向港城互动共同发展。

(3)第三阶段:多元化型经济发展阶段。港城关系进入到成熟期,这一阶段的作用因素是港城集聚效应,这就需要大力发展第三产业,建设商贸中心。随着不同产业在港口城市的集聚,港口城市的产业体系日趋完善。

(4)第四阶段:城市自增长阶段。这个阶段是城市发展到一定水平,其自身的规模通过循环和累积,带动其他产业的发展从而来促使城市继续发展。随着港口城市的发展,其附近土地日趋紧张,迫使港口向外迁移,港口城市也随之向外拓展,城市由此进入下一个成长周期。

2.2.2 港口对城市发展的影响

2.2.2.1 对城市经济的推动作用

港口是城市的重要资源,在经济全球化的推动下,成为与国际连接通道的重要节点。港口城市充分利用了港口发展的有利条件,成为我国经济最为发达的地域。港口对于城市发展的作用得到广泛的认可,对城市的经济发展的推动作用体现在②:

(1)直接贡献:以港口为核心功能,必需发生的经济活动所产生的经济贡献。主要包括码头作业、码头建设、港口管理、转运物资的仓储业、代理业、直接运输业、船舶维修等。

(2)间接贡献:港口在核心和必需活动之外的扩展活动产生的经济贡献。主要包括相关金融保险业、物资供应商和港口用户等。

(3)诱发贡献:并非港口产业特有的经济现象,是由于港口的直接以及间接经济活动消耗着其他产业提供的产品与服务,因此港口与其他产业之间存在着后向关联,从而诱发相关产业的发展。

2.2.2.2 对城市社会的影响

港口的建设发展,推动城市社会的发展,使港口规模变大,带动港口相关产业的发展,为城市提供了公共事业和财政收入;港口业务量增大,需要更多的劳动力,为城市人口创造了更多就业机会,使城市人口数量增加;港口的发展提升了城市总体环境,推动城市特有文化的发展,提升城市居民的生活质量,使全民素质增强,公共服务水平显著增加。

---

① 陈航. 港城互动的理论与实证研究[D]. 大连:大连海事大学,2009:56
② 刘文. 天津港城互动发展策略研究[D]. 武汉:武汉理工大学,2007:35

2.2.2.3 对城市基础设施的影响

港口城市基础设施的建设资金多来源于港口产业的发展,城市基础设施的建设要与港口产业要求相配合,如铁路、公路、港口、多式联运形成的集疏运体系,区域的能源安全体系、货运、客运系统,能源储备、风电项目等基础设施,是港口赖以生存的外在条件,也是促进区域一体化进程的有效保证。港口产品及劳务流通一方面增加了政府的财政收入,另一方面扩大了港口规模,发展了临港产业。

2.2.2.4 对城市空间布局的影响

城市空间形态演化的决定性因素是经济,经济的增长促进人口的增加、基础设计的完善,城市空间随之不断向外拓展。城市的空间通过港城关系的不断变化而演化[①]:

(1)位于城市中心的港口转移到城外,城市环抱港区发展的空间形式发生改变。老港区的功能被置换为休闲、娱乐、旅游、公共活动等(图2-11)。

(2)城市与港口脱离,城市的旧区一部分改造成为港口的扩展用地,一部分改造成为隔离城市和港口的绿地。

(3)城区旧区改造与新区建设同时进行,旧区服务于港口,新区脱离港口发展,形成双中心结构。

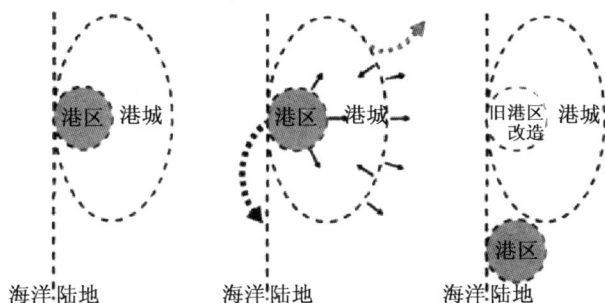

图 2-11 港区和港城空间变化

图片来源:万旭东,麦贤敏. 港口在城市空间组织中的作用解析[J]. 规划师,2009,25(4):60

2.2.3 城市对港口发展的影响

城市对港口发展的影响体现在三个方面:港口的发展通过城市自身经济的发展来带动;港口发展需要政府政策法规的支持;城市的发展可以提升港口的功能。

2.2.3.1 经济支持

在港口的产业发展方面,在充分发挥港口优势的前提下,选择与港口功能密切相关的产业和部门,培植港口型主导产业,并给予政策的支持,使之成为港口所在空间区域产业发展的龙头。在区域发展空间布局上,要把港口及其附近区域作为增长极进行密集投资,使之产生极化效应,把区域内外的经济能量相对集中在以港口为中心的少数几点上,创造集聚效应和规模效应,并推动港口的迅速发展[②]。

① 万旭东,麦贤敏. 港口在城市空间组织中的作用解析[J]. 规划师,2009,25(4):60
② 陈芸芸. 港城互动发展研究[D]. 大连:大连海事大学,2007:63

2.2.3.2 政策扶持

政府政策法规是对港口最直接的支持。港口下放地方后,港口的投资、运行机制发生了深刻的变化。港口的生产、经营、建设秩序需要相应的港口法律、法规来维护,政策法规既可规范市场行为、提高港口资源的利用率,也可以最大限度地发挥港口的交通枢纽作用。

2.2.3.3 提升港口功能

城市经济的发展对港口服务水平、生产特点、区域定位、创新型港口的开发运营都有重要的影响;在城市的依托下,港口由单一运输功能,发展为集运输、物流、临港工业、数字智能、现代服务业等多种功能服务为一体的复合型港口。

2.2.4 港口与城市发展之间的冲突

港城之间既相互促进,也存在冲突和矛盾。

(1)空间:随着经济的增长,港口与城市的发展产生空间上的交叠,港口规模扩大、岸线长度增加限制了城市空间的扩张,而城市扩张空间范围也影响了港口的发展。

(2)交通:港口与城市的交通道路资源互相影响,互相排斥,既降低了城市交通运输的效率,也减缓了港口的作业循环。

(3)生态环境:在有限的空间范围内,港口与城市资源日益匮乏,环境问题日益严重,港口发展过程中产生的废水、废气、固体废弃物等污染物破坏了城市环境,降低了城市居民的生活环境,给城市发展带来负面影响,也制约了港口产业自身发展。

2.3 港口的布局与规划

港口的布局与规划是城市总体规划和区域规划的重要组成部分,无论新港建设还是老港的改造,都会对城市的经济发展和建设产生深远的影响,促进城市交通运输、资源开发利用、工业、商业、旅游等产业领域的迅猛发展。

2.3.1 港口布局与规划的原则

港址的合理选择是港口发展的基础,是港口区域规划的成功与否的关键,影响到港口的建设规模、效益甚至港口依托的城市的发展。1919 年孙中山先生在《建国方略》中已经对港口的选址提出了独到的见解,他认为选择港址应该具备以下条件:①有深水航道直通大海,以利巨轮航行。②有深广港湾,可御风浪;有坚实河床,堪为碇泊。③有陆地连接,以便陆上运输;有河道联络,以利水上交通。④有宽广场所,供码头使用;有充分地方,以利将来发展。⑤有广阔货源腹地,且距商业中心不远等。港址从原来的自然选择阶段发展到现在的人为规划阶段,港址应在深入调查研究的基础上对港口自然、技术、经济的自身条件,区域内的发展战略,与城市的关系等多方面进行研究并全面比较,谨慎选择。

2.3.1.1 港口自身条件

(1)自然条件:是港址选择的技术基础,要充分考虑地质地貌、水文、气象及水深等因素,其中空间资源的开发潜力也是必备条件之一,在港区的近远期的规划中,应满足港区及其产业 30～50 年的发展潜力。

(2)技术条件:是看港口布局规划在技术上实现的可能,其中包括防波堤、码头、进港航道、锚地、港池的布置等。

（3）经济条件：主要从港口性质、规模、腹地、港口营运、建港投资等方面的合理性去考虑，广阔的经济腹地、发达的区域和城市经济，是港口繁荣的保证和依靠，这样港口的发展才会长久。

三个方面不是孤立的，而是互相联系、互相影响的，所以港址的选择，既要有良好的自然条件，又要有合理的施工技术条件和经济条件。

2.3.1.2　与城区的关系

1. 港区与城区的相对位置关系

（1）港区位于城市中心区，城市围绕港区发展。如黄浦江位于上海城市市中心，上海城市"因水而生，因水而兴"，城市因港口的繁荣而逐步发展起来。

（2）港口与城市互不干扰，各自发展。张家港市早期呈现为脱离杨舍镇形成的单一极核空间形态，杨舍与港区之间由新老张杨公路连接，导致港口没有以一定规模的城镇作为依托，港口后方的基础设施较差，影响到港口的生产和职工的生活。

（3）港区远离城市发展。上海市内黄浦江内的码头作业对生态环境造成破坏，影响了城市的拓展，港口与城市的发展发生了矛盾，于是洋山深水港区规划建成，选址于浙江省舟山境内洋山岛群中，与上海市以总长 31 km 的东海大桥相连（图 2-12）。

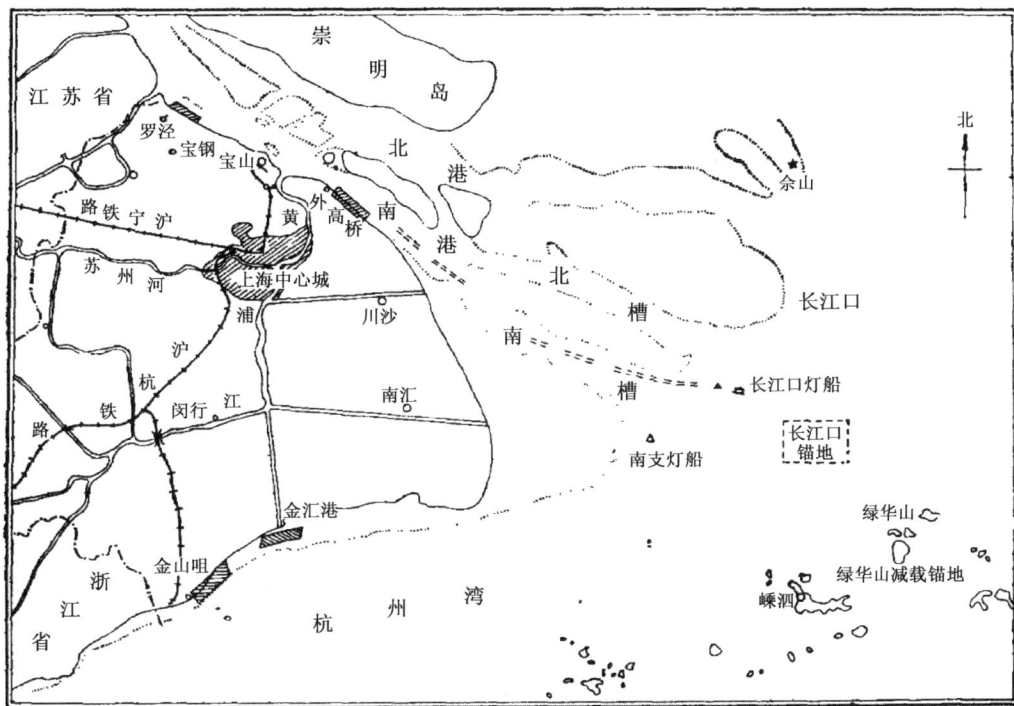

图 2-12　上海港新港址位置示意图

图片来源：周起舞. 初论上海港新港址的选择[J].杭州大学学报(自然科学版),1992,19(1):107

2. 港址的选择对城市布局的影响

港址的选择和用地在港城建设中占很主要的地位，港区形成、发展的每个阶段，对港城用地的合理布局都会产生很大的影响。以上海港口与城市空间布局的调整为例（图 2-13），上海是依托黄浦江而逐渐发展起来的城市,黄浦江是上海城市经济的发源地,但随着城市的发展,城市空间需要进一步拓展,与港口空间拓展之间产生了矛盾,处于市中心的码头对生态环境产生破坏,阻碍了居民生活质量的提升,也影响了上海国际大都市的形象,所以港口向宝山、外高桥、金山外拓。而洋山国际航运中心的建成,标志着上海港在空间布局上的新突破,上海港形成以长江沿岸港口、杭州湾沿岸港口、洋山深水国际航运中心及黄浦江沿岸港口为主体的空间布局,港口市中心的码头货运比重逐渐减少,向深水港区集中。由于港口空间布局的影响,城市空间向沿江沿海方向发展。依托港区,城市建成了国际物流中心、保税区、临港新城、工业区以及市中心黄浦江两岸的城市景观。

3. 港址与原有城区结构的有机联系

新建港口的建设既要满足老城的有序发展,又要符合原有城区用地的合理性。如南通市位于长江入海口北岸,具备沿海、长江航运条件。南通港最初设置在长江边的天生港,与老城区相距约 6 km,并与狼山风景区、唐闸工业区形成"一城三镇"的空间格局,港口与老城相对独立,各自合理发展、分工明确。之后新港的建设也与狼山风景区保持距离作为缓冲,并设有隔离带。新港区、老港区和原有城区,形成了既有充分的联系,又有隔断的"一城三镇"的布局模式(图 2-14)。

4. 港口与城市用地布局分析

港区与城区的用地布局要注重以下因素:

(1) 港口与城市的发展不能相互妨碍,应和谐共生并各自健康发展;

(2) 港口要设在城市的下风侧,以减少生产中产生的粉尘、废气、废水对城市环境的影响;

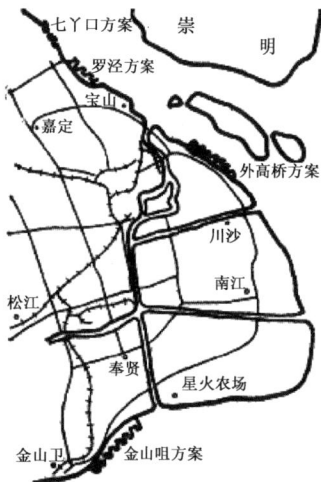

图 2-13 上海港址选择方案示意图
图片来源:洪承礼. 港口规划与布置[M]. 第 2 版. 北京:人民交通出版社,2007:123

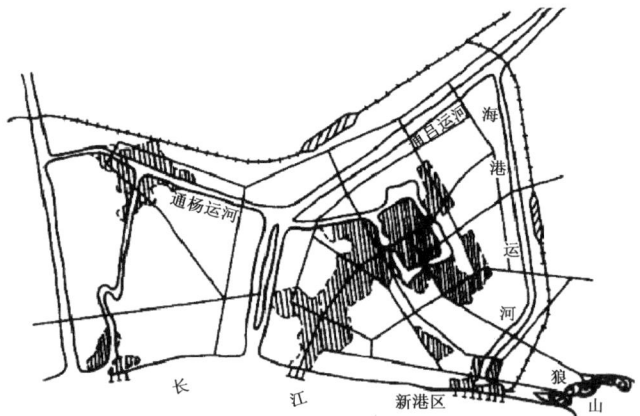

图 2-14 南通港、运河、城区位置图
图片来源:中国城市规划设计院. 现代海港城市规划和港区合理布局[M]. 哈尔滨:黑龙江人民出版社,1985:27

(3) 客运码头要分布在市区或者接近市区交通便利的地点,以方便旅客进出码头;

(4) 开发一定的滨水公共空间为市民服务,作为休闲、娱乐来用,改善城市环境的同时又使城市充满了滨江气息;

（5）进港道路要与城市和港区有方便快捷的联系，但不应分割城区。

5. 城市的空间形态特征（表 2-2）

表 2-2　城市的空间形态特征①

基本形态		图　　示	特　　征
单　城			城市形成和发展的初期阶段
带形组群	一城一镇	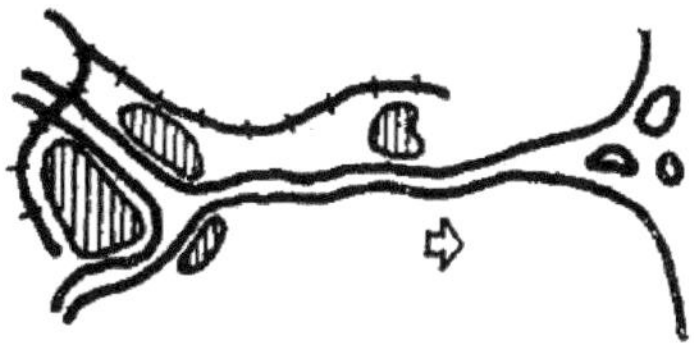	随着深水泊位的建设，港口向出海口方向推移，呈一城一镇形态
	一城多镇	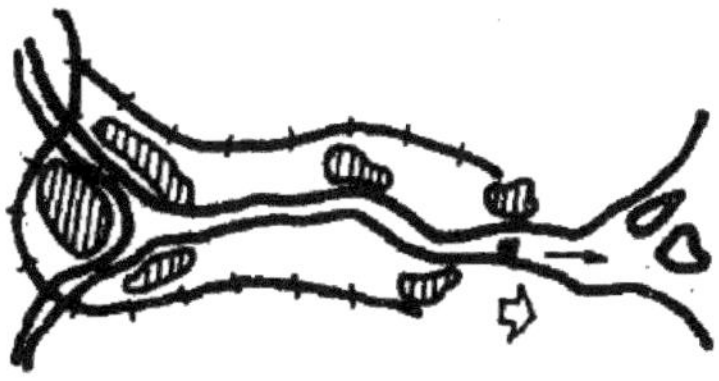	在深水港进一步向出海口方向发展中，由于岸线利用条件的限制而呈带形一城多镇的发展形态
带形城市群			在经济技术发展的条件下，经过航道整治，港口进一步发展后，城市呈带形连续发展形态
多核心片状		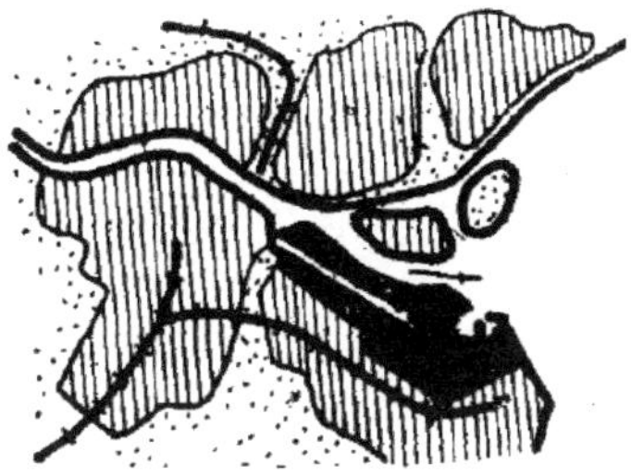	位于非三角洲形河口附近的城市用地随港口向外海岸推移，形成多核心片状发展形态

2.3.2　港口布局与规划的模式

港口的布局与规划可以分两个层次进行分析，首先是一定区域范围内港址的选择，其次是城市范围内港址的选择。区域内的港口布局与规划包括自然地理位置、技术、经济等自身条件以及港口腹地、腹地经济特征、城市依托条件等。城市范围内的港址选择中，港口是作为城市

---

①　中国城市规划设计院. 现代海港城市规划和港区合理布局［M］. 哈尔滨：黑龙江人民出版社，1985：161

物质要素的一部分。这两个层次的分析对于论证港址选择的合理性具有非常重要的作用。

2.3.2.1 区域范围内的布局与规划

在区域范围内,港址是作为其物质要素的一部分,与区域的其他各要素之间要相互联系、协调发展。区域内对港址有影响的物质要素包括以下方面。

1. 地理位置条件

优越的自然地理位置是港口及所在区域发展的基础,港口的空间分布、与周边区域的关系,影响到其集疏运体系、经济腹地范围等方面。如江阴港位于长江下游江苏省无锡市长江南岸的江阴市境内,北枕长江,南邻无锡,西通常州、南京,东接苏州、上海,区位优势明显,其经济腹地包括江阴市和苏锡常地区以及浙江西北杭嘉湖地区和苏北部分县市,其集疏运条件主要有公路、铁路、内河航运等,是江苏省沿江地区的重要港口、区域经济发展的重要支撑,是无锡市经济发展、对外开放和沿江产业布局的主要依托,是江阴靖江跨江跨区域联动开发的纽带。

2. 腹地与腹地的经济特征

港口腹地又称港口吸引范围,即港口集散旅客和货物的地区范围,其大小受自然、社会、经济因素的影响。港口与内陆地区联系的交通运输网络越发达,港口腹地越大,反之亦然。腹地经济是区域内港口布局与规划的另一个重要因素。腹地可以分为直接腹地和混合腹地[①]:直接腹地是属于港口独有的,该港口的货物水运都经由本港;混合腹地是两个或两个以上港口交叠、共同拥有的腹地。港口与腹地之间互为依存、相互影响,经济发达的腹地可以推进港口的发展和拓展,而港口的繁盛又可促进腹地经济的发展,扩大腹地的进一步扩展。

3. 港口城市体系

在长江下游沿线港口分布中,已形成大、中、小相结合的港城体系。在新建或扩建港口中,除了城市发展产生的影响外,还要充分考虑到港口对城市体系的作用。要协调好大、中、小港口之间的关系,做好重点港与卫星港之间的搭配、综合港与专业港的组合,其中有主有从,各港口分工合作,以发挥整体的力量。

长江下游港口按规模可分为以下几种类型:

(1) 大规模的中心枢纽港,区域内的中心港口城市,如上海;

(2) 大规模的地区干线港,在区域经济中影响不够明显的港口城市,包括南京、张家港、南通、镇江;

(3) 规模不大的支线港,如江阴。

在长江下游的城市体系中,上海是区域内经济网络的中心,在区域内产生了集聚效应;南京是区域内的次中心,可以起到完善长江下游各城市之间的合作。按功能类型,上海、南通布局进口石油、天然气接卸中转储运系统及粮食中转站,上海、南京布局商品汽车运输系统,上海主要布局国内外旅客中转机邮轮运输设施,上海、南通、镇江、南京有进口铁矿石中转运输系统。

---

① 心系唯一.腹地[EB/OL].(2013-03-31).http://baike.baidu.com/link? url=jmSh8p4MBZOhgoBllkEpHW3g-WEplt7AOAzoRDpsRhSTK0U4-R-bApoSpzNCaB_Awc_lsm_2TxK-qlLsbxxxma-NuXtw-C8JBaXvwOiGrAEAyMbmwJl-Sowt8ETJ_-atcq

4. 集疏运体系

港口集疏运体系使港口相互衔接,主要为集中与疏散港口吞吐货物服务的交通运输系统[1]。不同的集疏运体系吸引不同的腹地范围。集疏运体系是港口与腹地相互连接的纽带,港口赖以生存与发展的首要外部条件,也是港址选择的首要条件之一。如上海是世界第一大货物港,洋山国际航运中心的吞吐量早已超过 800 万 TEU,但仍满足不了上海港的业务需求和运输的要求,所以要提高上海城市经济的发展,加快基础设施建设,建立完善的区域港口群的竞争和合作机制。

5. 城市依托条件

港口与城市之间是相互依存、相互促进的关系,如何处理好港口与城市之间的关系是港口规划的一个重点。港口是城市的发展动力,城市是港口发展的支柱,所以港口要发展,首先要有一定规模的城市作为依托。在区域范围内的港口布局,要充分考虑城市依托的条件,港口如果建在没有城市依托的地区,就要新建一个城市,来提供港口所需的集疏运交通体系、港务作业条件(如学校、医院等基础设施,港机等港务各局)、城市的基础设施(如住宅建设、公用事业投资等)等各种因素,并通过对各因素的分析、判断,来确定港址选择的最佳方案。

2.3.2.2 城市范围内的布局与规划

城市范围内的港口规划局限于某个城市所辖范围内的选址,在港址选择中要考虑以下几个因素。

1. 城市总体规划的要求

港口规划与城市总体规划应协调一致,可以增加城市综合效益,改善城市环境质量,使城市功能分区更为明确,港口建设和城市规划成为一个有机整体。

上海港从吴淞、黄浦江中上游的发展到开发长江南岸再到建设洋山深水港区,港口的空间布局调整是同城市的发展规划相协调一致的,符合城市总体规划的空间要求。在最新的城市总体规划中,上海市外环线以内地区将作为中心城,是上海政治、经济、文化中心。港口规划对位于中心城区的港口功能进行了适当调整,适当减少城市中心区的港口货运功能,满足了中心城功能的发展要求。为了实现城市发展提出逐步拓展沿江沿海发展空间的要求,港口规划进一步提高和完善宝山罗泾、外高桥地区港口功能,并在金山和海港新城地区规划了新的港区,满足了城市总体规划提出的"规划若干新城作为区(县)政府所在城镇,或依托重大产业及城市重要基础设施发展而成的中等规模城市的要求",促进了新城发展,并有利于规划市域城镇体系的形成[2]。

2. 自然地理位置的影响

城市范围内的自然地理条件包括地形、地貌、气候、水文等。港址选择的自然地理条件如陆域条件即建港的地形,筑港条件如岸滩的稳定程度,停泊条件如水宽、水深等,施工建设的可能性与经济性,都会影响到港口与城市的效益。要根据所建港口的性质特点、要求,在自然条件适当的地区建设适合的港口。

南京新的港区规划根据城市范围的自然地理条件,对以下方面做了调整。① 浦口港区

① 刘铭. 港口集疏运问题研究[J]. 现代商贸工业,2010(13):127
② 交通部规划设计院. 上海港总体规划(2010—2020)[R]. 上海:上海市港口管理局,2009

调整：现有港区陆域狭窄，周边用地已用完，难以扩大港区范围，考虑到港区后方土地利用成片开发为居住用地，津浦铁路支线也将取消，本次规划将该港区煤炭等散货运输功能远期整合至七坝港区，调整为旅游客运观光。② 江心洲（梅子洲）港区调整：原规划港区为城市物资运输功能，考虑到江心洲生态开发以及新加坡生态产业园区项目建设，将港区功能调整为以旅游观光功能为主的港区。③ 幕府山国际邮轮码头：为适应未来境外大型邮轮通过长江到达南京的发展趋势，在幕府山规划一个国际邮轮码头。④ 燕子矶旅游码头：在燕子矶规划一个旅游客运码头，服务于燕子矶旅游开发。

3. 岸线的合理利用

岸线是港口城市的前沿，包括一定范围内的水域和一定纵深的陆域。岸线的合理利用，是港口规划的前提条件[①]。港口岸线占全部岸线的比例要恰当，以高效地利用港口岸线，留出足够的空间给港口工业、生活使用，不同功能岸线之间的相对位置也要合适，互不干扰，各自发展。

占用岸线功能包括港口、临港工业、市政、旅游开发、休闲娱乐等，但港口占用的岸线是居于首位的，所以在岸线规划之初，要协调统一、合理安排，并留有后期发展的余地，对适合港口建设的地段，如适合开挖成深水港区的岸段，不要因为近期港口无建设计划而挪为他用。以张家港沿江岸线的分配为例（图 2-15）：张家港岸线总长 80.4 km，江阔水深，具有良好的建港条件，其岸线利用现状，包括港口岸线、工业岸线、饮用水源保护区岸线、过江通道岸线、生活旅游岸线和自然生态岸线，以及预留和在建的港口岸线、预留的过江通道岸线。其中已利用各类生产岸线（港口岸线、工业岸线、过江通道岸线）27.1 km，已利用饮用水源岸线和生活岸线共计 2.5 km，预留和在建的岸线 9.0 km，占岸线总长的14.2%。未利用的岸线主要分布于市域东部岸线，现状以自然生态岸线为主。

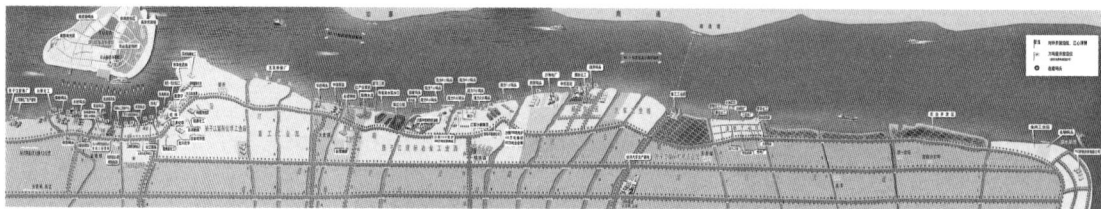

图 2-15　张家港口岸岸线图

图片来源：交通部规划设计院.苏州港张家港港区总体规划送审稿［R］.张家港：张家港市港口管理局,2009

2.4　小结

本章从时间、空间两方面论述了港口与城市的发展历程，从港城互动发展规律、港城发展对彼此产生的影响、港口布局与规划的原则和模式等宏观层面分析了港口与城市的关系，为下一章节对长江下游港口区域空间发展及演变规律的探讨奠定了理论基础。

---

① 洪承礼.港口规划与布置［M］.第 2 版.北京：人民交通出版社,2007：121

3　长江下游港口区域空间形态演化

　　港口区域空间形态演变是一个非常复杂多变的过程,本章选取了长江下游具有代表性的上海、南通、张家港、江阴、镇江、南京等六个城市为研究对象,分别从港口空间形态演化、空间形态的深层结构[①]、空间形态的优化模式等几个方面进行分析,试图从中找到港城空间形态发展的规律(图3-1)。

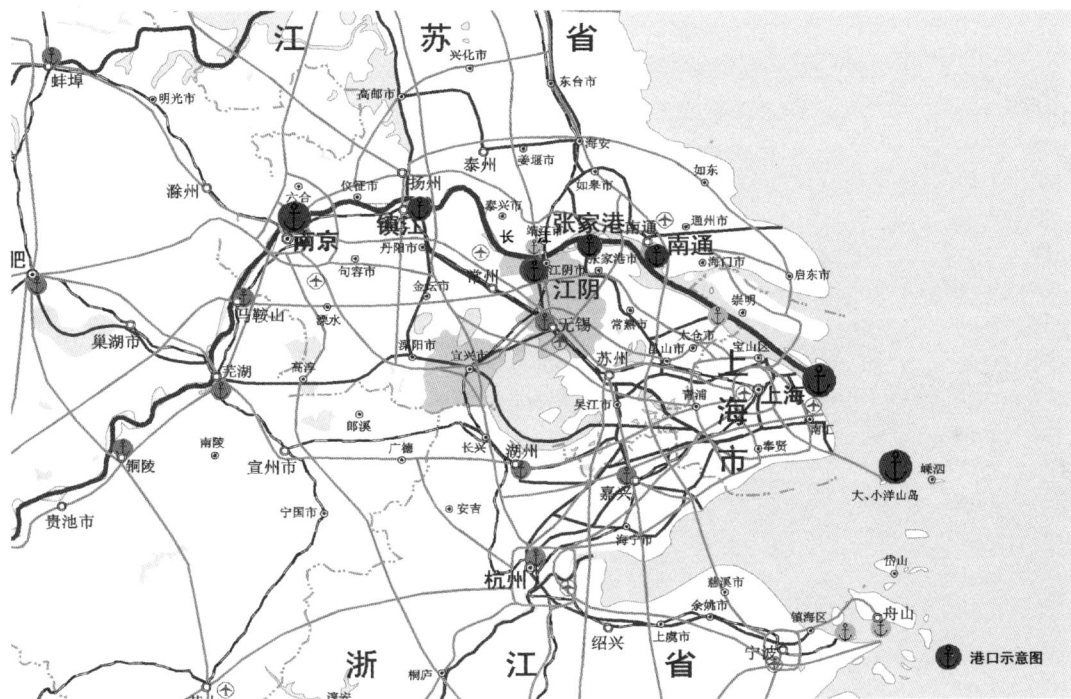

图 3-1　长江下游六座城市与港口空间分布图

　　图片来源:作者根据资料重绘(资料来源:交通部规划研究院.无锡(江阴)港总体规划[R].无锡:无锡市港口管理局,2006)

---

　　① 段进在《城市空间发展论》中提道:城市空间结构是指城市各物质要素的空间区位分布特征及其组合规律,它是以往城市地理学及城市规划学研究城市空间的核心内容之一。从其表征上看,城市各组成物质要素实体和空间的形式、风格、布局等有形的表现有其规律。而从其实质的内涵言,它正是一种复杂的人类政治、经济、社会、文化活动在历史发展过程中交织作用的物化,是在特定的建设环境条件下,人类各种活动和自然因素相互作用的综合反映,是技术能力与功能要求在空间上的具体表现。应该对社会过程和历史内涵所表现出的组成城市发展的因素作出完满的解释。这就是城市空间发展的社会、经济、政治文化以及建设环境的深层结构。

上海港口区域空间形态

3.1.1 上海港口区域空间形态演化

上海港位于中国大陆海岸线中部,长江与东海交汇处,北纬 $31°14'$,东经 $121°29'$。是我国沿长江产业带和沿海开放地带"T"字形主轴线的交汇点。优越的地理位置使上海港具有对内、对外双向辐射的区位优势,通过四通八达的国际航线与全球港口相联系。上海港北距大连 558 n mile,南距香港 823 n mile,西距重庆 2 399 km,沪杭、沪宁两条铁路干线与港内铁路相连,沪宁、沪杭等国家高速公路以及 204、312、318、320 国道穿越港区。上海港以上海市为依托,以长江流域为后盾,经济腹地广阔,包括江苏、浙江、安徽、江西、湖北、湖南、四川及重庆等省市(图 3-2)。

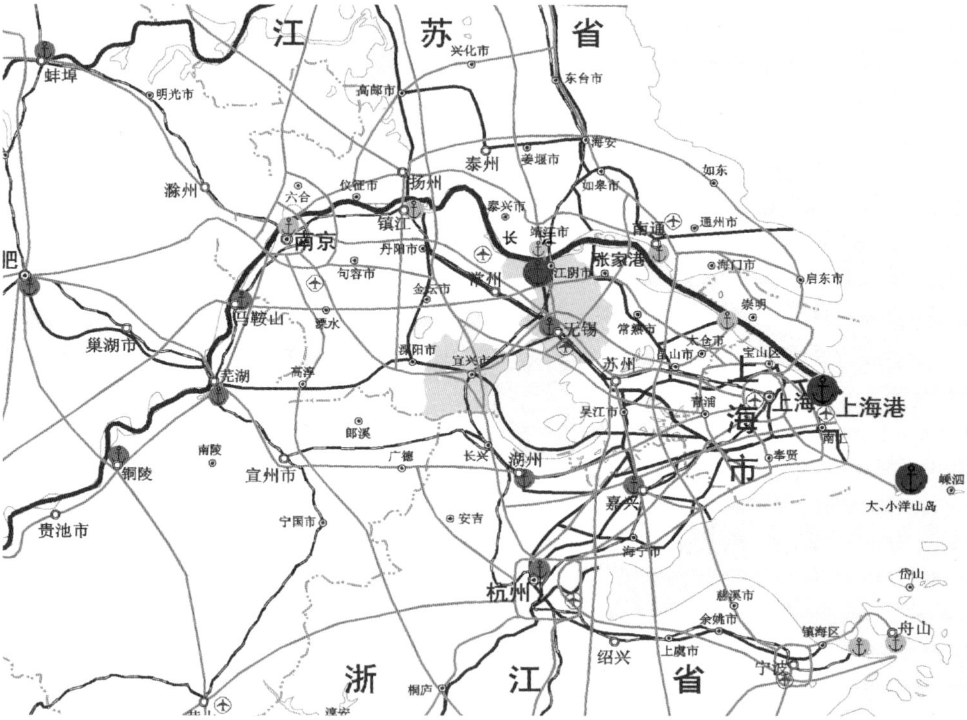

图 3-2 上海港地理位置图

图片来源:作者根据资料重绘(资料来源:交通部规划研究院. 无锡(江阴)港总体规划[R]. 无锡:无锡市港口管理局,2006)

上海港因其特殊的地理位置,自古以来就孕育了港口。从自然渔村到港口的初步形成,港口随着上海镇的设立而正式形成,可谓港城同步发展。上海港口区域空间形态演化可以分成以下几个阶段:

3.1.1.1 港口的初步形成(元代以前)

上海地区的渔业生产和军事活动最早可追溯到西晋以前。魏晋南北朝时期,长江流域得到了进一步的发展。隋唐时期,随着上海设镇立县,港口初步形成,吴淞江作为上海地区最大河流,当时港口位于吴淞江支流顾会浦通达的华亭镇,以及吴淞江入海口的青龙镇。到南宋,黄浦江已发展成一条大河流,而吴淞江航道因陆地向东的延伸变得淤浅,上海也正式设镇,位置邻近黄浦江一带,上海港随之兴起(图3-3)。

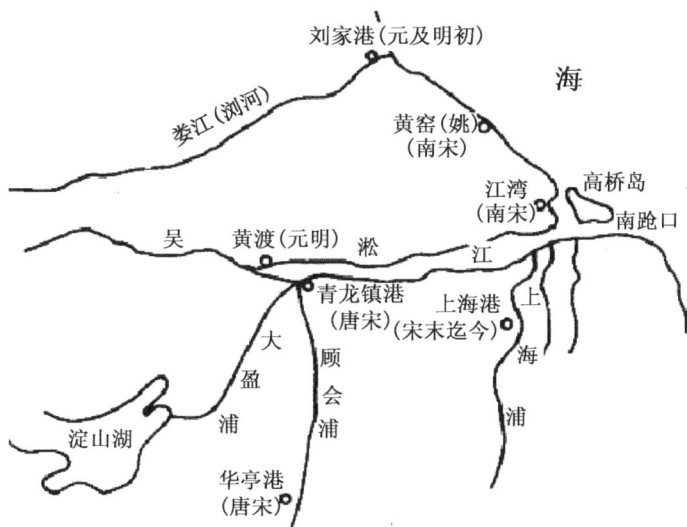

图 3-3 上海港口区域空间形态演化示意图

图片来源:马小奇.上海港史话[M].北京:人民交通出版社,1990:22

3.1.1.2 黄浦江的形成与港口的初步发展(明代)

在明朝永乐年间,为治理太湖水患,夏元吉采取"掣淞入浏"和"分水入浦"的治水方案,形成了黄浦江的新河道(图3-4),也将以吴淞江为主的河网格局变为以黄浦江为主,长江的航行条件得到改善,其航运贸易呈现繁荣的景象。到鸦片战争之前,上海已确立成为全国最重要的航运枢纽大港,内贸吞吐量居全国第一。

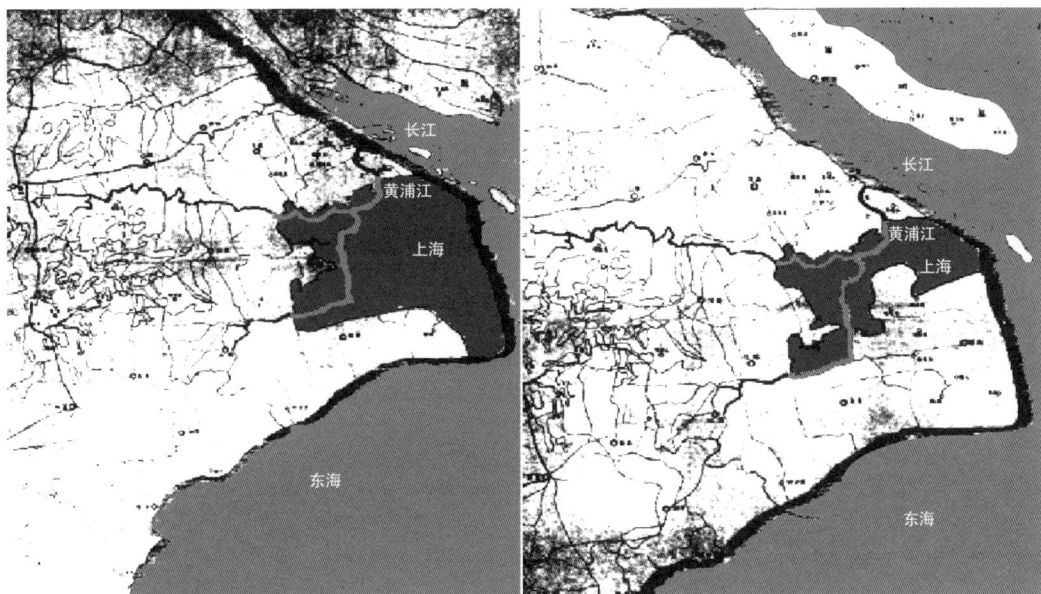

(a) 明万历时期(1573年)

(b) 清雍正时期(1726年)

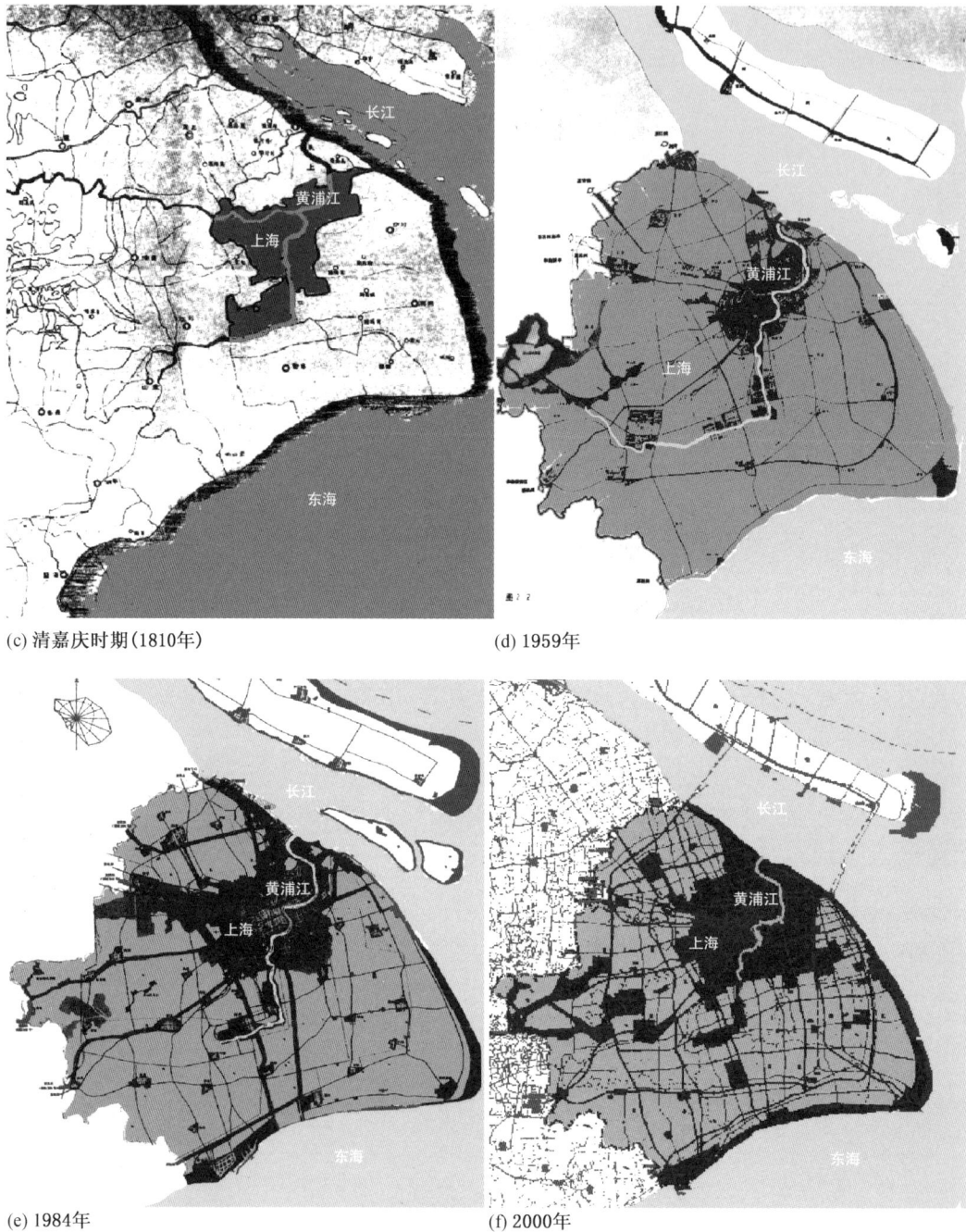

(c) 清嘉庆时期(1810年)   (d) 1959年

(e) 1984年   (f) 2000年

图 3-4　上海市与黄浦江、长江空间演化

图片来源:作者根据资料重绘

3.1.1.3　港口的近代化历程(鸦片战争后—1949 年前)

1840 年鸦片战争后,上海港成为最早开放的 5 个港口之一。在其后 10 年中,中国对外贸易中心从广州转移至上海,由此上海港开始了作为中国第一大港的历史,也开始了港口近现代化的历程。到 1930 年代,上海已成为远东的航运中心,上海港也成为全国的外贸大港。1937 年抗日战争全面爆发,上海港停止了发展。

3.1.1.4 港口的现代化历程（1949年后—现在）

1949年后,港口的性质改变,从半封建半殖民地的旧港变为为人民服务的新港口,上海港由此揭开了历史的新篇章。1970年起,上海港为了适应国际航运业发展,将港口空间转移,黄浦江老港区的功能从生产、运输逐渐转为城市生活和城市功能配套服务,另建宝山罗泾、外高桥、金山嘴等新港区。1990年代,开始规划建设洋山深水港区。目前,上海港已成为我国沿海主要港口和集装箱干线港,是国家综合运输体系中的重要枢纽和长江三角洲地区现代物流中心的重要组成部分,是上海市及长江三角洲地区调整产业结构、优化生产力布局、促进区域经济一体化发展的重要基础,是上海市加快建设国际经济、金融、贸易、航运中心和国际大都市的重要支撑,是上海市和长江三角洲地区全面建设小康社会、率先实现现代化的重要依托,是长江三角洲和长江沿线地区全面参与经济全球化、进一步提升国际竞争力的战略资源[①]（表3-1,图3-5）。

表3-1 上海港口与城市发展历程

时间	港口发展阶段	港口特点	港口功能	港口所在位置	同时期城市特点
隋唐之前	呈自然发展状态	滨海渔港	木船聚泊装卸货物	吴淞江沪渎口	临海渔村
唐朝时期	港口初步形成	作为苏州通海门户的华亭、青龙等港海外贸易发展	供船舶往来停靠	吴淞江支流顾会浦通达的华亭镇及吴淞江入海口的青龙镇	设镇立县,设立上海地区第一个独立行政建置
南宋	上海港正式形成	贸易港口	商旅住宿、货物聚散	因长三角海岸线不断向东延伸,陆域不断增加,河道变迁,易址于上海镇	上海正式定名上海镇,上海正式形成
鸦片战争后	1843年11月17日港口对外开放	成为全国最大的外贸口岸	1870年代后,上海港成为全国航运中心,黄浦江和苏州河两岸形成了近代工业聚集区	黄浦江、苏州河两岸	上海城市的发展在港口的带动下成为全国工业中心
1949年5月上海解放后	新建多个港区	港口吞吐能力不断扩大	推进了上海市建设和长江流域的经济发展	黄浦江、苏州河两岸	上海城市发展,在港口的带动下成为全国工业中心
改革开放以后—现在	洋山深水港区一期工程建成投产,洋山保税区同时启用	综合性、多功能、现代化的大型主枢纽港	上海的国际航运中心建设取得阶段性成果	上海港实施港口空间转移,码头主要分布在黄浦江两岸、长江口南岸、杭州湾北岸和洋山深水港区	国家中心城市,中国的经济、科技、工业、金融、贸易、会展和航运中心

① 交通部规划设计院.上海港总体规划(2010—2020)[R].上海:上海市港口管理局,2009

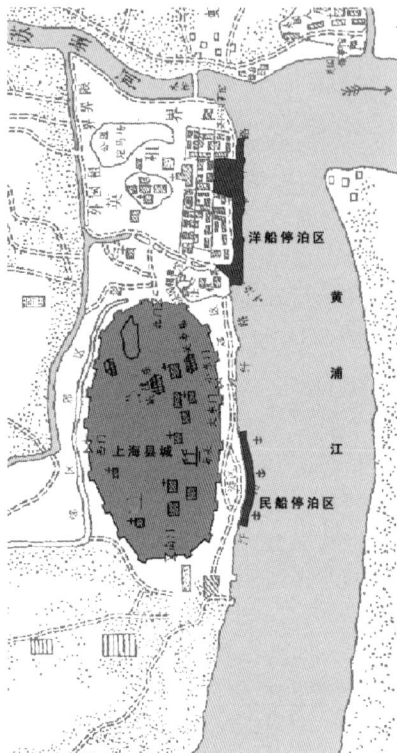

1853年

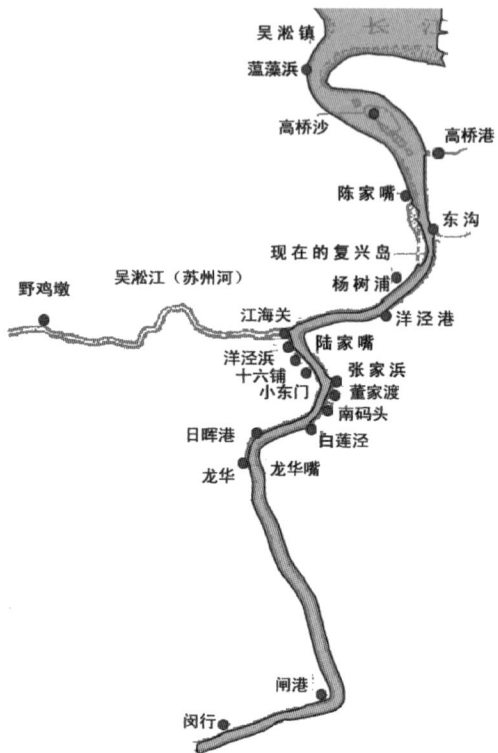

1906年

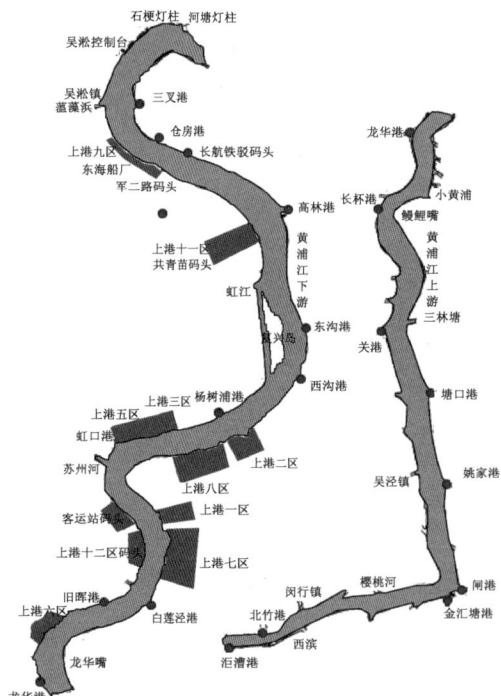

1953年

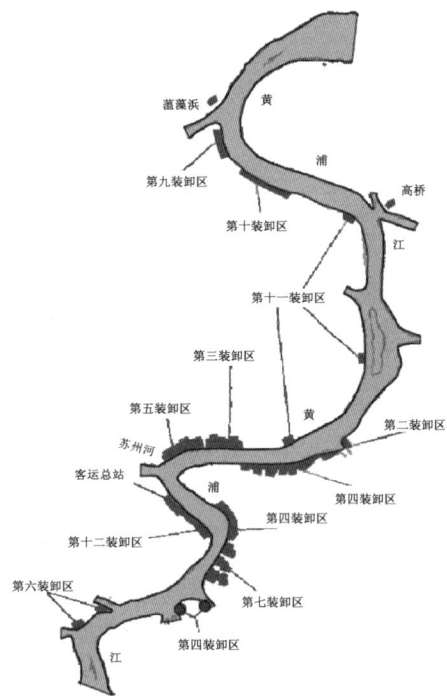

1978年

图 3-5 黄浦江两岸港口空间演化

图片来源：作者自绘

3.1.1.5　港口区域发展现状

1. 各港区情况

上海港现有码头泊位主要分布在黄浦江两岸、长江口南岸、杭州湾北岸和上海国际航运中心洋山深水港区,在崇明岛、长兴岛、横沙岛也有一些客运码头及少量生产性泊位。至2007年底,上海港共有100 t级以上生产性泊位654个,综合通过能力4.4亿t/a,其中万吨级以上深水泊位152个,通过能力3.12亿t/a,集装箱通过能力1 650万TEU/a[①]。

(1) 黄浦江上游港区位于卢浦大桥上游至闵行发电厂的黄浦江两岸,现已形成临港工业服务的企业专用码头和公用码头共同发展格局,吞吐货物以煤炭、杂货为主。

(2) 黄浦江中游港区位于黄浦江卢浦大桥和杨浦大桥之间的城市中心区,是上海港的发源地,从最早的金利源码头开始,上海港的码头泊位近百年来以外滩为中心,沿黄浦江上下游延伸发展,逐步涵盖了黄浦江两岸。该港区过去主要为公用码头,是1980年代前的上海港主体港区。自2003年以来,该港区货运功能根据城市发展要求逐步退出,重点发展客运、旅游、博览和公共服务等。

(3) 黄浦江下游港区位于杨浦大桥至吴淞口的黄浦江两岸,主要从事外贸件杂货、散货、集装箱、油品等货类装卸及水上客运,现已形成公用、货主专用码头共同发展的格局。

(4) 宝山罗泾港区位于长江南岸吴淞口至新川沙河口,以煤炭、矿石、钢铁等散杂货装卸、中转以及水上客运为主,主要为宝钢、石洞口电厂等大型临港工业服务。

(5) 外高桥港区,位于吴淞口以南的长江南岸,是自1990年代逐步发展起来的以集装箱、油品运输为主的大型深水港区,码头等级以3万～5万t级为主。

(6) 杭州湾港区位于杭州湾南岸,现有码头设施主要分布于金山石化工业区和漕泾化学工业园区和临港新城地区,是以服务后方企业的液体化工品、煤炭、重大件运输为主,码头吨级一般不超过3.5万t级。同时建有少量的车客渡码头,满足陆岛交通运输需求。

(7) 上海国际航运中心洋山深水港区,位于浙江省舟山境内嵊泗县洋山岛群中。港区由长32.5 km的东海大桥与上海南汇芦潮港连接,一期、二期、三期工程已建成投入使用(图3-6)。

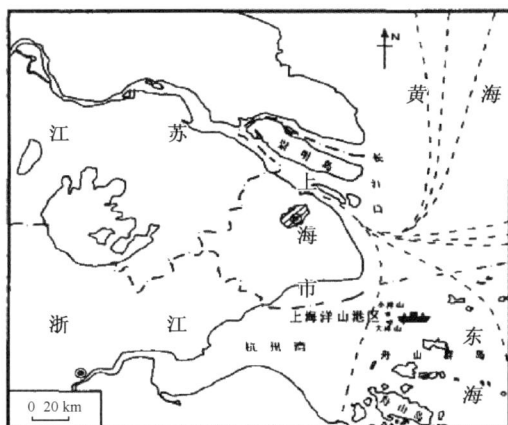

图3-6　上海洋山港位置示意图

图片来源:杨伟. 河口港城市深水港址的选择研究——以福州东洛近陆岛港新方案为例[D]. 福建:福建师范大学,2003:13

①　交通部规划研究院. 上海港总体规划(2010—2020)[R]. 上海:上海市港口管理局,2009

（8）崇明三岛港区，港口设施主要分布于崇明、横沙、长兴三岛，以客运滚装码头为主。2007 年底，崇明三岛港区共有码头 37 个，年旅客通过能力 1 190 万人次，车辆 132 万辆，货物 1 585 万 t。

2. 生产经营状况

（1）吞吐量。国民经济的战略调整、对外交往的战略转变及周边港口的发展，使得上海港吞吐量持续增长，并保持良好增长势头：货物吞吐量 2010 年完成 65 197.1 万 t，2011 年完成 72 032.9 万 t，同比增长率 10.48%；集装箱吞吐量 2010 年完成 2 905 万 TEU，2011 年完成 3 173.9 万 TEU，同比增长率 9.30%。

（2）上海港由能源中转港转为集装箱干线港。上海港一直是长江三角洲及沿线地区大宗物资和外贸货物中转的重要门户，随着长江三角洲沿海、沿江港口的发展，上海港能源中转运输比例逐渐下降。随着上海港集装箱干线港地位的增强，集装箱中转比例逐年增加，现在上海港已由能源中转港转为集装箱干线港。

3. 集疏运体系

长江三角洲地区在我国东部地区运输大通道中占有重要的战略地位，现已初步形成了以国家铁路干线、公路主骨架、水运主通道为主轴的"两纵三横一圈"的综合运输大通道格局，各种运输方式在地域分布上与长江三角洲地区产业布局基本一致。

（1）公路：区域内已形成由京沪、沪宁、沪杭甬、宁杭、沪太、宁通、宁连、甬台温、金丽衢等高速公路组成的高速公路网。上海市由 204、312、318、320 四条国道和沪宁、沪杭、沿江三条高速公路向外辐射，可通达江、浙、皖、赣等地。

（2）水路：长江三角洲河网密布，航道四通八达。长江横穿东西，京杭运河纵贯南北。由淮河、长江、钱塘江三大水系和三角洲水网共同构成的庞大内河水网，成为上海港四通八达的内河集疏运网络。长江又与南北沿海大通道组合成"T"形架构，成为区域交通与区域经济布局的有力支撑。

（3）铁路：长江三角洲铁路干线有京沪、陇海、沪杭、浙赣、宣杭、宁芜、新长、宁启、金温、萧甬线等。上海有沪宁、沪杭线与津浦、新长、宁启、浙赣、萧甬等其他铁路线直接相连，并进一步与全国铁路网连接，可直通我国西南、西北和东北各省市。在上海枢纽何家湾火车站有铁路专用线延伸至上海港张华浜、军工路等集装箱港区。

（4）航空：全区共有民用机场 17 个，空中航线上百条，几乎通达全国各省会城市及主要大中城市，并经上海与世界各地通航。

（5）管道：长江三角洲现有鲁宁管线，自山东入徐州至仪征，是胜利油田原油南输管线；另一条为新建成的年输送能力 4 300 万 t 的甬沪宁外贸进口原油输送管线；此外还有一条年输送量 300 万 t 的宁波至萧山成品油输油管道。

3.1.2 上海港口区域空间形态的深层结构

3.1.2.1 自然环境的影响

1. 上海地区的海陆变迁

上海地区的海陆变迁对上海港的形成有重要的影响，导致了港口的位移，因上海地区成陆时间较晚，也影响了港口的形成时间（图 3-7）。历史上三江的演变也对上海自然航道的形成有很大的影响。三江分别是娄江、吴淞江、东江，在隋唐之前都是浩瀚的大江，分别从东北、东向、东南入海,在江的近海段存在有许多水汊,形成了纵横交错的水网,为上海港口的早期活动提供了条件(图3-8)。

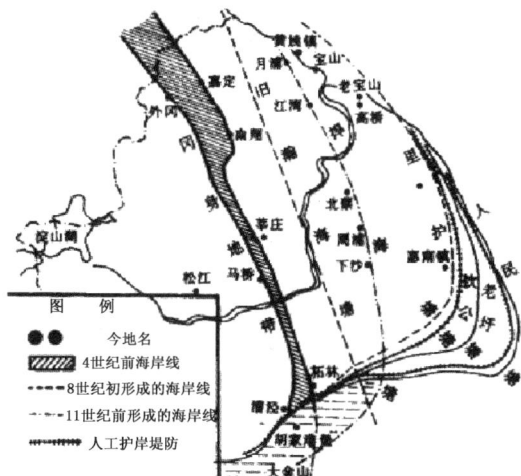

图3-7 上海地区成陆过程示意图　　图3-8 三江水系示意图

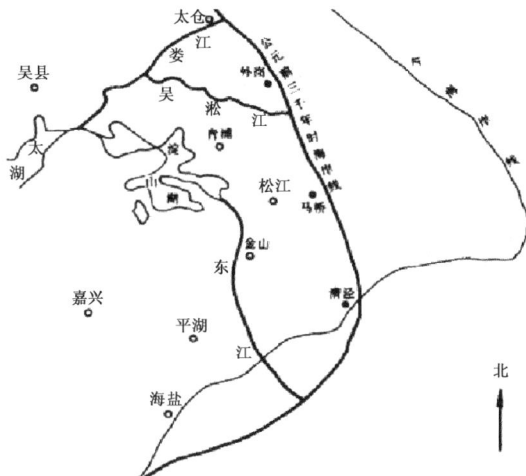

图片来源:中国航海史研究会.上海港史(古、近代部分)[M].北京:人民交通出版社,1990:3.

2. 黄浦江的形成

黄浦江的形成为上海港的长久发展提供了稳固的基础条件(表3-2),也因其江海中转优越的地理位置为上海港提供了良好的发展条件(图3-9)。

表3-2　黄浦江的发展历史

各年代名称	时间	事　件	特　点
黄浦(或黄歇浦、申浦、春申浦)	战国	楚国公子春申君黄歇为"治水松江,导流入海",开拓了黄歇浦	从太湖始流,穿过嘉兴、枫泾、松江三个古城,从东南入海
黄浦	南宋以后	清代共生秦荣光在《上海县札记》(同治)注:"时未置上海县,所谓邑者指华亭,故曰黄浦曰东越"	南宋为塘,规模较小,到南宋淳祐十年(1250年),已发育成较大的河流
黄浦口	元代	吴淞江与黄浦的汇合处	江面不够宽阔,"阔尽一矢之力"
黄浦江	明代	治理太湖水患,采取"掣松入浏"和"分水入浦"形成黄浦江,使上海河网格局由江为主变为以浦为主	黄浦江替代吴淞江由支流变为主流,也成为上海港发展的转折点

3.1.2.2 港口城市互动发展的推动作用

1. 在城市呈现临海渔村状态时

港口形态也仅限于木船停泊、装卸货物条件较好的河段,城市和河段都呈现自然发展的状态。

2. 南宋咸淳三年(1267年)

上海正式定名上海镇,同时港口功能发展为贸易港口,提供商旅住宿、货物聚散。上海建镇也成为上海港正式形成的标志(图3-10),上海由此进入港城同步形成阶段。

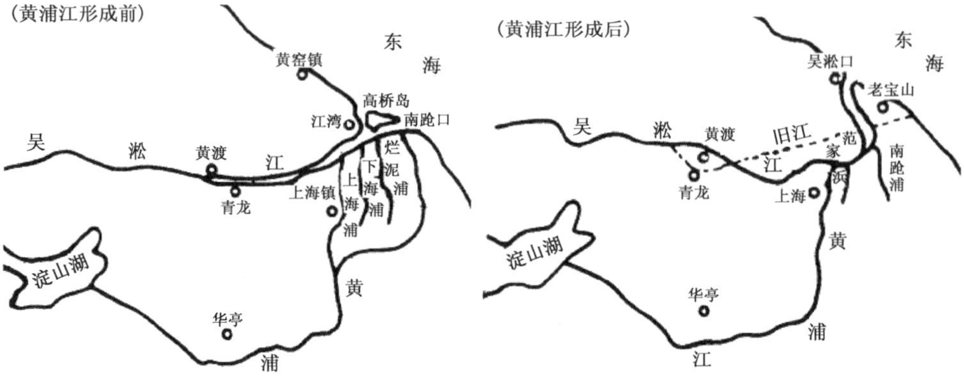

图 3-9　黄浦江形成示意图

图片来源:马小奇.上海港史(古、近代部分)[M].北京:人民交通出版社,1990:38

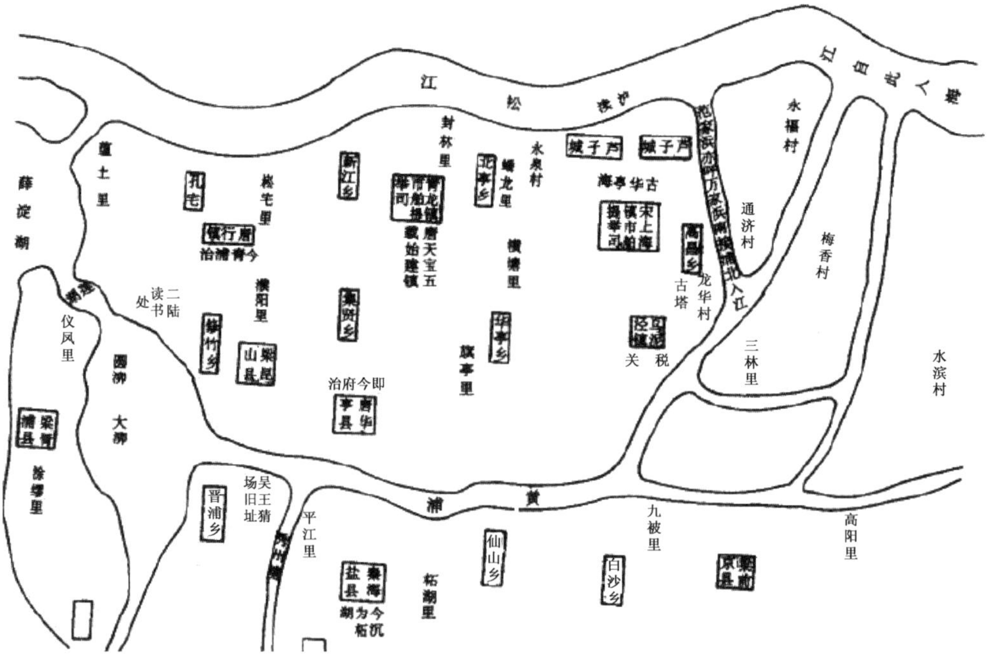

图 3-10　元以前上海港形势图

图片来源:马小奇.上海港史(古、近代部分)[M].北京:人民交通出版社,1990:36

3. 港口的开发也带动了上海城市的崛起

1843 年开埠后上海港的崛起,对上海近代城区的形成和发展有着直接的影响。港口开始了现代化历程,上海取代广州成为中国对外贸易中心,上海港成为中国第一大港。在港口发展的带动下,上海城市外向型经济结构逐步形成,近代商业、金融业、加工业和公用事业与港口互相促进,同步发展。黄浦江和苏州河两岸修建了大量的码头、库场,形成了沪东工业区、沪南工业区和沪西工业区,为上海成为全国工业中心奠定了基础①。

(1)上海近代城区格局形成,以港区为起点,循江按寻求延伸。上海开埠后,外国列强在

---

①　曹虹宇.上海港城互动发展与对策研究[D].上海:上海交通大学,2008:23-24

上海开拓业务,各国公共租界均被扩充,法、英、美等国分别确立了自己的租界。因为交通工具主要依靠航运,各国首先考虑将航运便利和适宜建港的地段划为自己的租界。1861 年法兰西火轮公司在政府的支持下得到法租界,其南侧界线一直延伸到出小东门直通黄浦江之小河沿。1863 年 6 月 25 日美国驻沪领事熙华德与清上海道台黄芳订立章程确定苏州河以北黄浦江沿岸的美租界西,自护界河对岸之点始向东沿苏州河及黄浦江至杨树浦再循杨树浦向北三里止向西划一直线回到护界河对岸之起点。1863 年 9 月苏州河两岸的英美租界合并为公共租界,并于 1890 年代循着苏州河及黄浦江分头向西和向东延伸。西自新闸,东至周家嘴沿途岸线均被圈入。"公共租界经过这次扩充其面积从 2.75 mile^2 增至 8.35 mile^2,净增 2 倍多"。各国对各自利益的维护,进一步推动了近代上海中心城市的形成与扩展。中心城区对岸的浦东沿岸的起步受惠于港区的建设,特别是 1860 年后,由于众多码头、仓库的建立,浦东沿岸初显城市化轮廓,城市分布集中在南起白莲泾北迄庆宁寺的沿江狭长地带,与浦东港区的分布及走向吻合。上海港口的繁荣带动了城市地域的显著发展,并初步奠定了上海作为近代中国商业、金融、信息、工业中心及最大都市的稳固地位,也对其经济腹地产生了强力辐射[①]。

(2)对长江三角洲经济腹地的影响。上海开埠后,随着港口的兴盛和城市经济的发展,长江三角洲中心已由苏州移至上海。

(3)长江三角洲地区由原来以苏州为中心的城镇体系,演变为以上海为中心的城镇体系,从通过京杭大运河联系起来的无锡、常州,与上海隔江相望的南通、海门,到经由苏州周转与外地的经济往来的杭州等,都被纳入上海的内外贸易辐射圈内,打破了长江三角洲原有的封闭状态,推动了这一地区城镇经济结构的演化。

4. 城市空间结构的变化促使港口空间的转移

改革开放到 1990 年代,国家指导思想转变,政策调整,上海的产业结构进入了适应性调整阶段。上海城市空间结构随着港口布局的调整而发生变化,城市面积扩大,产业结构调整,新兴工业和产业基地逐步形成。

1990 年代,上海的产业结构从适应性调整阶段转变为战略性调整,明确了新的产业发展方向,提出把上海建设成国际经济、金融和贸易中心之一的总体发展目标,提出"三、二、一"的产业发展次序,上海城市建设进入了大规模投资阶段。

5. 现阶段

上海港口与城市关系发展到一个新的阶段,已进入地域分化和功能分异阶段。新港区建设和老港区改造同步进行,上海港口呈现出地域空间上分化和功能上分异的特征。

3.1.2.3 政策法规的导向

1. 在城市与港口的发展中,政府的政策往往起到非常关键的作用

2009 年,国务院常务会议审议并通过《关于推进上海加快发展现代服务业和先进制造业,建设国际金融中心和国际航运中心的意见》,首次以国务院文件的形式,明确了上海国际金融中心建设的战略地位。为将上海建设成为中国最大的经济中心和太平洋西岸有影响的国际城市,中央做出开发浦东、开放浦东的重大决策,上海市的发展进入了一个崭新的阶段。南汇规划建设的临港新城,重点发展临港产业和物流产业,带动了上海新的经济增长,黄浦江、苏州河内老工业基地继续外移,形成了开放舒适、生态自然的城市空间。上海港成

---

① 戴鞍钢.港口—城市—腹地——上海与长江流域经济关系的历史考察[J].中国城市经济,2004(1):50

为上海市加快建设国际经济、金融、贸易、航运中心和国际大都市的重要支撑,成为上海市和长江三角洲地区全面建设小康社会、率先实现现代化的重要依托,成为长江三角洲和长江沿线地区全面参与经济全球化、进一步提升国际竞争力的战略资源。

2. 老港区的改造

(1)老港功能调整。随着上海城市功能定位和布局进行的一系列调整,位于城市中心的老港区的发展与城市发展规划的矛盾日益凸显。主要体现在:黄浦江梁桥之间的港区码头无深水泊位,其港口建设与货物结构无法满足大型船舶要求;老港区码头岸线利用已呈饱和状态,港区发展受到城市发展的制约;城市中心沿江码头对环境污染日益严重,影响了浦东、浦西两岸作为城市金融集聚带的发展,不利于现代化大都市的形象,也对居民生活造成危害。

(2)老港区改造工程①。1990年代起,上海港对黄浦江内部分老港区进行功能调整、搬迁工作,以适应上海国际化大都市的发展要求(图3-11)。

① 高阳码头改造。在高阳港区西部新建上海国际客运中心,代替原来设施陈旧、配套服务不完全的客运码头,既与周边城市景观协调,又形成了该地段的新地标性建筑群,丰富了外滩沿江景观(图3-12,图3-13)。

② 十六铺码头改造。由于近年来交通运输由航运转向公路、航空,上海港航运交通运输线已逐渐衰退,十六铺码头的客运航线迁往吴淞客运中心码头,原有港区进行城市化改造(图3-14)。

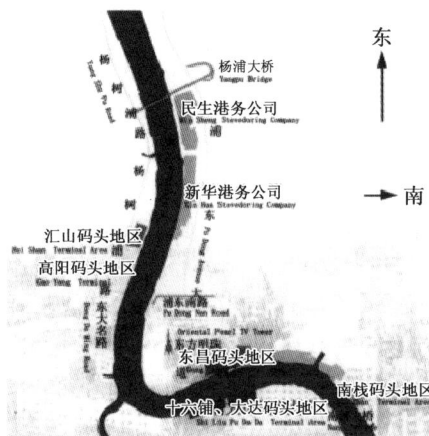

图3-11 上海老港城市化改造区分布示意图

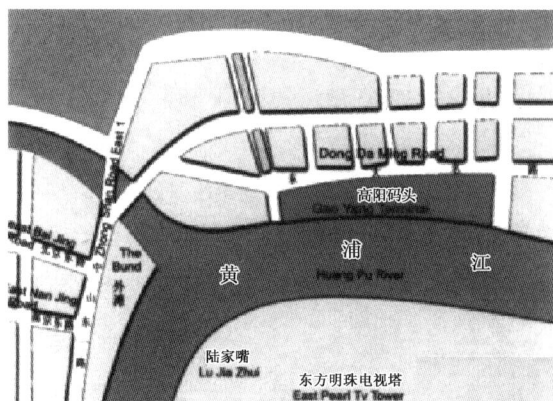

图3-12 上海港高阳码头地区位置图

图3-13 高阳港区规划总体鸟瞰图

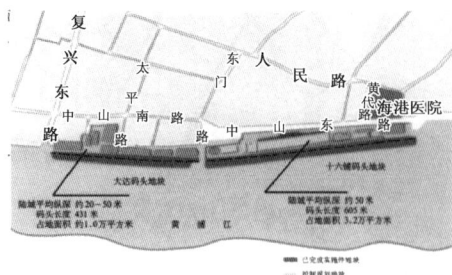

图3-14 上海港十六铺、大达码头规划平面图

图片来源:王诺,白景涛. 世界老港城市化改造发展研究[M]. 北京:人民交通出版社,2004:162-167

---

① 王诺,白景涛. 世界老港城市化改造发展研究[M]. 北京:人民交通出版社,2004:159-169

③ 中华南栈码头改造。位于南浦大桥旁,为适应城市发展,已于1998年停止装卸作业,以开发住宅与综合性功能为主,建造,休闲娱乐为一体的大型海洋科技公园。

④ 汇山码头西部、东昌码头、新华码头改造。

这几个地段位置以濒临黄浦江和紧靠黄浦江为主,地理位置十分重要,这些地段的改造以改善城市环境质量及城市景观为主导思想,主要开发高档景观小区。

3. 新港区的开发建设

在上海港对老港区进行城市化改造的同时,为形成港口与城市之间良性循环,对新港区进行了开发建设。

(1) 1980年代,相继新建宝山、关港、外高桥等新型的带有现代化特征的港区,以及宝钢码头、石洞口电厂码头等一批大型货主专用码头。增大了上海港的吞吐量,满足能源运输要求,扩大港口能力,解决了港区泊位不足等问题。

(2) 1990年代开始,相继建设了外高桥一至五期集装箱码头、罗泾一期散货码头,响应了"以浦东开放为龙头,进一步开放长江沿岸城市,尽快把上海建成国际经济、金融、贸易中心之一,带动长江三角洲及长江流域地区经济的新飞跃"的"十四大"决议。此阶段上海港的发展特点可总结为:以集装箱运输为重点,跳出黄浦江向长江口南岸发展。

(3) 在距上海南江约30 km的洋山岛群中,建设深水集装箱码头,对应了党中央提出的建设上海国际航运中心的战略决策。分别完成洋山港区一期、二期工程,三期工程现正在建设中。

3.1.3 上海港口区域空间生态适宜优化模式

3.1.3.1 调整港口空间布局,并符合城市总体规划空间和产业发展布局要求

港口规划应对位于中心城区的港口功能作适当调整,适当减少城市中心区的港口货运功能,满足中心城功能发展要求。为了实现城市发展要求逐步拓展沿江沿海发展空间,进一步提高和完善宝山罗泾、外高桥区港口功能,并在金山和海港新城地区规划了新的港区,满足了最新城市总体规划提出的"规划若干新城作为区(县)政府所在城镇,或依托重大产业及城市重要基础设施发展而成的中等规模城市"的要求,促进新城发展,有利于规划市域城镇体系的形成。

从产业发展角度看,港口总体规划根据上海市的产业发展规划,对港口运输货种进行了科学的分析,合理确定港口功能。港口发展与产业发展的要求一致,将市域产业布局分为三个层次:第一层次,城市内环线以内的地区,以发展第三产业为重点,适当保留都市型工业;第二层次,城市内外环线之间的地区,以发展高科技、高增值、无污染的工业为重点,调整、整治、完善现有工业区;第三层次,城市外环线以外的地区,以发展第一产业和第二产业为重点,提高经济规模和集约化水平,集中建设市级工业区,积极发展现代化农业和郊区旅游业。在适当保留城市内环以内港口满足城市发展要求之外,将港口发展的重点放在城市外围的第三层次,规划形成若干成规模、集约化港区,并依托港口规划临港工业区、物流园区,引导产业向相关地区集中,有利于促进市产业布局的形成,适应了城市规划的产业布局要求①。

---

① 交通部规划研究院.上海港总体规划(2010—2020)[R].上海:上海市港口管理局,2009

3.1.3.2 港口发展满足城市景观环境发展要求

在城市发展的环境要求之下,对港区功能及货物结构调整充分考虑城市环境的要求和特点,尽量减少煤炭、矿石、化肥等污染性货种对城市发展的影响。建成南浦大桥与杨浦大桥之间黄浦江两侧的滨江绿地区,对两桥之间港区港口功能逐步调整,发展旅游、客运。也要满足城市规划水源地保护的要求,如适当控制黄浦江上游港口建设规模,减少对黄浦江上游水源地的污染,罗泾港区规划布置中水源地附近主要以洁净类的件杂为主,大宗散货作业区远离宝钢水库、陈行水库,并采取了必要的环境保护措施。

3.1.3.3 改善港口集疏运配套设施与城市基础设施

快速便捷的集疏运体系是港口发展的重要保障,上海港的集疏运体系存在严重欠缺,过分依赖于陆路交通特别是公路交通,不仅不利于港口的进一步发展,也给城市日常运作、生态环境造成了一定压力。所以要加强港口的集疏运能力与公路、铁路、内河规划的协调,合理利用城市交通网络,并运用多种运输方式,预留越江通道、东海大桥二桥等通道建设所需的岸线。充分考虑到城市生产生活要求的电力、能源项目建设和生产生活设施运输的要求,在功能布置上满足这些物资运输要求。在洋山国际航运中心建设的巨大影响之下,国际航班都迁到浦东机场,浦东机场二期也开始启动,到2010年基本建成亚太航空枢纽港,作为洋山港的配套项目的浦东铁路也进行建设。

3.1.3.4 对上海港的重新定位

长江三角洲雄厚的区域经济实力带动了上海港的崛起,对上海城市的繁荣起到了一定的推动作用,对其经济腹地产生了强力辐射,形成了以上海为中心的城镇体系(城镇体系是一定地域空间内不同等级规模和职能分工联系紧密、分布有序的城镇体系。它是在自然、经济、社会、交通等因素共同作用下形成并处于发展中的动态体系[①])。在这样的有力条件下,上海港要在更高的格局上重新审视自己的位置和作用,以成为区域港口群的领导者,从长江三角洲扩展到长江经济带,甚至整个东亚经济圈,最终形成一个共存共荣的利益结构。如上海港与宁波港之间的资源整合,水平分工和垂直分工的处理,有效地防止了彼此间的恶性竞争和可能导致的集体衰落。

3.2 南通港口区域空间形态

3.2.1 南通港口区域空间形态演化

南通港地处长江下游河口段北岸,地理坐标为东经120°48′54″,北纬32°45″。南通港东濒黄海,南临长江,距离上海吴淞口102 km、南京264 km。港口处在海、江、河的交汇处,是海轮进江后长江北岸第一个可停靠的港口,是长江水上中转的重要枢纽。从长江口出海可达我国沿海和世界各港,溯江而上可直达皖、赣、鄂、湘、渝等沿江省市,内河运输通过长江、引河与通扬、通吕等苏北水系和京杭大运河相贯通。南通是江苏内河港口群主要内河港口之一,改革开放以后,随着狼山港区一、二期工程海轮泊位的建设,南通港由单纯的内河运输拓展为江海物资运转(图3-15)。

---

① 戴鞍钢.港口—城市—腹地——上海与长江流域经济关系的历史考察[J].中国城市经济,2004(1):50

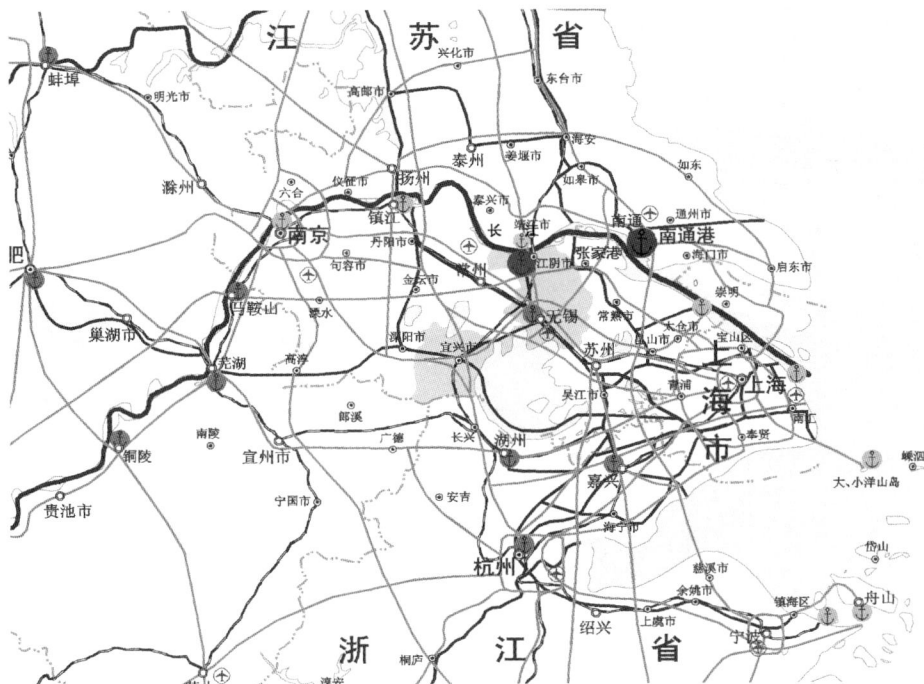

图3-15 南通港地理位置图

图片来源:作者根据资料重绘(资料来源:交通部规划研究院.无锡(江阴)港总体规划[R].无锡:无锡市港口管理局,2006)

3.2.1.1 发展历程

1904年,民族实业家张謇设立南通天生港大达轮步公司,经营港口业务,为了唐闸工业区的货物进出需要,在长江开辟了天生港,南通港正式成立;到1960年代南通港成为长江下游一个重要河口港;1990年代,南通港实施"以港兴城"战略后,岸线资源开发和港口建设初具规模;到20世纪末,南通港港口的吞吐量已位于中国沿海港口第9位,南通港从地方性内河港发展成为长江下游一个江海联运港口群。

3.2.1.2 发展现状

南通港口拥有海岸线206 km,长江岸沿线230 km,蕴藏着可贵的深水资源,沿江拥有长江S形微弯河道的凹岸,江宽、浪小、水深、岸线顺直、微冲不淤。沿海的吕四、洋口是古长江入海口,不积淤,是建深水海港的良好选址。已建成万吨级以上泊位24座,其中集装箱专用泊位3座。2010年南通港口货物吞吐量超过1.5亿 t,外贸年吞吐量300万 t左右,集装箱吞吐量46万 t。南通港现由沿海港口和沿江港口两部分组成:沿海港口由洋口港区、吕四港区、冷家沙港区3个港区组成;沿江港区包括南通港港区、狼山港区、江海港区、通海港区、如皋港区、天生港港区、任港港区、富民港区、启海港区等9个港区(图3-16)。

3.2.2 南通港口区域空间形态的深层结构

3.2.2.1 港口的区位优势

南通的气候温和,常年不冻,且不受台风影响,港口微冲不淤,可使万吨级海轮长期停靠,有巨大的运输能力,港口自然地理条件对发展港口十分有利。港口处于江、海、河

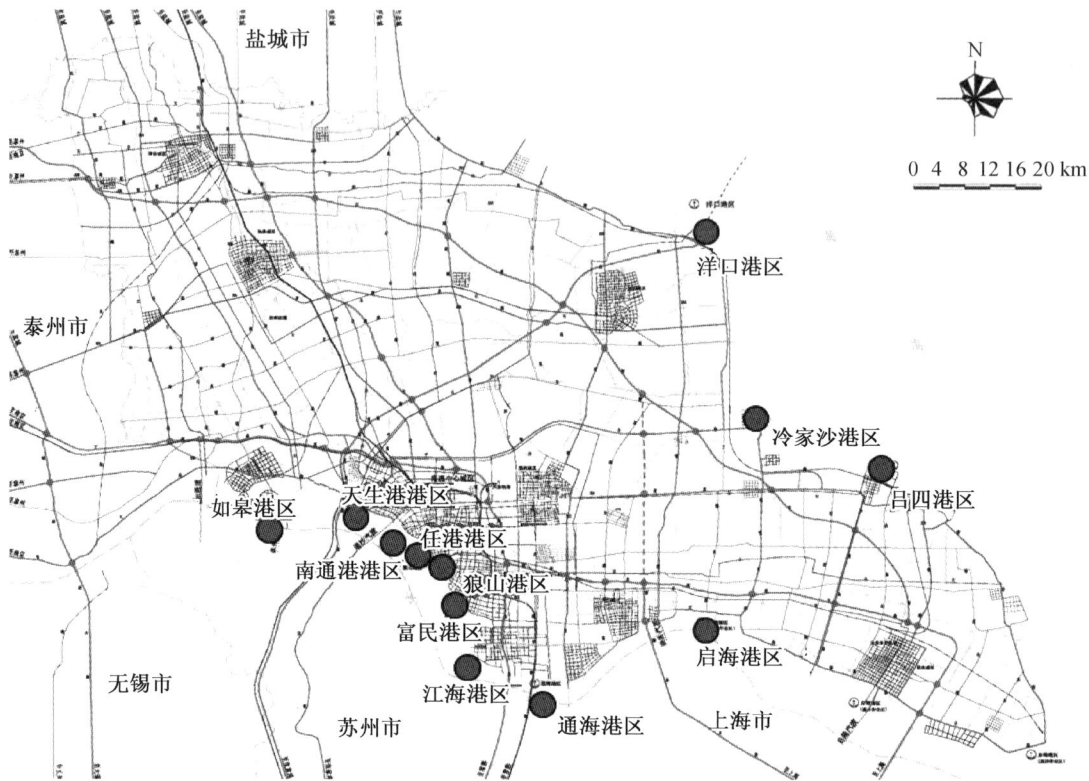

图 3-16 南通市港区分布图

图片参考:南通市规划局.南通市城市总体规划[R].南通:南通市人民政府,2011

的交汇处,在全国具有这种区域优势的只有两个城市,一个是上海,另一个就是南通,与上海具有同等重要的区位优势。所以现在南通港成为长江下游沿海主要港口之一,是南通市和苏北地区经济尤其是外向型经济发展的重要依托,长江三角洲现代化综合交通网格的重要节点和对外贸易的主要口岸,长江中上游地区能源、原材料和外贸运输的重要中转港,长江三角洲地区集装箱运输支线港和长江口北岸发展现代化物流的重要港口,我国发展综合运输的沿海主枢纽港。随着腹地经济发展,南通港将发展成为以原材料、能源等大宗散货中转和集装箱运输为主,具有装卸储存、中转换装、多式联运、运输组织、通信信息、现代物流、临港工业、保税加工、客运旅游、综合服务等多功能、综合性现代化港口。

3.2.2.2 城市空间结构的变迁

1. 初始联系阶段

19 世纪末,张謇为发展南通实业,在长江边开辟了天生港,南通城市向近代工商业社会的城市形态过渡。依托港口,近代民族工业发展很快,带动南通发展成为苏北沿海地区经济中心,城市职能由过去的地方性贸易和居住中心向多功能中心转化(图 3-17)。

1895 年近代民族实业家张謇在南通兴办实业,将工业区选在城市西郊唐闸,港口区定在长江边的天生港,城市南郊狼山作为花园私宅、风景区,三者与老城区相距各约 6 km,并建有道路相通,构成了以老城为中心,唐闸工业区、天生港港口区和狼山风景区环绕的"一城

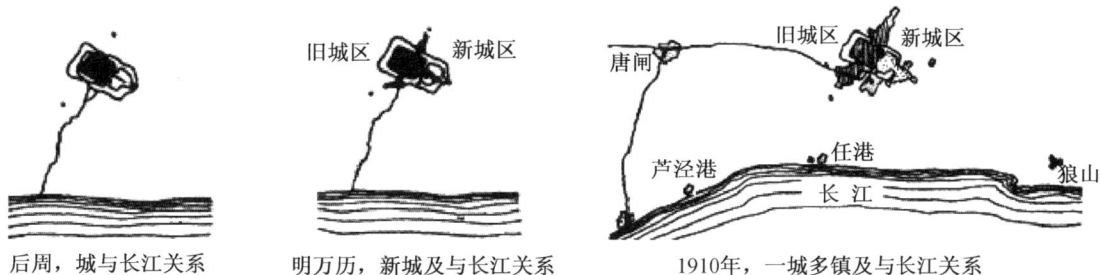

后周，城与长江关系   明万历，新城及与长江关系   1910年，一城多镇及与长江关系

图3-17 南通城市与长江关系示意图

图片来源:同济大学城市规划教研室.中国城市建设史[M].北京:中国建筑工业出版社,1982:163

"三镇"的空间格局(图3-18)。城镇相对独立,分工明确,减少污染,各自可以合理发展。张謇对老城内部功能进行了重新调整,把老城作为政治、金融、商业、文化中心,并在旧城南部开辟了新市区,南通城市空间形态逐步向近代工商业社会形态过渡,形成了以工业为主的工业区,以交通运输为主的港口区的"一城三镇"雏形(图3-19)。城市职能也因长江港口的开发由过去的地方性贸易和居住中心向多功能中心转化。当前演变为"一主三副三轴"的空间发展格局(图3-20):"一主"——以南通中心城区及其影响下的通州城区、海门城区和长沙镇为中心的"南通都市区","三副"——指"掘港—长沙"城镇组群、"汇龙—吕四"城镇组群、"如皋—海安"城镇组群①。

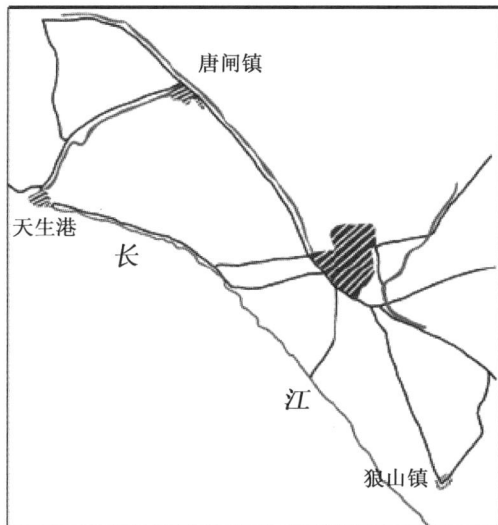

图3-18 近代"一城三镇"的空间格局

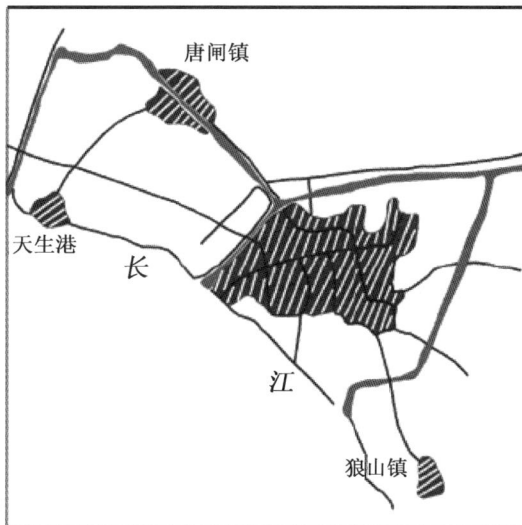

图3-19 1949—1978年港口与城市空间结构示意图

图片来源:方玲梅,姚庆梅,田蕗新,等.南通城市空间结构演变过程与特征[J].现代城市研究,2011(3):63

2. 临港工业发展阶段

1960年代,南通港成为长江下游一个重要河口港,南通城市总体布局依然保存着"一城三镇"的特色,新辟港口特色工业区,推进了城市空间的拓展和城市功能的转变。

1949年后,南通政府规划部门对南通总体规划做出了调整,老城区和城市内部空间

---

① 南通市规划局.南通市城市总体规划(2008—2030)[R].南通:南通市人民政府,2009

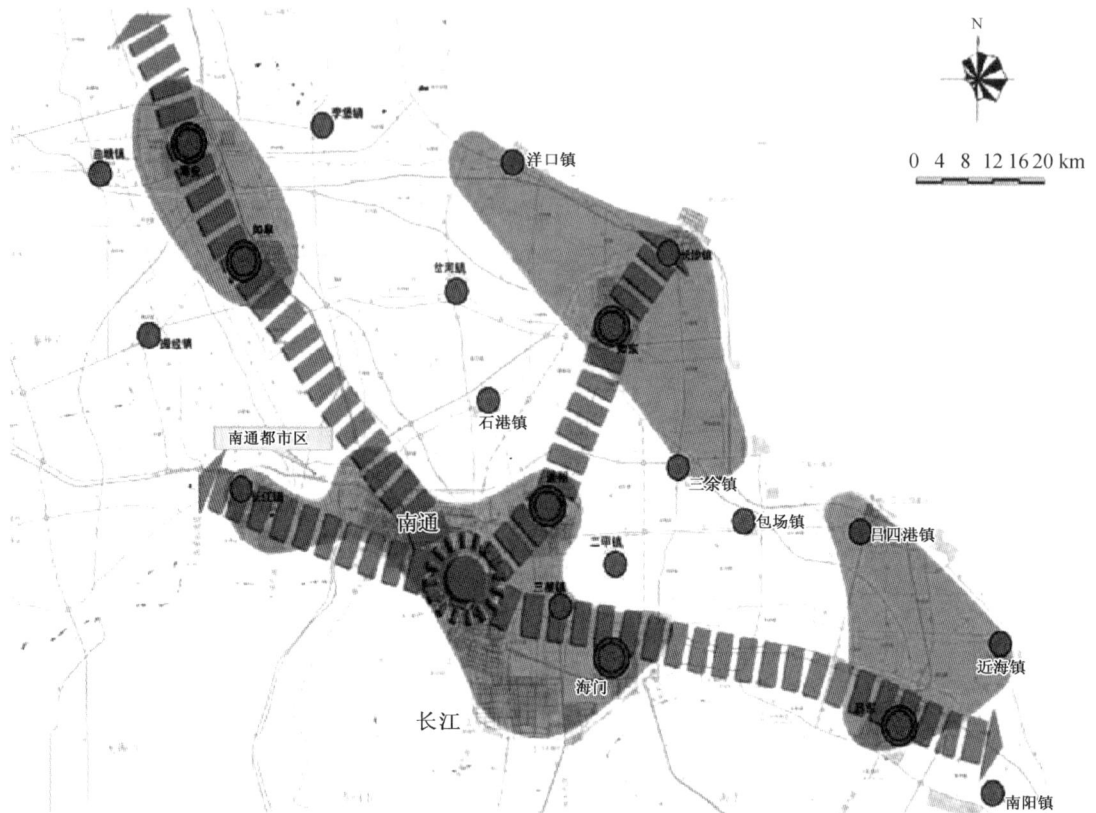

图 3-20　当前"一主三副三轴"的空间格局

图片来源:作者根据资料重绘(资料来源:南通市规划局.南通市城市总体规划[R].南通:南通市人民政府,2011)

结构发生了较大变化,老城区作为全市政治、经济、文化和居住中心,人民路和南大街形成 T 字形商业,改变了过去的"十"字形结构。对外交通城区公路向四周伸展与苏北公路网连为一体,五条水道分别和长江、通扬运河、通吕运河连通。新建任港、姚港港区,并新辟任港路、姚港路、城东北、城东南、城西北及城西等工业区,从而推进了城市空间的拓展和城市功能的转变。

3. 多元化经济集聚阶段

1980 年代中后期,是南通港口的转型期。随着技术经济开发区和狼山港、江海港口工业区的开发建设,城市经济有了飞跃发展。在港口发展的推动作用下,城市集聚效应提高,老城区规模扩大,形成以城区为中心、一城多镇的沿江组团式城镇群体。

3.2.2.3　近代民族资本的扶持

在南通港的发展进程中,民族资本可谓贡献巨大。

1. 港口的创建

南通虽具备较好的建港条件,但一直未被开发,直到 19 世纪后期,外商轮船在途经南通时,因无码头停靠,只好停泊在南通的芦泾港江面之上。1906 年张謇集资 2.52 万两白银建成石码头三座,由天生港天达轮公司经营管理,结束了南通无码头的历史。码头在投入使用后,客货运量增长,从而促进了南通的近代经济繁荣,形成了港口建设与城市经济发展相互促进的大好局面。

2. 对港口与腹地交通的贡献

张謇认为,"交通是文明发达之母",欲发展经济,必须先行交通。① 水路:他开辟了内河小轮公司,来连接南通与苏北腹地,也为港口货物进出提供了保证,南通随之成为苏北地区内河航运中心。② 公路:张謇建成了几条公路,如天生港至唐闸、天生港至南通城市、唐闸至南通城市,在江苏省是个创举,公路里程占江苏全省的66.8%,并与水路形成畅通的交通网,天生港成为苏北水路的交通枢纽,对城市经济的发展做出了必不可少的贡献。

3.2.2.4　政府的政策支持

南通市政府对南通港口的发展给予了高度重视,在1990年代就确定了"以港兴城"的发展战略,为港口发展提供了良好的基础环境。如整合港口的岸线资源,让影响港口空间发展的企业迁出长江岸线,优先满足对深水岸线和生产用地有需要的船舶企业;在城市规划中考虑到港口与城市的互动发展,实现沿江开发和江海联动,并制定相应规划纲要来支撑。

3.2.3　南通港口区域空间形态的生态适宜优化模式

3.2.3.1　加强城市与港口的良性互动

城市与港口的良性互动从根本上增强港口竞争力并给城市带来更多的发展机遇,发挥出南通江海交汇的独特地理优势,使南通港融入上海国际航运中心,进一步加快洋口港、吕四港的建设进程,突出沿海城镇建设,优化布局,提升功能。

3.2.3.2　区域空间的港口发展

南通港口面临的竞争不仅来自区域内港口之间,还存在于国际港口之间。在区域港口间这种竞争可以通过发挥各港的优势,加强各港口资源的共享、交流与互补,最终实现互利共赢、共同进步。

3.2.3.3　区域物流体系的建立

物流体系是港口发展的关键要素,我国港口和城市发展物流网络建设滞后,成为港口和城市发展的关键瓶颈。南通港具有良好的区位优势、完善的基础设施、齐全的配套服务,在此基础上,南通港应建立区域物流联运体系,由各港区分散经营,向港口物流流程一体化运作转变。

3.2.3.4　重要的区位优势

南通港位于长江入海口北岸,大江大海交汇处的"T"形经济带,滨江临海,其中可建万吨级以上深水泊位的岸线30多km,洋口港最大水深可达零下30 m,可建15万～20万t级泊位,吕四港具有建设5万～10万t级大型海港泊位的条件。南通港是中国除香港、大连、宁波之外难得的建设深水大港的理想选址,也是非常罕见的同时具备建设大型内河港和大型海港条件的城市。当前南通港口发展取得了历史性突破,今后要以加快转变港口发展方式为主线,做大做强江港的同时,发展海港,促进江海联动发展。

1. 继续建设江港

目前南通江港的开发建设比较成熟,也是加快港口经济发展的主导力量。但江港岸线资源有限,长江沿岸已基本被占用,正面临发展空间有限、资源枯竭的困境。因此要采取整合、建设、开发的方式加快深水泊位建设,优化岸线资源配置(图3-21)。措施包括:① 抓住机遇,对已开发港区进行规划调整。②对长江岸线整合开发,拓展潜在岸线发展空间,以形成新的港区。③对江港功能进行合理调整,采取政策支撑。④对原有泊位升级,加大大吨位泊位的建设,提高港口通过能力。⑤加强专用港口的检测维护,为沿江港口企业服务。⑥全力推进港口物流业发展,建设第三代港口。

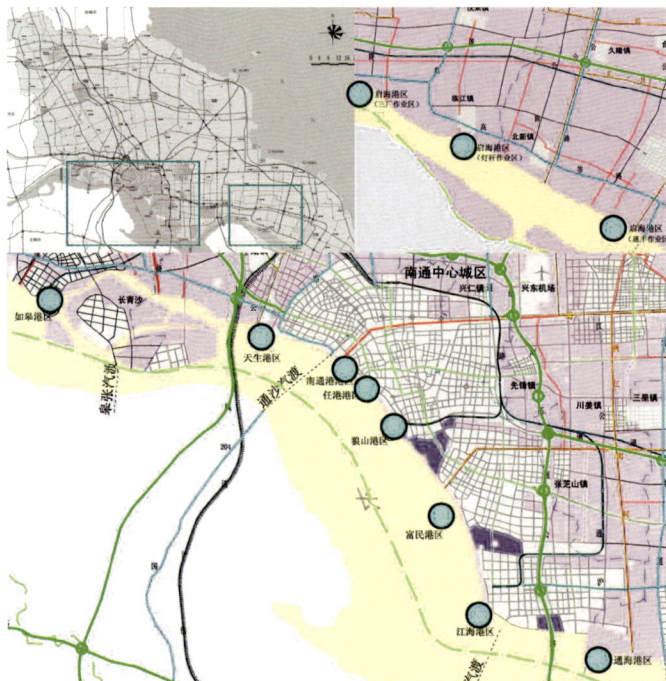 

图 3-21　南通江港港区总体布局　　　　图 3-22　南通海港港区总体布局

图片参考:南通市规划局.南通市城市总体规划[R].南通:南通市人民政府,2011

2. 沿海开发战略的实施

对全省经济而言,长江的沿江港口已难以适应国际航运业船舶大型化的要求,难以满足江苏在新一轮经济发展中对外贸运输的要求,因此必须抓住能满足外贸合理运输需求的海港的建设,加快实施沿海开发战略(图 3-22),具体措施包括:① 按照国家沿海主枢纽港的功能定位,规划制定好沿海港口的近远期建设目标,改变目前海港港区规划不完整、基础设施薄弱的现象。② 迎合"长江一体化和江苏沿海开发"的国家战略部署,推进沿海深水进港航道二期工程的开发建设。江苏的沿海地区要在外向型经济取得突破并在更高层次上取得更大发展,必须要有沿海深水大港来支撑。

3. 促进江海联动

发挥沿江对沿海的带动作用,充分利用沿海拥有深水港口、滩涂资源丰富、土地储备量大等优势,引导生产要素向沿海集聚,为沿江先进制造业的产能转移,传统制造业转型升级开辟新空间。同时深度推进与上海、苏南的接轨与合作,创造更多的跨江合作增长点,全方位、宽领域、深程度地推进发展理念、交通基础设施、体制机制等各方面的跨江融入与接轨合作,拓展沿海开发空间。

南通港口与城市的发展正面临着历史性的机遇。而南通港应加快实施"以港兴城"发展战略,以提升区域经济综合竞争力为目标,努力形成"江海一体,港城互动,港业并兴"的大港口,推动南通城市空间发展,使城市建设和城市空间发展与港口发展相互融合、相互促进。

3.3　张家港港口区域空间形态

3.3.1　张家港港口区域空间形态演化

　　张家港港区是苏州港的重要组成部分,也是苏州港吞吐规模最大的港区。苏州港地处长江入海口的咽喉地带,位于江苏省苏州市境内、我国长江经济带与东部沿海经济带"T"形交汇处,是长江三角洲地区重要的交通枢纽。苏州港张家港港区位于苏州市西北部长江南岸的张家港市境内,北滨长江,南近无锡,西接江阴,东连常熟。水路距长江口125 km,沿长江上溯沟通长江中上游沿线地区,经申张线、京杭运河等航道与长江三角洲内河水网相连;公路有沿江高速公路,G204、S228 省道(沙锡公路)、S338 省道(张杨公路)、S340 省道(澄鹿公路)等,分别通往无锡、苏州、江阴、常熟等周边地区,沿江地区主要有沿江公路横贯东西,南北方向主要有中华路、江海路、华昌路、杨新公路、杨锦公路等(图 3-23)。

图 3-23　张家港港地理位置图

图片来源:作者根据资料重绘(资料来源:交通部规划研究院.无锡(江阴)港总体规划[R].无锡:无锡市港口管理局,2006)

　　张家港港的发展历程主要分为四个阶段:

3.3.1.1　初步建设阶段(1968—1982 年)

　　1949 年前,张家港港只是一个荒芜的古渡口。1965 年,因战备与分流上海港的需要,交通部拟在沙洲县(今张家港市)境内长江南岸巫山港下游建港,此处交通方便,可与长江上下游各港口通达,经内运河与苏、鲁、皖、浙各省重镇连通,又与江阴要塞相邻,具有重要的战略意义。1968年,张家港正式立项建设,并于1970年投产运作。1978年改革开放后,东部沿海各地区的进出口贸易率先活跃起来。张家港港为上海港分流所起的作用日益明显。1981年3月14日,港口浮码头首次成功接卸香港"临江轮"100标箱集装箱,使张家港成为长江全线第一个兴办国际集装箱运输的内河港。随着港口外贸运输业务的发展,口岸机构也逐步建立,为下一步建设一类开放口岸创造了条件。

3.3.1.2 快速发展阶段(1983—1991年)

1982年第五届全国人民代表大会常务委员会第二十五次会议批准张家港港对外国籍船舶开放,1983年张家港口岸成为长江流域第一批正式对外开放的国家一类口岸。由于港口地处农村,落后的基础设施与开放口岸不相适应的矛盾日益突出,为此,各级政府把港区基础设施建设提上了议事日程。1984年提出要以张家港为门户,建立苏锡常经济区,并把张家港镇区建设列为市重点工程之一。1983—1991年,张家港口岸累计建成并批准开放了5个万t级以上泊位。这些泊位的建成,使张家港港的年吞吐能力由原来200万t扩大到1 500万t。至1991年,张家港港已同世界上140多个国家和地区有货运往来,开辟了张家港至广州的定期杂货班轮、至上海港的长江支线集装箱班轮。是年共完成货物吞吐量389.8万t、外贸进出口运量191.3万t、集装箱运量60 375标箱,分别是口岸开放初1983年185.5万t、35.8万t、6 336标箱的2.1倍、5.34倍和9.53倍。

3.3.1.3 全面开放阶段(1992—2000年)

1992年10月,国务院批准在张家港东侧建立全国唯一的内河港型保税区——张家港保税区,同时,张家港市政府决定设立沿江经济技术开发区,以55 km的沿江公路为轴线,对沿江100 km²区域全面开发。保税区和沿江开发区的建立,吸引了大量境内外资金,在张家港港建设货主码头,其速度超过了国家公用码头的建设,泊位的功能也更加多样化、专业化,泊位的布点由原5.5 km岸线范围向全市60多km岸线全面铺开。张家港港进入货主码头崛起、港口码头全面开放时期。1993—1996年间,港务局、港监、海关、边检、卫检、动植检、商检等张家港港服务单位在改革过程中不断完善自身建设,逐步形成了畅通便捷、监管有效、服务优良的与国际接轨的口岸运行机制。由于口岸业务迅速发展,新辟航线航班日益增多。至2000年,口岸有至中国香港、日本、韩国等航线,每月航班达26个,同时口岸至上海港的长江内支线猛增。随着航线航班的增多,口岸运输量呈现持续高速增长的局面。2000年口岸完成货物吞吐量2 057.5万t、外贸进出口运量886.3万t、集装箱运量13.6万标箱,分别是1992年的3.87倍、3.5倍和2.04倍。在运输货种上,张家港港成为全国重要的原木进口和粮食进出口基地。

3.3.1.4 大发展时期(2001年—现在)

进入21世纪,面对中国加入世界贸易组织和经济全球化进程的加快,在张家港"区港合一"的独特优势的形势下,将沿江地区作为区域经济发展的战略要地。一大批国际、国内知名企业入驻沿江,带动了张家港港建设的再一次提速。截至2011年底,张家港口岸共建有泊位118个,其中万吨级以上泊位为65个;拥有对外开放泊位73个,其中万吨级对外开放泊位61个。口岸共完成货物吞吐量2.2亿t、外贸进出口运量5 237.5万t、集装箱运量130万标箱,继续保持良好的发展态势。

3.3.2 张家港港口区域空间形态的深层结构

3.3.2.1 张家港城市的设立

从 1968 年正式立项建设港口之初,张家港港由于地处农村,基础设施极不完善,口岸只能在极其艰苦的情况下接待一艘艘外轮。落后的基础设施与开发口岸不相适应的矛盾日益突出。因张家港港的兴起,也为了港口的进一步发展,1986 张家港市被国务院正式批准命名设立。同年 12 月 18 日,经江苏省政府批准,张家港港区镇宣告成立,为港口的发展进行配套和服务,并列入市区城市建设范围。港口的发展带来了基础设施的高标准建设,提高了周边地区的城市化水平。此阶段港口功能比较单一,港区规模小,张家港市仍以杨舍为城区呈单核心发展模式。

3.3.2.2 保税区的建设

1992 年,张家港保税区的建设为沿江经济注入了新的活力,港口功能迅速得到提升,临港工业得到大力发展,港口空间也快速扩张。港口与城市之间的建设用地不断蔓延、扩张,港口的范围沿长江岸线向下游发展,张家港市同时形成双核发展模式,由杨舍和金港两个相对独立的城区组成,双核之间以大片生态绿地分隔,以张杨公路和南快速干道两条快速路相接,构筑"双城"的结构形态(图 3-24)。

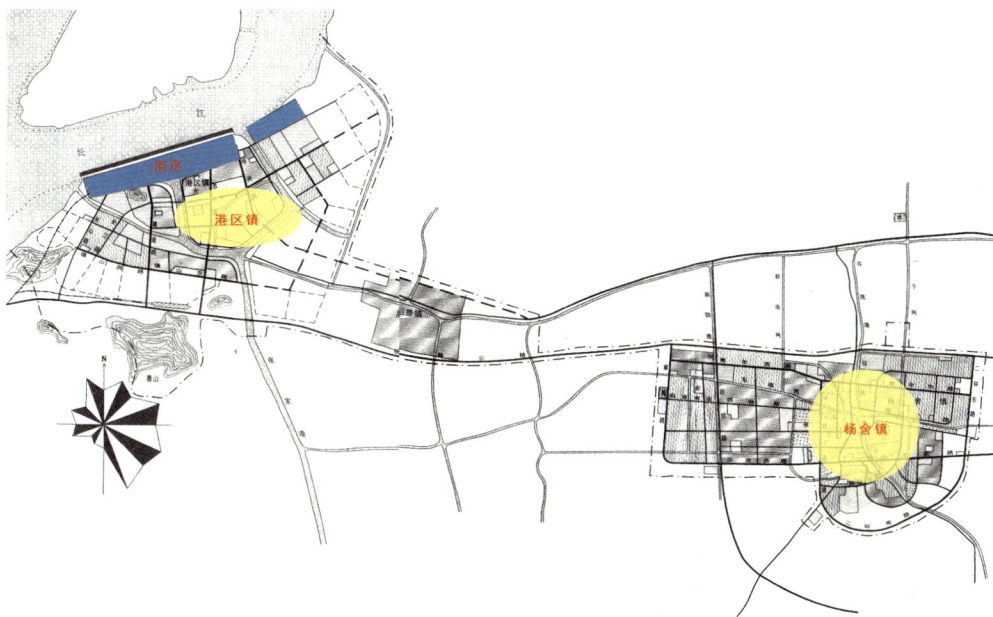

图 3-24 张家港城市空间双核发展模式

图片来源:作者根据资料重绘(资料来源:深圳市城市规划设计研究院.张家港市城市总体规划(2011—2030)〔R〕.张家港:张家港市人民政府,2012)

3.3.2.3 港城的同步发展

21 世纪初,港区进一步发展,港口与城市形成"区镇合一"的发展态势,城市呈整体发展的空间形态。进入 21 世纪,沿江地区作为张家港市区域经济发展的战略重点进行新一轮开发。① 将全市纳入沿江开发范围,着手对长江以南、张杨公路以北 370 km² 范围实施全面规划。② 进一步构建沿江开发平台,建立了江苏扬子江国际化学工业园、冶金工业园等一批园区,使沿江企业大量集聚,形成了冶金、粮油、化工、建材、物流等一批批规模特色的产业群。③ 张家港保税港区的设立,使港口功能不断提升,临港工业进一步发展,张家港城市经济也在港口发展的带动下快速发展,市域范围形成"一城、双核、五片"的空间形态布局,市域呈整体发展,整个张家港就是一个城市(图 3-25)。

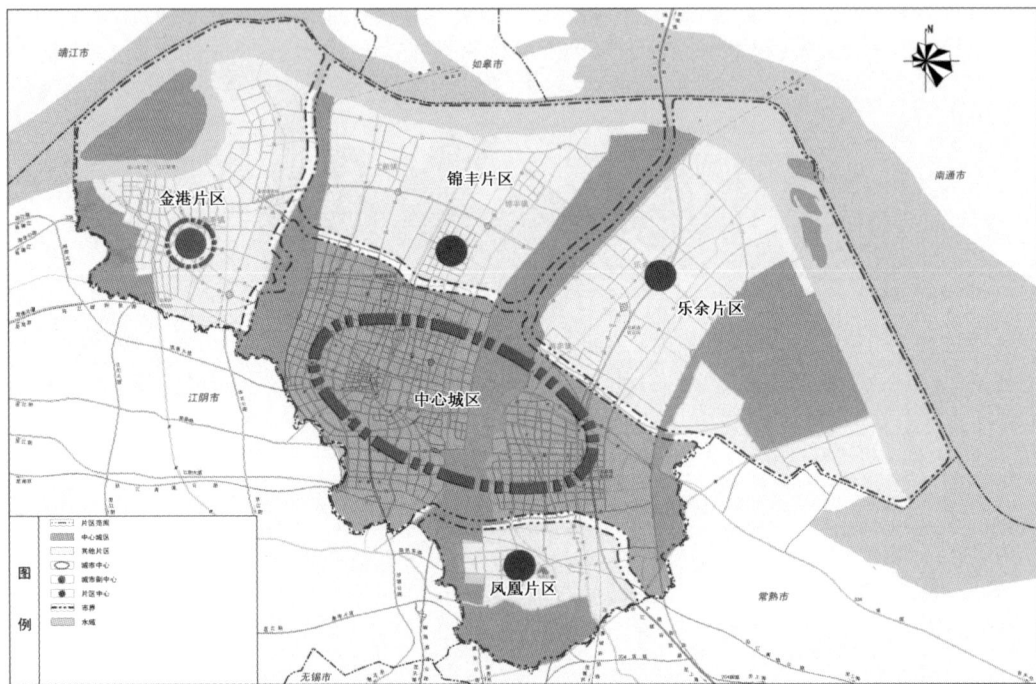

图 3-25　张家港市域空间形态布局

图片来源:深圳市城市规划设计研究院. 张家港市城市总体规划(2011—2030)[R].张家港:张家港市人民政府,2012

3.3.3　张家港港口区域空间形态的生态适宜优化模式

3.3.3.1　完善临港产业体系,增强与城区之间的深层联系

目前张家港港区的装卸、物流都有了迅速的发展。依托港口,后方的园区的主导产业也以石化、纺织、冶金等港口依存产业为主。但是与港口直接产业、共生产业、依存产业相关的金融、保险、商贸、娱乐等港口关联产业的发展却相对滞后。而下一阶段张家港港城之间的关系即将进入聚集效应阶段,第三产业将获得较快的发展,因此应建立、健全临港产业体系以及金融、保险、商贸等生产性服务业,促进临港新兴产业和临港现代物流业的发展,与目前港区、园区的以临港重工业为主的产业格局进行互动,增强其科技含量和可持续发展的能力。

城区是张家港的轴心,是资源、技术的集聚点,是辐射中心和经济增长极,也是港区和园区发展的基石。因此在加快港区、园区临港产业战略性调整的同时,要加大城区产业结构升级的力度,以经济开发区为载体,大力发展新兴产业高端制造环节,以城北科教研发新城和鹿苑科技研发基地为载体,发展都市型产业、新兴产业和综合服务业等高科技产业和其他生产性服务业;港区和临港园区等沿江地带在已有的冶金、现代装备、化工、纺织、粮油等产业的基础上,要大力发展生产性服务业、临港高新技术产业以及临港现代物流产业,以充分利用临港的优势并和中心城区的产业形成有效的互补与互动。

3.3.3.2 促进区域联动,与周边港口实行错位发展

张家港地处长三角经济发展区,面临其他港区的竞争,张家港要找准城市与港口的功能定位,促进港城长远发展。

1. 与上海国际航运中心的配合

张家港处于内河与上海的交汇处,应发挥其存在的区位优势、保税港区优势,为上海港做好配套服务,参与上海港的分工合作,为上海港做好散货分流、整装货物分拨与喂给的功能,更好地参与国际航运竞争。

2. 给城市找准定位,与周边港口实行错位发展

长江三角洲港口群产业同构现象突出,港口之间分工不合理,港航基础设施重复建设,港口群整体效应发挥不明显。张家港港宜定位为:以上海港为核心,作为其集装箱支线港和喂给港,以发展较为成熟的冶金工业、铁矿石运输,为临港工业服务,兼顾部分工程中转服务(图3-26)。

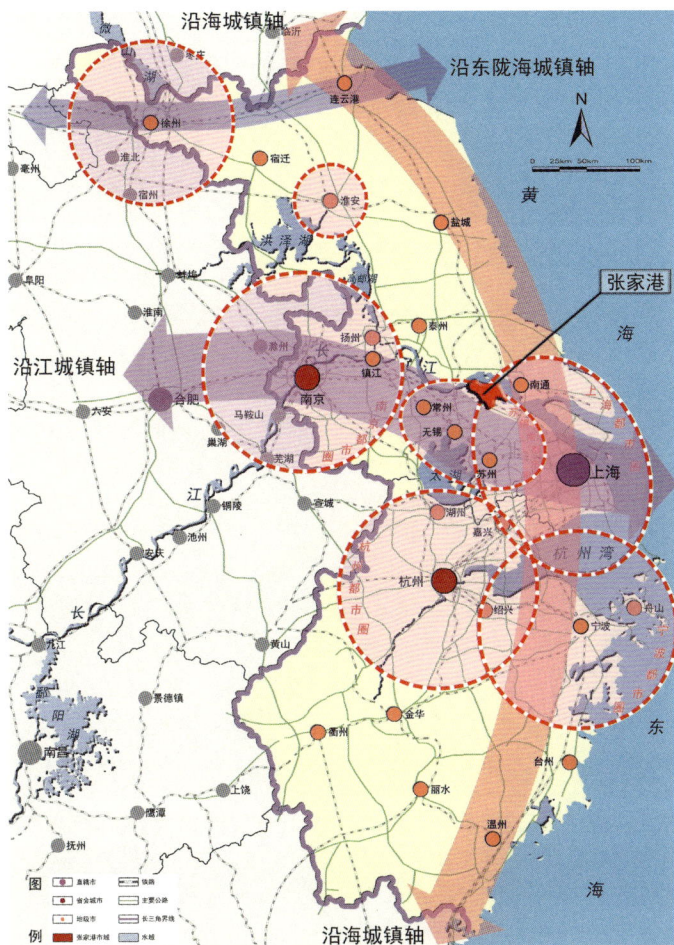

图3-26　张家港在区域空间结构中的关系

图片来源:深圳市城市规划设计研究院. 张家港市城市总体规划
(2011—2030)[R].张家港:张家港市人民政府,2012

3.3.3.3 港城空间发展策略

1. 将港口与城市规划同步协调,促进港城一体化进程(图 3-27)

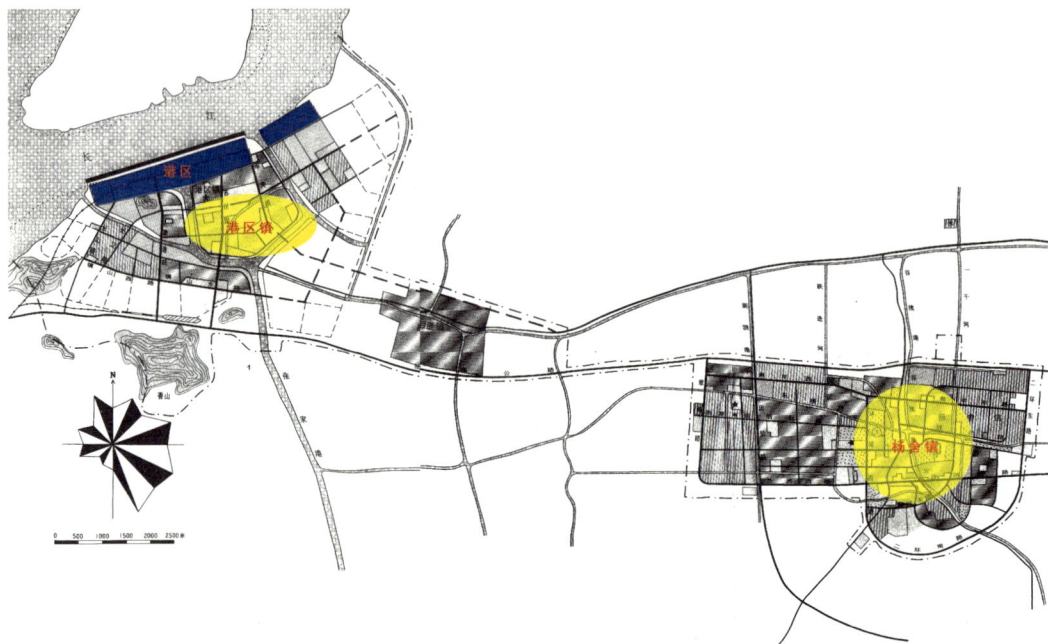

(a) 1987年

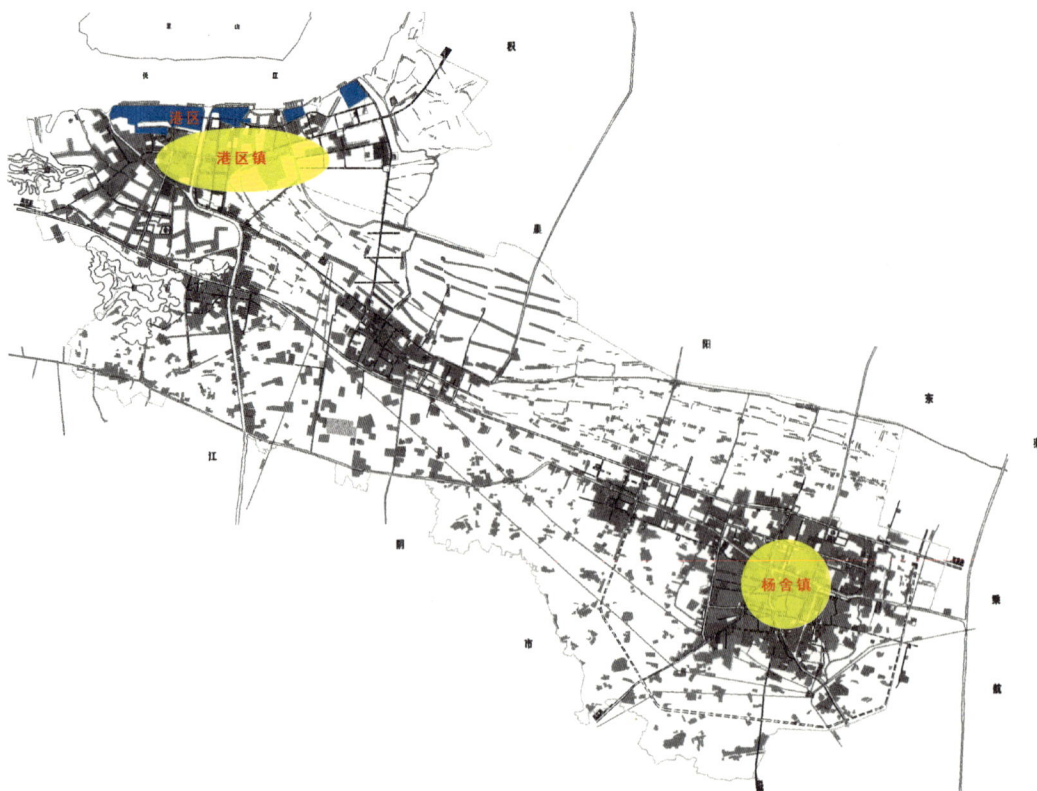

(b) 1994年

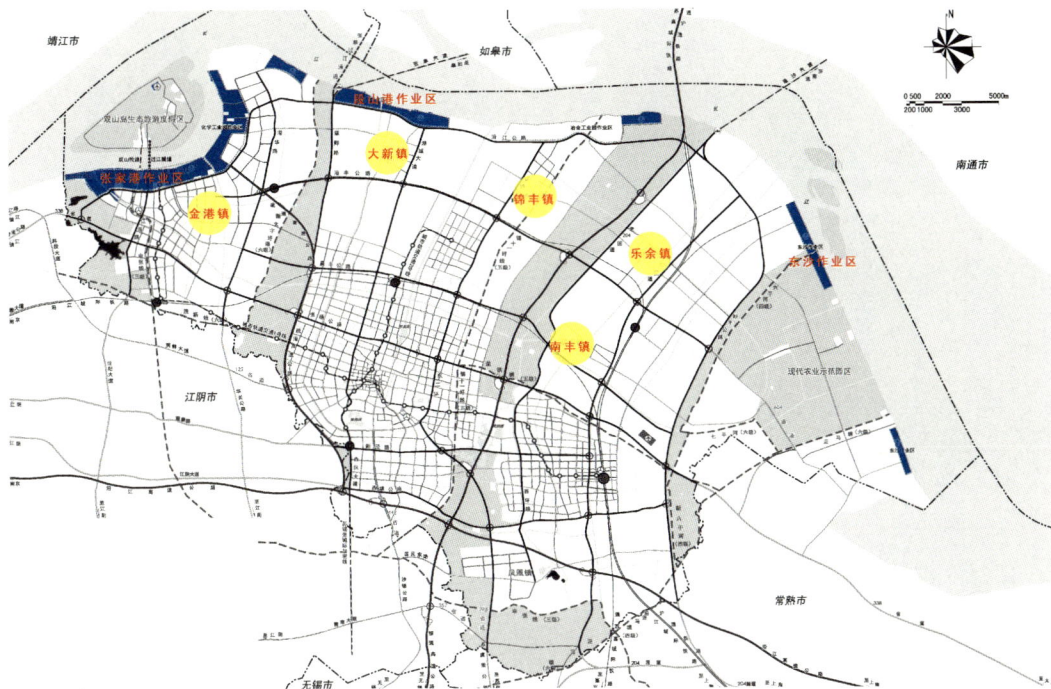

(c) 2011年

图 3-27 张家港港与张家港市的空间演化

图片来源:作者根据资料重绘(资料来源:深圳市城市规划设计研究院.张家港城市总体规划(2011—2030) [R].张家港:张家港市人民政府,2012)

港口规划与城市总体规划和其他产业发展规划相协调,统筹规划、合理布局,以利于城市与港口互相促进、协调发展。将张家港港口空间布局分为港口码头区、临港工业区、出口加工区、商贸服务区、生活居住区,使港口附近逐步成为张家港市的交通运输中心、物流信息中心和商务中心[1]。

2. 合理利用岸线货源,促进港城协调发展

开发条件好的宜港深水岸线已基本被利用,港区岸线利用以港口码头为主,其中公用码头占用岸线少,货主码头和商贸码头占用岸线多,货主码头和商贸码头岸线利用效率偏低。张家港港区深水岸线资源紧张,只有提高已利用岸线的使用效率,科学开发未利用的深水岸线资源,进一步研究可开发的新深水岸线资源,才能满足腹地经济快速发展对深水岸线的需求,促进张家港港区的可持续发展。需要对已利用岸线进行整合,提高已利用岸线的使用效率,科学合理开发未利用的深水岸线资源,远期通过治理开发新的深水岸线资源,来满足未来经济发展的需求。

3. 加强疏港交通和港口信息化的建设

在疏港交通方面,首先要通过区域干线路网强化港区、园区和城区之间的联系,然后建设专用公路、铁路疏港通道,充分利用内河航道,构建多种疏港方式,以减少港口货物的储存时间,提高港口的货物集散效率。同时,要充分发挥张家港水路发达的优势,增强内河航道

---

① 殷惠.张家港港城关系探析[J].中国港口,2006(5):44

的疏港能力(图 3-28,图 3-29)。

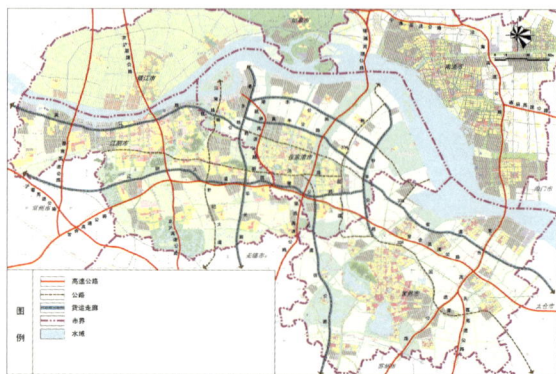

图 3-28　疏港公路交通体系

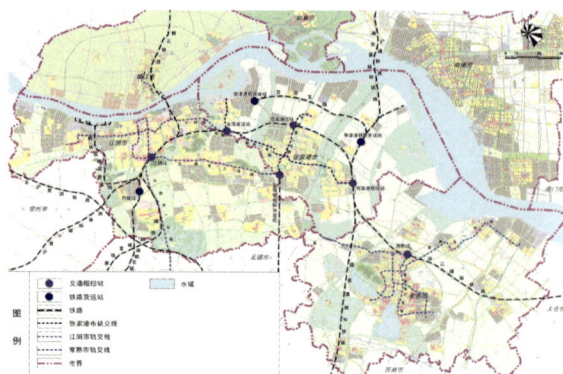

图 3-29　疏港铁路轨道交通

图片来源:深圳市城市规划设计研究院. 张家港市城市总体规划(2011—2030)[R]. 张家港:张家港市人民政府. 2012

4. 内外河互动,实现内河航道与长江航道的互动

张家港市位于长江水网地区,河网密布,内河航道发达,内河航运具有巨大的潜力,而适合开发的长江岸线已经基本开发完毕,所以如何实现内河航道与长江航道的互动,将是港城互动的又一项重要的内容。

考虑到张家港各个内河航道的等级以及利用现状,制定了内河航道岸线的三种利用方式,以实现张家港内河航道与长江航道和港口的互动:① 作为城市的生活岸线,这类内河航道主要位于城市的中心城区或者是镇中心区,可以用来建设城市的绿化廊道、亲水公园等休闲设施,如一干河航道、新沙河航道、新西河航道、华妙河航道、东横河航道、盐铁塘航道等;② 作为工业岸线,这类航道主要位于中心城区的边缘以及城市工业地块附近,可以用来发展对水路运输要求不是很大的工业,如二干河航道、北中心河航道、七干河航道等;③ 作为港口服务区岸线,这类河道主要位于城市的北部,靠近港区,可以用来建设修造船等为港口服务的一些设施及企业,如巫山港航道、老套港航道、十字港航道等。

3.4　江阴港口区域空间形态

3.4.1　江阴港口区域空间形态演化

无锡(江阴)港位于长江下游江苏省无锡市长江南岸的江阴市境内,北枕长江,南邻无锡,西通常州、南京,东接苏州、上海,区位优势明显。无锡(江阴)港处于长江 A、B 级航道的分界点,素有"江尾海头、江海门户"的美誉。公路经锡澄高速、镇澄公路、澄张公路、澄鹿公路、澄杨公路等分别通往无锡、常州、镇江、南京、苏州、上海方向;铁路经新长线和沪宁线与全国铁路网相通;内河通过锡澄运河、京杭运河等高等级航道直达长江三角洲其他地区(图 3-30)。

江阴港的发展历程主要分为三个阶段(图 3-31)。

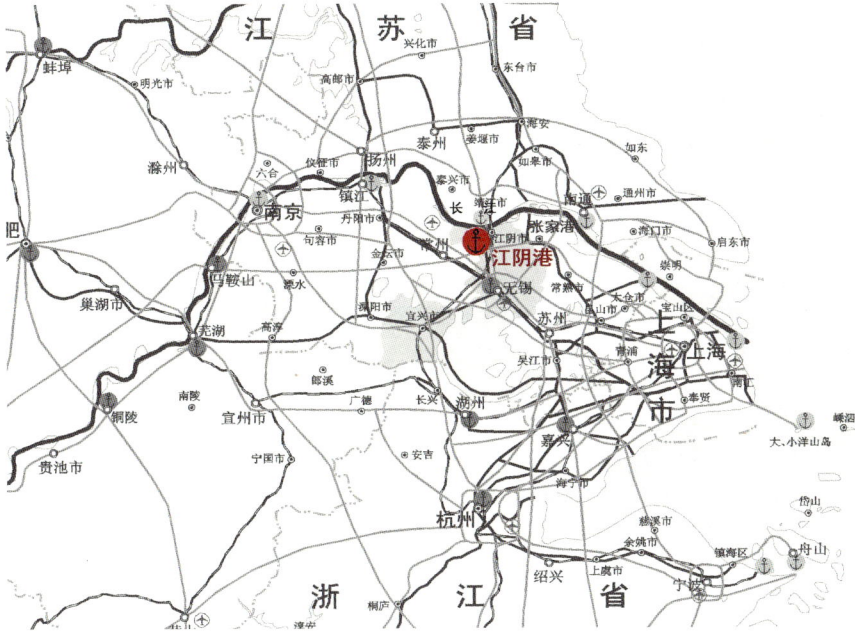

图 3-30　江阴港地理位置图

图片来源:作者根据资料重绘(资料来源:交通部规划研究院.无锡(江阴)港总体规划[R].无锡:无锡市港口管理局,2006)

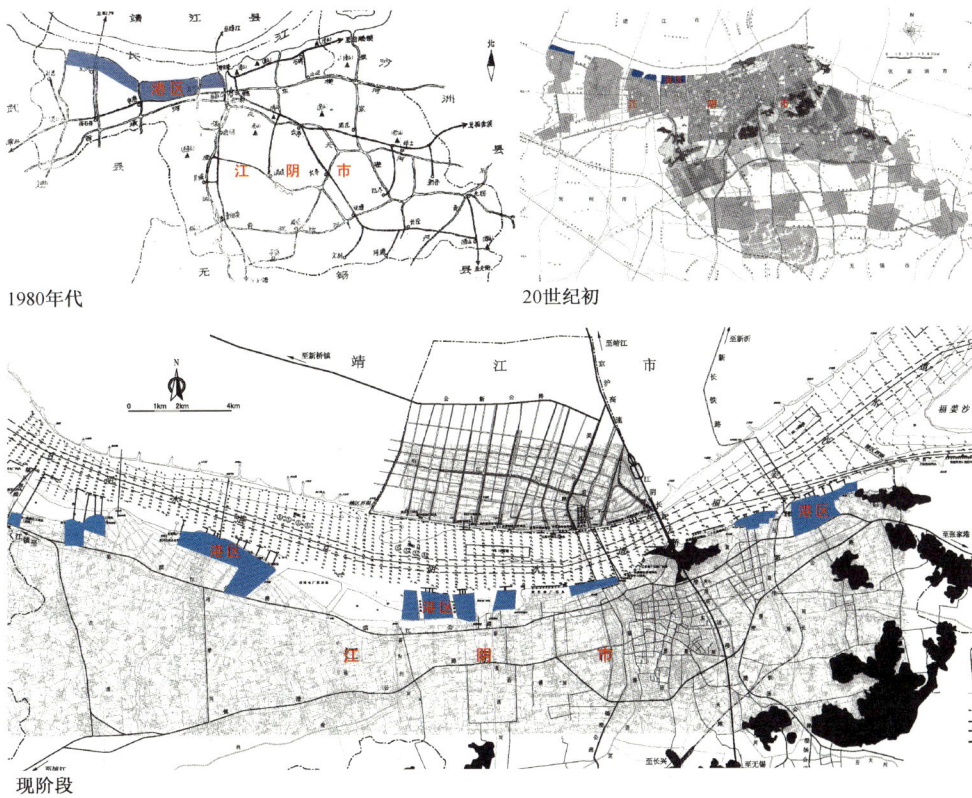

1980年代

20世纪初

现阶段

图 3-31　江阴港与江阴市的空间演化

图片来源:交通部规划研究院.无锡(江阴)港总体规划[R].无锡:无锡市港口管理局,2006

3.4.1.1 初始发展,古时繁荣阶段(春秋—明朝)

江阴港的发展历史悠久,最早在 2000 多年前的春秋战国时期,春申君黄歇在暨阳,即古时江阴处开凿一条"引江水,利灌田"的渠道,这是江阴港的最初形式,古称黄田港。公元556 年,梁敬帝将暨阳县改为江阴县,因发达的经济,逐步形成港口,迄今已有 1500 余年。从盛唐起,江阴港成为对外贸易的重要港埠。南宋设立"市舶司",是当时我国沿海设置市舶司的广州、杭州、上海等 11 个口岸之一。当时的江阴港可以用"远近舳舻相继,四方市客不绝"来形容,江阴也与众多东南亚国家有了密切往来。而政治家王安石曾诗曰:"黄田港兆水如天,万里风樯看贾船,海外珠犀常入市,人间鱼蟹不论钱。"明嘉靖后,江阴港已成为南北货、丝绸、土布等商贸集散地。

3.4.1.2 发展停滞阶段(清朝—改革开放)

清朝,因政府闭关锁国,导致江阴港对外商埠作用逐步中断。1920 年代,江阴港步入长江港口行列,此后港口发展存在众多问题,如码头等级低、设备陈旧不足、泊位少等,加上江阴在军事上的特殊地位和江阴港口体制的多变等原因,在改革开放以前,江阴港的发展一度处于停滞状态。

3.4.1.3 历史性飞跃阶段(改革开放—现在)

改革开放后,江阴市政府做出"以港兴市"的战略决策,城市社会经济的发展需要港口发展的带动,要加快港口的建设,带动城市外向型经济的兴起(图 3-32)。1992 年,国务院批准江阴港为一类对外开放口岸,使江阴港可通过港口与海外建立联系。同年 5 月,李鹏总理发表"把江阴建设成为现代化的港口城市"的题词,随后,江阴港的发展建设实现了历史性的飞跃,形成了由石化产品、集装箱、件杂货、煤炭、粮食五大支柱货源组成的港口群,建成长江中下游最大的石化储运基地和国家粮食储备库。江阴港口业务向内辐射到长江、太湖,向外辐射到沿海地区,同世界 40 多个国家有业务往来。2002 年港口吞吐量超 1 000 万 t,2009 年超 1 亿 t,成为全国第 5 个亿吨级内河港(图 3-33)。

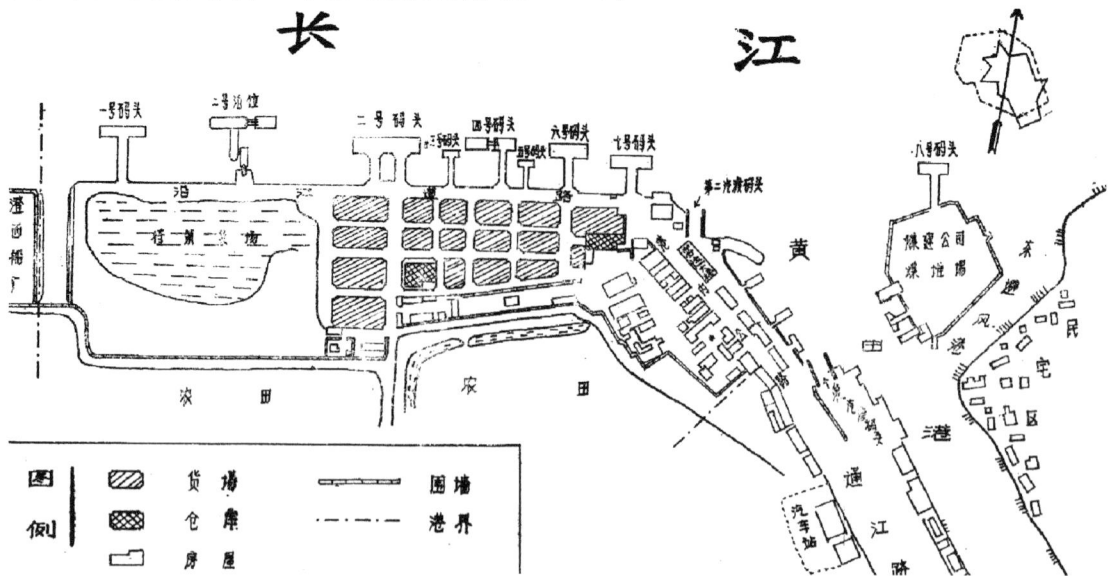

图 3-32　1980 年代港区示意图

图片来源:高鼎传. 江阴港史[M].武汉:武汉出版社,1989:67

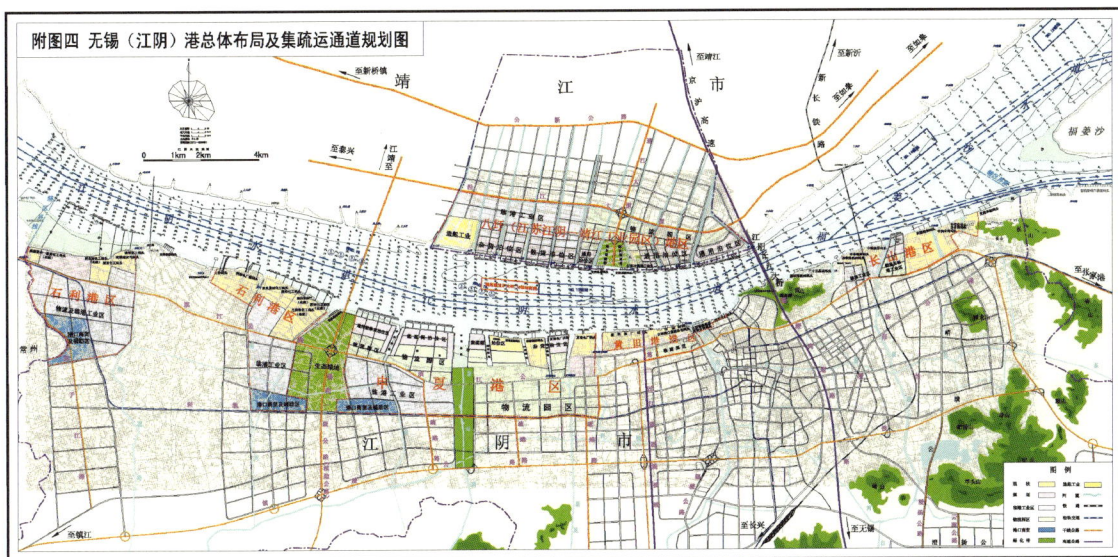

图 3-33　江阴港总体布局及集疏运通道规划图

图片来源:交通部规划研究院.无锡(江阴)港总体规划[R].无锡:无锡市港口管理局,2006

3.4.2　江阴港口区域空间形态的深层结构

3.4.2.1　"江尾海头"的重要地理位置

江阴是东海入长江的第二道大门,有"江海门户"之称,历史上因其"江尾海头"的地理位置,历来是兵家必争的军事要塞,也是著名的商港和渔港。明嘉靖的《江阴县志》中称江阴为"与通泰对岸,路达钱塘。以东则海,以南则控引苏鹜制,是为浙西之门户",是联系南北交通的纽带。

隋朝京杭大运河开通,对联系南北两方交通运输起到非常重要的作用,促进了经济文化的交流。大运河横贯无锡境内的太湖而过,江阴又与太湖相通,因此大运河的开通对江阴地区影响显著,也促使了江阴港的形成。

唐宋末年,苏南地区形成了河道畅通的水路网,到宋朝,朝廷十分重视水利建设,对当时的水路交通运输的发展起到促进作用。苏南地区纵横交错的河流现状,形成了四通八达的水上航道,给江阴港带来了繁盛,形成"北通江淮,南连吴越,西接京口,东达海虞"的地理态势,江阴港也成为长江下游区域间的水陆交通枢纽。

当前江阴港的交通枢纽优势更加明显,形成集公路、铁路、水路于一体,江、河、湖、海为联运的交通枢纽。

3.4.2.2　发达的腹地经济

江阴港的腹地包括江阴市和苏锡常地区以及浙江西北杭嘉湖地区和苏北部分县市,直接经济腹地是无锡地区,其腹地的经济实力雄厚,提供给港口充足的货源。江阴港的腹地属于长三角地区,此地区经济发达,城市化水平高,工业、农业、加工业较为发达,可以提供给江阴港口充足的煤炭、石油、矿石等充足的货源,给江阴港口的发展提供了广阔的前景。

3.4.2.3 良好的城市依托

江阴处于长三角的中心位置,是镇江沿长江沿线以下唯一的滨江城市,地处长江黄金水道的黄金节点,地理位置优越,2012年全国百强县中位列第二。港口所需基础设施建设完备,具备良好的港口发展的城市依托条件。近年来"大无锡"概念的提出,为江阴港口的发展提供了更好的城市依托条件。

3.4.3 江阴港口区域空间形态的生态适宜优化模式

3.4.3.1 促进港口与城市的一体化发展

江阴港在苏锡常都市圈中具有独特的地理区位优势和建港条件,港口与城市既相连又分离,港口发展的城市依托条件好,其腹地(江阴市和苏锡常地区以及浙江西北杭嘉湖地区和苏北部分县市)经济条件具有一定竞争力。应充分发挥港口的区位优势,促进港城一体化发展。

3.4.3.2 与城市空间发展相协调

江阴是上海溯江西上的第一个滨江城市,也是国内经济最具活力的长江三角洲都市圈的中心,交通条件上是长江下游地区少数集水路、公路、铁路于一体,江、河、湖、海联运的重要交通枢纽,具有得天独厚的区位优势。为了与城市发展相协调,提升在苏锡常经济圈的现代化港城地位,成为无锡"一体两翼"中坚强有力的一翼,江阴港的发展定位是否准确尤为重要。江阴港现在发展定位是地区重要港口,为江阴市、无锡市、靖江市外向型经济发展和沿江开发服务,随着港口功能的完善,未来向长江沿岸的主枢纽港发展,为周边腹地经济及长江中上游地区提供更好的服务。

3.4.3.3 增强区域空间竞争力

提高港口现代化水平,搭建以电子口岸为重点的覆盖全港通关作业、生产流通和仓储运输的网络平台,使港口企业、客户、管理机构的信息互联,实现网上交易和联运检查,将港口口岸信息平台建设成为物流、信息流汇集处理的中枢。在对港口进行基础设施建设的同时进行资源整合,如集聚货源,增开航线航班,拓展港口功能,培育和发展港口物流,加快港口建设,提升港口综合竞争力,增强港口的区域空间竞争力。

3.4.3.4 进行区域港口群资源整合

江阴港和张家港港因地理位置靠近,发展条件各有优势。江阴港的城市依托条件和后方集疏运条件优于张家港港,张家港港可以利用江阴港的优势来发展,而张家港港的公用码头基础设施优于江阴港,可以弥补江阴港在这方面的不足。两港的联合发展可使港口资源整合,将两港共同定位于江苏省长江段中部的主枢纽港,可更好地为苏锡常等腹地服务,并进一步促进江阴城市的发展。江阴大桥的通车将苏北、苏南的靖江、江阴两市连接了起来,也使江阴、靖江跨江合作、联动发展进入实际运作阶段。两地打破了地域的限制,进行行政资源、经济资源的整合,也契合了江苏省政府提出的沿江开发战略,使沿江各市均获得了发展机会,缓解了苏北、苏南严重的经济失衡。江阴、张家港、靖江形成了新的港口群、城市群、经济区,江阴在其中发挥了桥头堡的辐射作用,带动了临港经济的发展、港口的发展,又进一步推动了沿江城市的开发。

3.4.3.5 发展临港经济,推动腹地经济的发展

江阴早在1992年就提出沿江开发战略,到目前为止,江阴滨江开发区已形成了一定的

沿江产业基础,形成以石油化工、能源、特种冶金、粮油储存加工和船舶制造为主的临港产业,推动了港口的发展,促进了江阴城市的产业升级,提升了江阴经济综合竞争力,增强了经济新优势。在原有临港经济发展基础上扩展为江阴开发区东区、西区再加上沿江的夏港镇、申港镇、利港镇和璜土镇4个组团的"2+4"组团式布局,港口和城市建设进入新的发展阶段。

3.5 镇江港口区域空间形态

3.5.1 镇江港口区域空间形态演化

镇江港地处江苏省镇江市境内,位于长江与京杭运河两条水运主通道的交汇处,上距南京 87 km,下距长江入海口 279 km。京沪铁路、沪宁高速公路和 312 国道穿越港口,境内有金山、大港、扬中等汽车轮渡和润扬大桥沟通苏南、苏北公路网,东距常州机场 70 km,西距南京禄口机场 90 km,均有高等级公路直达(图 3-34)。

图 3-34　镇江港地理位置图

图片来源:作者根据资料重绘(资料来源:交通部规划研究院.无锡(江阴)港总体规划[R].无锡:无锡市港口管理局,2006)

镇江港口历史悠久,从东汉末"孙权缮治京口"、建立军港等有文献可考的记载算起,迄今有近 1 800 年历史(图 3-35)。镇江港的发展历程主要分为四个阶段。

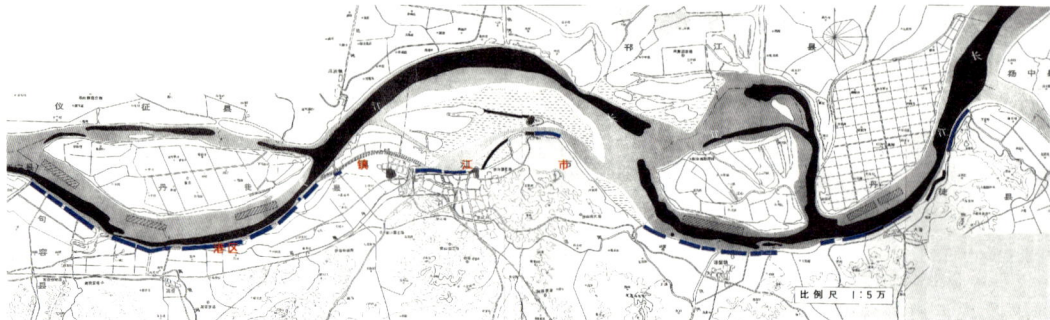

(a) 1980年代

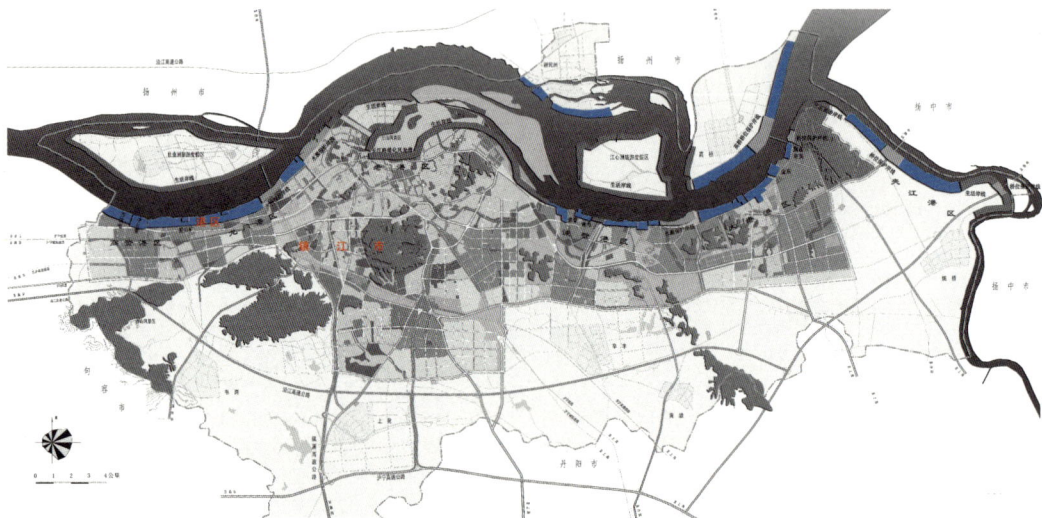

(b) 1990年代

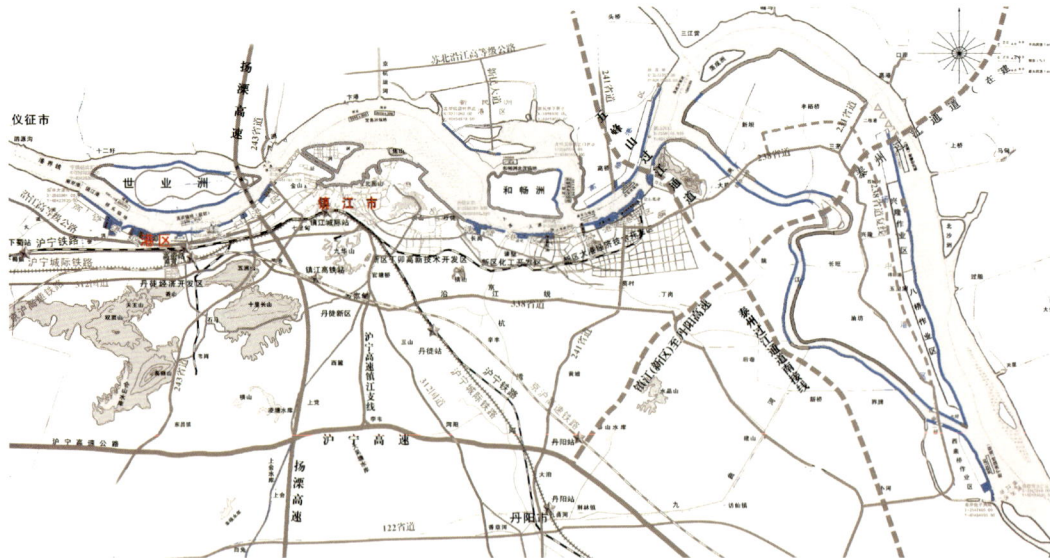

(c) 当前

图 3-35　镇江港与镇江市空间演变

图片来源:作者根据资料重绘

3.5.1.1 初步形成与兴起—东吴—清朝

古时镇江港口呈自然状态发展,具备良好的地质条件,河段顺直、微弯,可以避风浪,便于船只航行,是船舶停靠的优良港湾。到东汉末年孙权移治京口,为了军事的需要,京口成为东吴水军基地,镇江港也成为一座重要的军事港口。隋朝因为大运河的开通,促进了南北经济、政治、文化的交流,也因为镇江处在大运河与长江的交汇点之上,镇江港成为物资中转的基地,其地位和作用都有了显著的提高。南宋时期,镇江港承担了很多重要任务,如长江中游到临安的漕粮中转,两浙到两淮的粮饷运输、军粮运送、贡品运输等。明清时期,随着经济的发展,镇江港已发展成一个商品中转重要口岸。

3.5.1.2 近代发展阶段——鸦片战争之后

因其重要的地理位置和经济地位,1861年镇江港正式开埠,成为众多的通商口岸之一,资本主义势力开始入侵港口,对其进行经济掠夺,但也因为运输方式的转变,促进了港口一定的发展,港口向近代大港方向发展,建造了可以停靠大中型船舶的正式栈桥码头,港口规模变大,进出口贸易总额不断攀升。1870年代,镇江成为办理洋务内运业务的最大口岸。

3.5.1.3 衰落阶段——1912年到1949前

帝国主义势力的干扰:1912年之后,因港口还被帝国主义把持,对镇江港口的建设被忽视,港口淤浅情况越来越严重,使港口日渐衰落下去。日本帝国主义占领镇江后,港口基础设施被大肆破坏,港口发展停滞不前。

铁路的兴起对港口的冲击:1909年沪宁铁路开通,1912年津浦铁路的建成,改变了港口周边地区的运输方式,大运河腹地货物运输的方式由水路转向铁路,港口的货源受到很大影响,贸易额直线下降,港口业务日渐衰退。

3.5.1.4 复苏及新发展阶段——1949年后

1949年后,镇江港开始复苏,港口恢复生产并正常运营,货物吞吐量逐渐增长。改革开放后,镇江港处于新的发展阶段。为分流上海港的压力,1976年新港区大港投入建设并于1978年建成,同时完成了对老港的整治,港口的基础设施持续改善,港口功能得到充分的发挥。改革开放后40年,镇江港实现了三次飞跃:1986年12月国务院批准镇江港对外籍船舶开放,镇江港实现了由封闭港口向开放港口的转变;1993年11月国家将镇江港列入全国43个主枢纽港之一,镇江港实现了从中转型港口向枢纽型港口的转变;2004年10月国家确定镇江港为我国沿海25个主要港口之一,镇江港实现了由内河型港口向沿海型国际港口的提升。2010年12月16日,镇江港港口货物吞吐量成功突破1亿t大关(不含内河港吞吐量),实现了建设亿吨大港的历史性跨越,镇江港口的发展从此迈上了一个新台阶。

镇江港口现状:港口分为高资港区、龙门港区、镇江港区、谏壁港区、大港港区、高桥港区、扬中港区。镇江港主要为江苏省的经济发展和对外贸易服务,为镇江市沿江经济带的开发服务,为长江中、上游地区大宗原材料和外贸物资中转运输服务。2004年实际完成吞吐量5 123万t,其中集装箱吞吐量16.4万TEU。至1995年底,镇江港港区水域面积273 km²,陆域面积1.4 km²;有生产用码头泊位51个,其中港务局码头泊位33个,2.5万t级海轮泊位13个,码头最大靠泊能力4.5万t级;生产用库场面积31.39万m²,其中仓库面积3.35万m²;各类生产用装卸机械300余台;各类港作船舶40艘。1995年镇江港完成货物吞吐量 1 631.8 万 t;其中外贸吞吐量 188 万 t;集装箱 18 971TEU。本港吞吐量 761.1 万 t,比重为 46.6%;完成客运量 10.08 万人次。大宗货物吞吐量中,煤炭占 35%,金属矿石占 16.7%,非金属矿石占 16%,化肥占 3%。八五期间,完成大港二期工程,新增 4 个 2.5 万 t 级泊位、2 个 5 000 t 级江海轮泊位,总投资 2.48 亿元。

3.5.2 镇江港口区域空间形态的深层结构

3.5.2.1 地理位置对古港性质的影响

镇江古港早期功能主要作为军港,因镇江在东汉是作为东吴京城,汪藻《浮溪集》中"千山所环,中横巨浸,形胜之雄,控制南北",就是对镇江的写照。在东吴移治京口之后,京口就是东吴当时的水军基地,并在沿江设有"烽燧台基",作为军事用通信设施(图 3-36)。

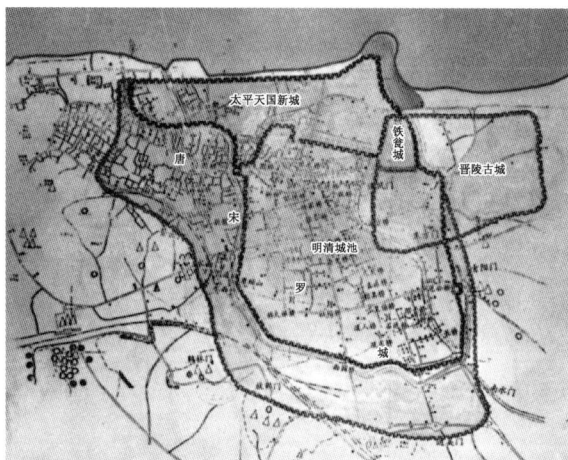

图 3-36 镇江城池变迁示意图

图片来源:镇江市规划局

图 3-37 隋代大运河示意图

图片来源:中国航海史研究会.镇江港史[M].北京:人民交通出版社,1989:8

3.5.2.2 京杭大运河的开通

京杭大运河于隋朝开通,贯穿中国东部南北江域,连接了海河、黄河、淮河、长江、钱塘江五大水系,对后世产生了很大的影响。大运河江南段是京口到余杭,丹徒镇是江南运河的入江口,镇江港也处于运河与长江的交叉点上,成为交叉水系上的枢纽港,南北物资都要在此中转,镇江港口由此得到了很大的发展(图 3-37)。

3.5.2.3 孙中山的兴建构想

因为近代镇江港江面淤积情况越来越严重,当时有许多关于镇江的规划整治的设想,其中比较有代表性的是孙中山先生在《实业计划》中的《建设内河商埠》的阐述。孙中山先生在《实业计划》提出了"开凿北岸瓜洲入江新水道,就江面裁弯取直从而大大扩展镇江城外陆地以建立新的沿江工商业市街,恢复和进一步繁荣镇江港"的建议,他认为镇江位于大运河和长江的交汇点,又很好地联系了黄河、长江两大流域,提出整治长江北岸,建设新商港的构想。孙中山先生对镇江港的重视,说明镇江港口历史一直以来的重要性,也对港口的发展有一定的推动作用(图 3-38,图 3-39)。

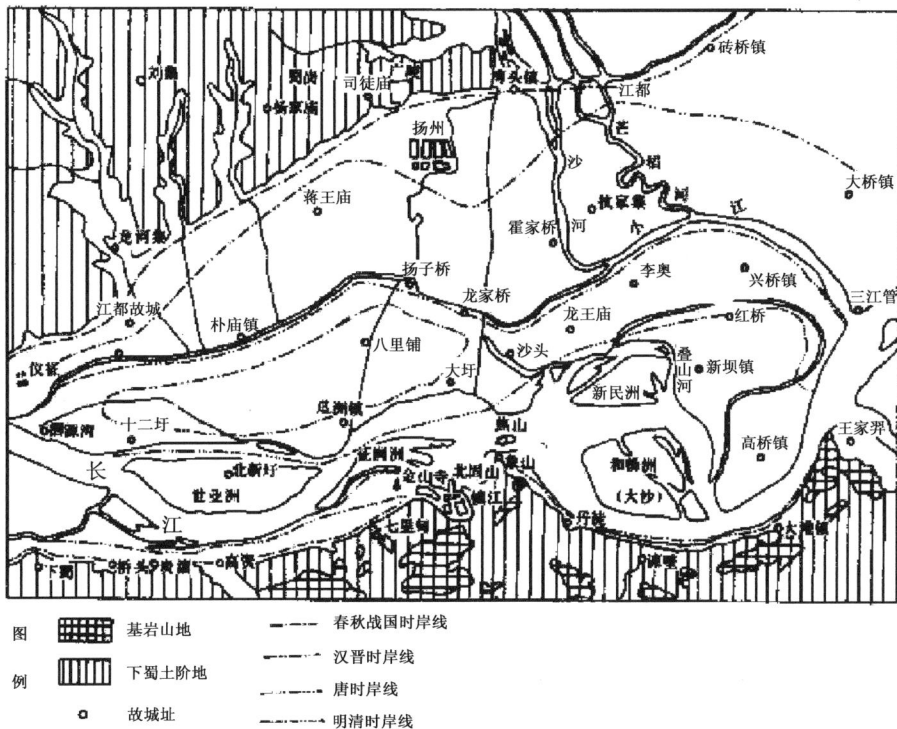

图 3-38 长江镇扬河段历史变迁图 1

图片来源:张力.镇江交通史[M].北京:人民交通出版社,1989:14

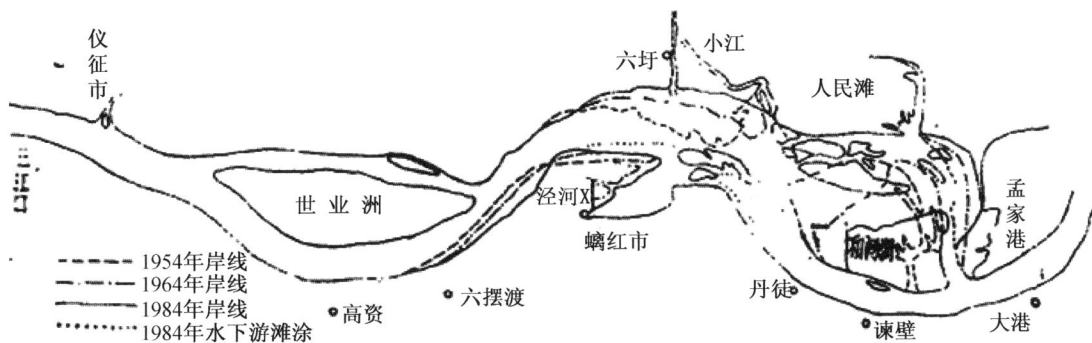

图 3-39 长江镇扬河段历史变迁图 2

图片来源:中国航海史研究会.镇江港史[M].北京:人民交通出版社,1989:5

3.5.2.4 开埠对港口繁盛的带动

1861 年镇江港正式开埠,成为长江下游的第一个通商口岸,也是由海入江的第一商埠[①]。港口经营虽落入帝国列强的掌控之中,但港口还是有了一定的发展:

建造了可停泊大中型船只的正式栈桥码头,港口由自然港湾停泊船只转向正式码头停靠轮船的近代港口。码头的投入使用,带动了港口运输能力的增强。与码头配套的厂房、栈

---

① 中国航海史研究会.镇江港史[M].北京:人民交通出版社,1989:50

房等也相应建成。

镇江具有独特地理位置,其处于京杭大运河与长江运输的咽喉地带,也因此成为外国侵略者在长江下游所控制下的商贸中心。

3.5.3 镇江港口区域空间形态的生态适宜优化模式

3.5.3.1 处理好港口与城市发展之间的关系

1. 将港口规划与城市规划相统一(图 3-40)

结合城市总体规划、沿江产业带规划及各港区水陆域综合条件、集疏运方式和服务对象,根据货物种类、流量、流向,科学、合理地确定各港区的功能、规模。坚持深水深用、开发与改造相结合、大中小泊位相结合,在保障泄洪的前提下充分利用支流河口港池。与长江口航道开发和进江船舶大型化相适应,为开发规模化、集约化港区预留足够的陆域纵深。

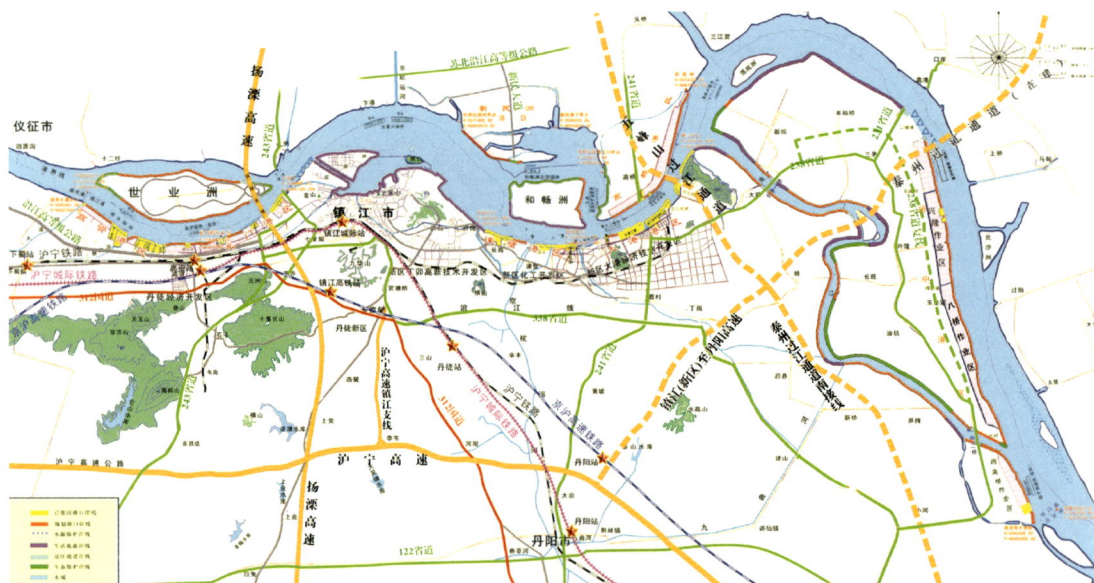

图 3-40 镇江港总体规划图

图片来源:交通部规划研究院.镇江港总体规划[R].镇江:镇江市港口管理局,2006

各港区功能定位:

(1)高资港区:主要承担煤炭、水泥等散货及石油、液体化工、建材运输,以临港工业开发为主,相应发展部分公用作业区的港区。

(2)龙门港区:主要承担集装箱、钢材、木材、杂货运输、兼顾旅客运输,港口支持系统及船舶工业区的综合性港区。

(3)谏壁港区:主要承担煤炭、石油化工、粮食等物资运输,为临港工业开发服务的港区。重点发展电力、粮油加工、精细化工、燃油储运等服务的专业化码头。

(4)大港港区:主要承担集装箱、金属矿石及其他散杂货运输的综合性港区,并为镇江新区临港工业开发服务,逐渐以集装箱运输为主,转移大宗散货。

(5)高桥港区:主要承担原材料等大宗散货运输,并为临港工业开发和江海中转服务的综合性港区。

(6) 扬中港区：主要为扬中市临港工业开发和物流业发展服务的综合性港区，近期重点开发兴隆作业区和西来桥作业区。

老港港区将根据城市总体规划逐步调整为城市生活和旅游客运服务功能。

2. 找准城市沿江发展定位

将镇江沿江带定位为长三角地区重要的现代制造业、物流业和商品贸易基地，南京至苏州高新技术产业带上的重要节点，苏南承接国内外资本和产业转移的主要平台和产业发展的主导空间之一。以现代制造业、高新技术产业、旅游业、物流业为产业发展重点，加强城市间的区域合作，加大与周边地区的辐射力度。充分利用靠近省会城市的优势，协调与南京的关系，争取更多的发展机会。同时密切联系与苏南各市，主动接受上海、苏南城市的辐射，与苏锡常经济圈共同发展。统一协调与扬州、泰州的沿江地区开发建设以及长江第二过江通道和扬中—泰州桥位的建设控制。此外，加强与国内外其他城市的联系，开展经济、文化、艺术等方面的交流与合作，扩大城市的外向度和知名度，提高城市竞争力（图 3-41）。

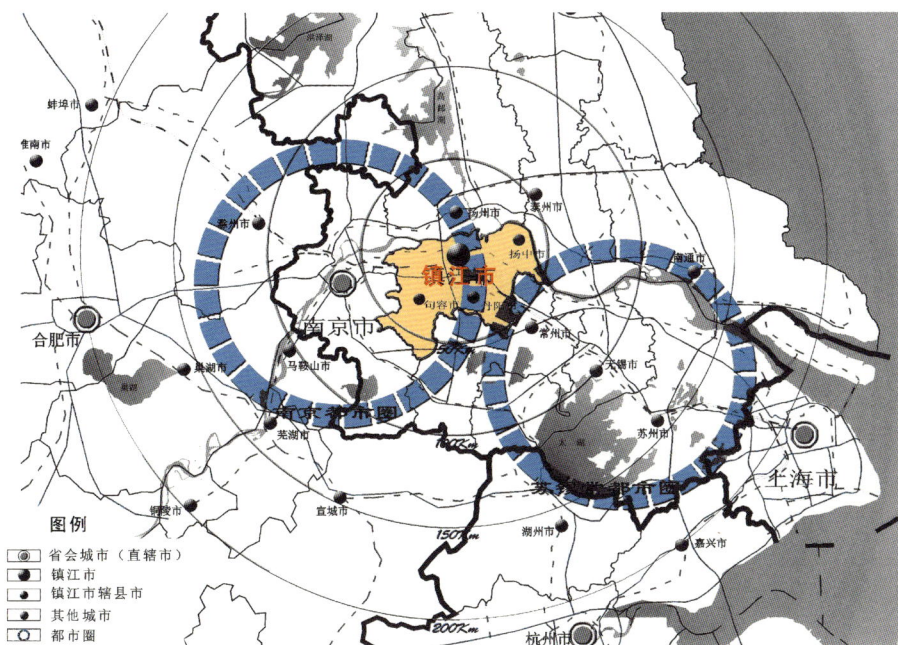

图 3-41 区域内镇江市区位分析图

图片来源：作者根据资料重绘（资料来源：交通部规划研究院. 镇江港总体规划［R］. 镇江：镇江市港口管理局，2006）

3. 合理规划港口沿江岸线资源

统筹安排沿江岸线资源，实现长江岸线资源的可持续利用和优化配置。严格遵循"深水深用，浅水浅用"的原则，岸线规划与镇江市城市总体规划相协调，充分利用通江支流河口段岸线布置内河小型泊位，高效利用深水岸线，遵循长江河势的演变规律，注重港口岸线稳定和可持续发展（图 3-42）。

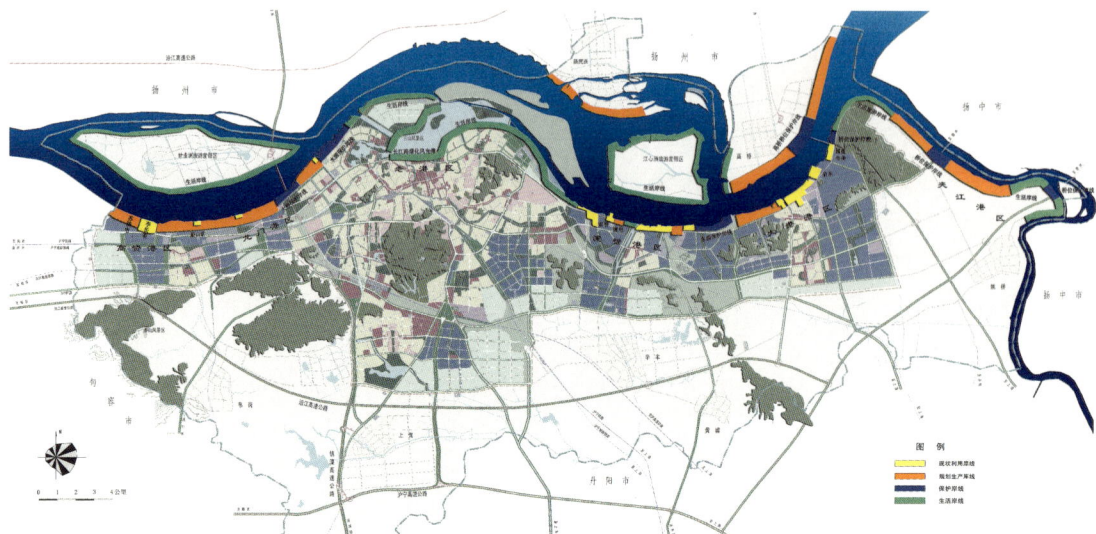

图 3-42 沿江岸线利用

图片来源:交通部规划研究院.镇江港总体规划[R].镇江:镇江市港口管理局,2006

4. 开发建设好城市滨水区和滨江城镇空间布局

改造长江路北部滨水区的公共活动空间,使长江路滨水区成为城市标志性景观区、山水城市的特色所在,并有机串联三山风景名胜区,展现滨江城市个性风貌特色,使长江路滨水区成为城市标志性景观区、山水城市的特色区、城市知名度最高的区域。对滨江城镇空间布局进行建制镇行政区划调整,使沿江城镇空间布局结构以长江为发展轴向纵深发展,形成以城市为核心的"一洲、两区(旅游度假区)和两镇"的发展格局(图 3-43)。

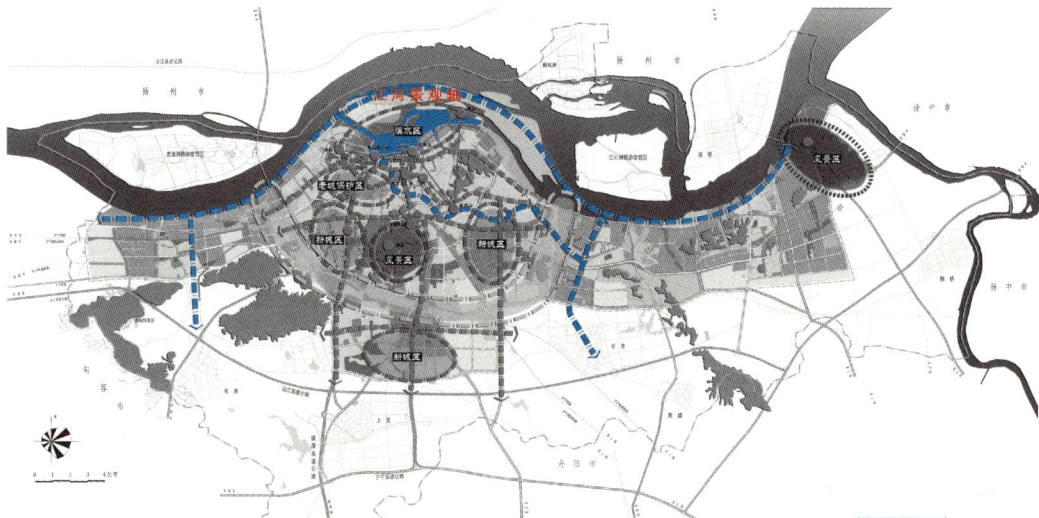

图 3-43 滨江区与城市景观规划图

资料来源:作者根据资料重绘(资料来源:交通部规划研究院.镇江港总体规划[R].镇江:镇江市港口管理局,2006)

5. 改造老港区

老港区具有不可替代的区域地位、资源价值、服务价值和景观价值,在城市发展中具有不可替代的作用。要积极改造老港,建设好新港区,完善和提高市区港口的综合能力,促进城市未来的发展,提高镇江港口城市的地位和作用。

3.5.3.2 调整产业空间布局

合理利用分配好城市的产业资源,发挥港口资源优势,使城市和沿江产业空间布局更为合理。

城市产业结构的调整:明确产业发展重点,加快产业升级。大力发展旅游业、现代服务业,形成一个布局合理、相互配套、开放型、多功能的第三产业新格局;以港口经济为依托,以开发区建设为重点,发展大进大出的现代制造业和区域物流业;构建以知识经济为方向、高新技术为先导、现有优势工业为支撑的现代工业体系。

沿江产业空间布局为:沿江东部重点建设基础产业和现代物流业,包括夹江产业园区和高桥沿江工业区、大港工业区、化工区、谏壁工业区、京口科技园区、新民洲沿江工业区、东部物流中心和上陡物流中心,以及江心洲生态休闲旅游度假区。沿江中部的老城分区以商业和旅游服务等第三产业为主,丁卯和谷阳分区分别建设以高新技术产业为主导的工业园区。沿江西部重点建设基础产业和现代物流业,包括高资工业区、龙门工业区、西部物流中心,以及世业洲现代休闲旅游度假区。

3.5.3.3 优化城市及港口集疏运交通

注重城市交通建设整体性,使港口布局与多种运输形式相结合,以保持城市的正常运作,完善港口服务设施的配置以及环境保护和生态平衡,形成一个以港口为主枢纽、公路为主骨架、水路为主通道、航空为走廊的立体交通网。

对城市交通改进的措施:进一步提升镇江市综合交通优势,加快推进镇江长江第二通道和泰州—扬中的过江通道早日开工建设,形成"长江三桥"的南北交通格局;加快对312国道、沿江公路的拓宽改造;进一步完善镇江港区的建设,发挥更大的内河港优势;加快建设镇江至南京禄口机场的快速联系通道,以及镇江至县级市的半小时城市圈的快速联系通道;通过一系列的对外交通条件的改善,大力提升镇江中心城市的地位与作用。

对港口集疏运交通改进的措施:

(1)铁路:规划并设计港区铁路专用线,使港口与铁路直接相连,对沪宁铁路电气化改造;规划并设计沪宁城际轨道交通线、京沪高速铁路及镇江站段、镇江至南翔沿江铁路;扩建大港铁路支线和新建高资铁路支线,提高大港港区、龙门港区和高资港区联运功能。

(2)水运:① 利用黄金十字水道,积极发展江海转运、江河中转业务,大力发展远海运输,扩大对外交往,系统整治芜湖以下重点碍航线段,增加航道尺度,进行航标改造和航路改革,改善通航条件,在2005年使5万t级海轮直达南通,2010年前直达南京。② 提高镇江市境内航道等级和通航能力,2010年前苏北运河172 km三级航道将改造为二级航道,使全线411 km达到二级航道标准;苏南运河由四级航道改造为三级航道。改造其他通航河网,改善通航条件,提高通过能力。

(3)公路:使港口与公路主骨架相衔接,拓宽疏港道路,改善进出口条件,使镇江港区向更广阔的区域辐射。沪宁高速公路由双向四车道改扩为八车道;312国道由双向二车道改扩为四车道;接通沿江高速公路;建成润扬长江大桥和泰州至扬中长江大桥,贯通京沪、京福、沪宁、宁杭等高速公路网;提高邻近城际间和县(市)乡公路密度、等级。

(4)航空:借助南京禄口机场,加快机场路建设,创造条件建设自己的空中走廊。

3.6 南京港口区域空间形态

3.6.1 南京港口区域空间形态演化

南京港是中国内河第一大港,位于长江下游。南京是江苏省省会,长江黄金水道咽喉地带,水路距长江入海口 437 km,集长江、沿海及内河运输于一体,干线铁路、公路、管道汇集。铁路通过津浦、沪宁、宁芜铁路与全国铁路网沟通;公路有沪宁、机场、宁芜、宁高、雍六等高速公路和 104、205、312、328 国道与全国公路网相连;鲁宁输油管线、甬沪宁管线在南京交汇。南京港是万吨级海轮进江的终点,具有承东启西、贯南通北的综合交通枢纽优势,是东部沿海"T"形经济发展战略带结合部。南京港经济腹地广阔,货物集疏运便捷,是长三角地区辐射长江流域和中西部地区的重要门户(图 3-44)。

图 3-44 南京港地理位置图

图片来源:作者根据资料重绘

3.6.1.1 港口的形成与崛起

南京港发展历史悠久,早在公元 229 年三国东吴时期即成为通海港口,"江道万里,通涉五洲,朝贡商旅之所往来",是对当时南京港口的最好写照。后几经兴衰,历史演变,南京港一直保持其重要通商口岸的地位而不变。

春秋战国之时,随着城镇的出现,南京地区逐渐形成港口,之后长江下游地区经济和城市的发展,促进了以城市为依托的港口的崛起。南京地形依山傍水,虎踞龙盘,域内有玄武湖、秦淮河、长江等众多水系分布与连通,为南京的水路运输的发展创造了良好的条件

(图 3-45,图 3-46)。春秋战国时期,在南京两侧有胥溪,邗沟两条河渠,沟通太湖淮河流域,为南京进行贸易提供了水上交通条件,岸线在形成了船舶集中停泊的现状之下,港口也因此形成(图 3-47)。

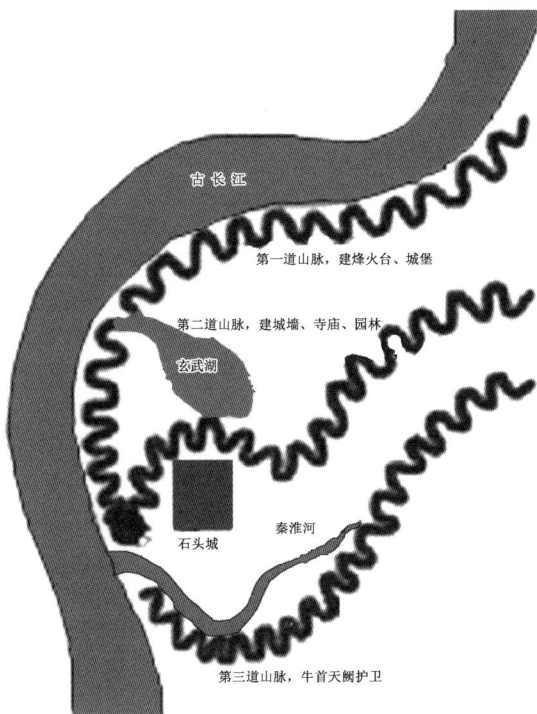

图 3-45 南京历史时期山、水与古城关系示意

图片来源:作者自绘

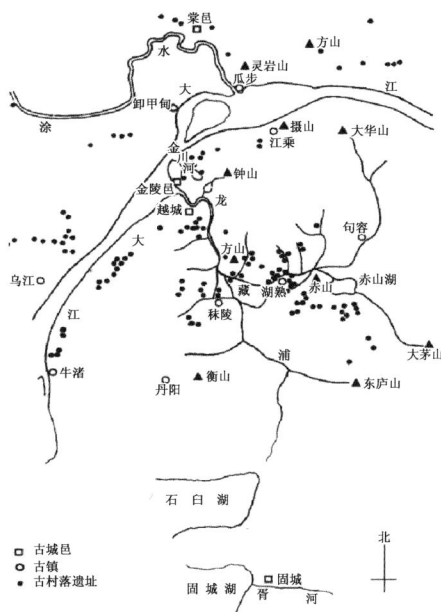

图 3-46 原始村落遗址及先秦城邑位置

资料来源:蒋赞初.南京史话[M].
南京:南京出版社,1995:20

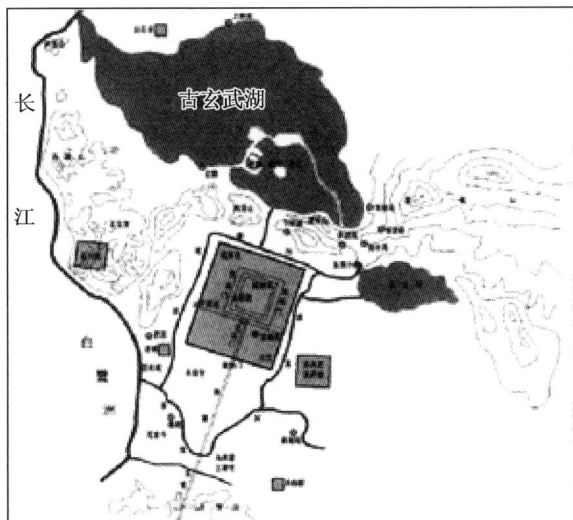

图 3-47 古代南京城市与水系关系图

图片来源:姚亦峰.探询六朝时期的南京风景园林[J].中
国园林,2010(7):58

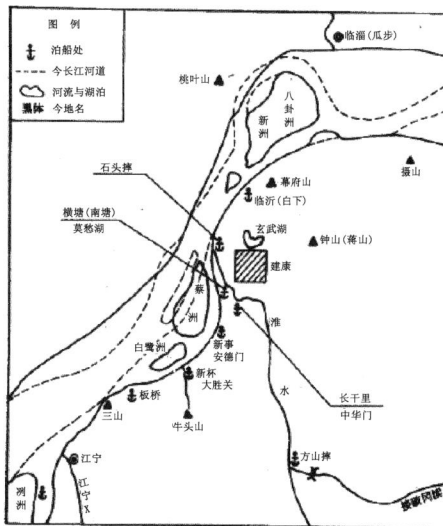

图 3-48 六朝时期主要码头分布图

资料来源:马小奇.南京港史[M].北京:人民
交通出版社,1989:19

南京的水上防御有利位置和水上交通枢纽地位,使得自三国东吴孙权由京口(今镇江)移至秣陵(今南京),此后六朝均在南京建都。六朝时期,南京已经成为江南地区的漕运、贡运、军运中心。这段时期的港口分布情况如下(图3-48):

玄武湖:作为操练水兵的地方,与长江、秦淮河相通,战船可由长江、秦淮河直接驶入湖内进行水兵操练,湖面宽阔,且靠近皇城,成为当时的大型军港。

秦淮河:作为官商船舶停靠的中心,重要码头有长干里、横塘、方山津、石头津等。长干里是商品运转的基地;横塘处于水运的交通枢纽地位,是商船停靠、船户聚居的地方,周边发展了码头市镇;方山津是太湖和钱塘江船只进入南京的必经之地,也是重要的官船码头;石头津处于淮水和长江的交叉点,是综合性的码头基地,也是淮水和长江的双重码头,以及漕港、军港、商港和水军基地。

长江:从洌洲到白步石分布有六个重要的码头与港湾,包括石头津、新亭、新林、板桥、洌洲、白步石等,具有官船、商业、军事码头等诸多作用,虽然规模不如淮水沿岸的码头,但发展势头很足。

3.6.1.2 港口的衰落与复兴

(1)衰落:隋朝杨坚定都长安,为防止江南势力的发展,巩固政权,将六朝古都南京大肆破坏,导致人口减少,古都变得衰败起来,港口的货物运输受到极大影响,以南京为依托的港口急剧衰落,港口的枢纽地位也逐渐被扬州和京口两港所代替。隋朝开通的大运河,是连接南北政治经济的桥梁,扬州港和京口港因处在南北入江孔道的位置而逐步兴盛,取代了南京港口的地位。其军港的功能也因为社会的安定和军事运输的减少逐渐衰落。

(2)复兴:杨吴时期迁都于金陵,而城市的重建扩建也促使了港口的复苏,港口又恢复了对军事物资、官方物资的运输功能。公元932年吴王杨溥对金陵城进行重建,扩大城垣,将秦淮河以城墙为界分为内外秦淮河,原来的航运功能逐渐衰退,而长江沿岸码头复苏,港口的重心开始迁往长江,长江沿岸一带重新开启了商业运输、军事防卫的功能和作用。

(3)迅速发展:南宋时,金陵成为军事和经济的重镇,港口随之有了进一步的发展,港口大量运输官卖物资、调运粮食,使得港口的吞吐量上升,港口经济腹地扩展,建康也成为粮食集散地。元代,建康作为漕粮江海中转站,港口得以继续发展。

(4)繁荣与停滞:明朝开国,南京成为都城,后迁都北京后依然是留都。在明朝前期,南京港一直是全国的水运中心,沿长江航线水运畅通,港口发展繁盛一时。港口的空间变化:长江沿岸已经有了很大的变化,北岸淤积形成大片陆地,原来在长江边的石头城也远离岸边数里,秦淮河下游分成数股注入长江,沿长江一带形成新的港湾:大胜港、龙江、江东门、上新河、中新河等,以上新河与龙江(今下关)两港最为著名,港口停泊有商船、官船、贡船、漕船等船舶,日益繁盛。到明朝中叶,港口因某些原因逐渐衰退:① 明朝中后期苛捐杂税日益严重,严重影响了漕粮的运输量,围绕漕运展开的基础设施逐渐失去作用,港口也逐渐萧条下来。② 明后期城市工商业衰退,港口进出口货物量减少,清初中期经济有了一定发展,港口出现生机,但随着清政府的逐步颓败,港口也逐步衰退下去。③ 河道坍塌使得长江河岸一直处于南迁北移的状态,对码头的基础设施遭到破坏,港口受到直接影响。

3.6.1.3 近代港口的发展

1840年鸦片战争后,南京港开始向近代港口过渡。

(1)清军的破坏:1864年清军攻陷太平天国后,对南京城进行大肆破坏,致使南京人口骤减,土地荒芜,生产力遭到破坏,导致港口日益萧条,逐渐破败下去。之后经过几十年的恢复期,港口有了一定的发展,能够停泊轮船,进行一定的生产作业,具备了近代港口条件。英法等国认识到它的价值,港口于1899年被迫正式开埠,随后落入帝国列强之手,在津浦铁路未通车之时,其发展并无明显起色。

(2)1908年、1912年沪宁铁路、津浦铁路先后开通,港口进入迅速发展阶段。铁路的发展给港口带来了充足的货源,港口吞吐量迅猛增长,带动下关、浦口港区开始兴起。

浦口的发展:浦口原来是江面,从清代开始,一些荒滩逐渐与北岸相连,但一直没有城镇出现。浦口江边是津浦铁路的终点站,铁路的开通使得浦口码头开始发展,作业区域有所扩展,码头通过能力大幅提高,码头各项基础设施开始建设。港区的建设改善了交通,之后开通浦镇马路,加强了码头配套设施的建设。

下关的发展:下关区地处南京市城区西北部,濒江依城,是华东地区重要的物资集散地,自古水陆交通发达,路网系统完善,商业兴盛,旅游资源丰富,自然人文景观众多。古代的下关,是交通集散点,商贸繁华地。早在东晋时期,下关因其所在的特殊的地理位置,是南京与长江关系最为密切的地区,成为江南地区漕运、贡运、军运中心。第二次鸦片战争以前,下关成为江建要地,也是官商水运和修建船舶之要地。经过千年的发展历程,其特征可以概括为"交通集散点,商贸繁华地"①。近代的下关,是中国近代史起点的象征。1879年第二次鸦片战争之后,下关正式开埠通商,促进了下关向近代港口城区的转变。1908年沪宁铁路的通车,改善下关交通条件的同时,也为下关带来了无限生机,使下关成为名副其实的物资集散和贸易中心(图3-49)。

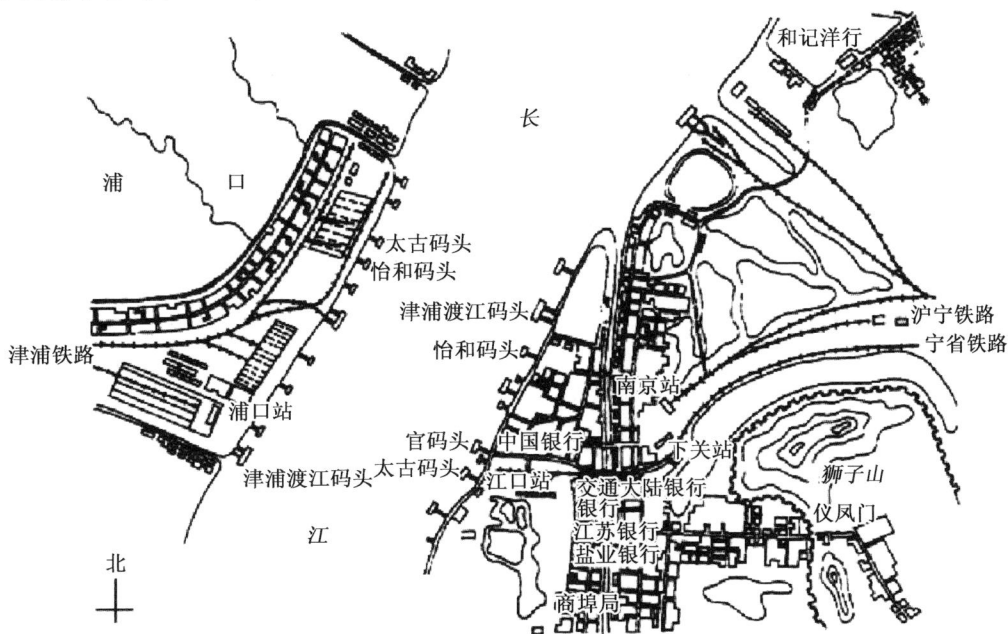

图3-49 近代下关码头及铁路分布图

资料来源:曹洪涛,刘金声.中国近现代城市的发展[M].北京:中国城市出版社,1998

---

① 胡海波.城市滨水地区复兴——以南京下关为例[C]//和谐城市规划—2007年中国城市规划年会论文集.哈尔滨:中国城市规划年会,2007:2003

（3）1937 年抗日战争爆发,南京港被日军侵占并沦为日军的军事基地和物资转运站。日军在侵占南京时对城市进行了疯狂和无耻的破坏,下关和浦口几乎沦为瓦砾,港口码头、仓库设施全被损毁。之后为了战争的需要,对港口进行了一些修复建设,但因为转运的都是战备物资,所以港口一直处于萧条的状态。

（4）1945 年抗战胜利后,港口主权由国民政府收回,但港口因国民党在撤退时的大肆破坏而陷入瘫痪。

3.6.1.4 现代港口的发展(1949—1978 年)

1949 年,南京港焕发新生,对以中转津浦铁路南运的煤炭的主要业务进行改进,在1950—1960 年代中期,对运输方式进行了机械化改造,实现年吞吐量突破 100 万 t。1970 年代初,为保证原油运输,在南京港栖霞山配套建设栖霞原油中转锚地和港区,承担沿长江开工建设的南京炼油厂、长岭炼油厂等大中型石化企业的海进江原油水水中转。1970 年代中期,南京港建成长江上最大的原油中转港区,并于 1970 年代末成为我国最大的内河油港和华东地区最大的能源中转港,并带动南京港年货物吞吐量突破 300 万 t。

南京港在这时期的发展特征可以归纳为:在计划经济体制下,按照国家产业布局要求,开展码头建设,承担运输任务,逐步发展成为我国重要的能源中转枢纽,跨入千万吨及大港行列。

3.6.1.5 港口发展的飞跃阶段—快速发展期(改革开放—20 世纪末)

1978 年改革开放后,对外贸易迅速发展,为适应外贸运输需要,1981 年新生圩外贸港在南京港开工建设,并于 1984 年建成,其后南京港成为当时我国内河最大的外贸港口。随后港口体制改革开始,港口经营管理开始转到以经济效益为中心的轨道上来,从生产型改变为生产经营型。1986 年,南京港正式对外籍船舶开放,与多个国家有业务往来,港口内外运输格局产生。同年在新生圩港区建成了长江干线第一个万吨级集装箱专用泊位,于当年完成集装箱吞吐量 400TEU,1987 年第二个万吨级集装箱专用泊位建成投产,两个集装箱专用泊位的年通过能力达到 10 万 TEU,南京港成为我国内河规模最大、专业化程度最高的集装箱港口。1991 年完成集装箱吞吐量 10.9 万 TEU,超过设计通过能力,1989—1994 年连续五年位居全国港口集装箱吞吐量前十名。1990 年,新生圩外贸港区完成以装卸矿石、矿粉、煤炭等散货装卸为主的码头泊位扩建,南京港第七港务公司开业,使南京港成为我国内河最先进的专业化散货装卸港口之一。南京港货物吞吐量从 1978 年 2 803 万吨增长到 2000 年6 679 万吨,其中南京港(集团)有限公司的货物吞吐量从 1978 年 1 875 万吨增长到 2000 年5 225 万吨。

港口在此阶段发展的特征为:根据国家改革开放和港口发展的需要,建成新生圩外贸港区和集装箱、散货等一批专业化码头泊位,实现了以能源中转为主的内河港口向开放型、多功能、江海型、国际型港口的转变,吞吐量突破 5 000 万 t。

3.6.1.6 港口转型发展期(21 世纪初—现在)

进入 21 世纪,南京港进入转型发展期。2001 年 1 月,南京港务管理局开工建设新生圩商品汽车滚装码头,新建 1 万 t 级、5 000 t 级泊位各 1 个,年通过能力 30 万辆轿车。2002年 12 月建成投产,成为长江沿线唯一的专业汽车滚装码头和长江最大的内外贸汽车中转基地。2004 年 3 月,龙潭集装箱港区投入使用,经不断配套完善,现已形成 150 万标箱吞吐能力。2002—2004 年,中石化运输格局调整,将原有中转变为管道运输,南京原油中转业务大幅萎缩。2003 年年底,港务管理局实行政企分开,南京港迎来新的发展机遇。2011 年,南京港(集团)有限公司实现货物吞吐量 8403 万 t,同比增长 15%;集装箱吞吐量 180 万标箱,同比增长 27.2%。实现营业收入 24.3 亿元,同比增长 13.7%;利润总额突破 1 亿元,同比增长 47%。

此阶段南京港发展特征:随着国家能源运输格局变化,原油中转迅速萎缩,海进江煤炭逐步增长,集团步入艰难的转型发展。目前,集团主营业务的货种结构得到优化,经历了"石油主导至煤、油、矿、箱相对均衡"的货种结构转变阶段。原油吞吐量在集团总量中所占比例从 2005 年的 45.68% 下降至 2010 年的 12.4%,2011 年煤、油、矿、箱四大货种吞吐量占集团总量比重均在 20% 左右,无相对强势的支柱性货源。南京港实现了由原油运输为主的能源港口向外贸型、综合型港口转型(图 3-50)。

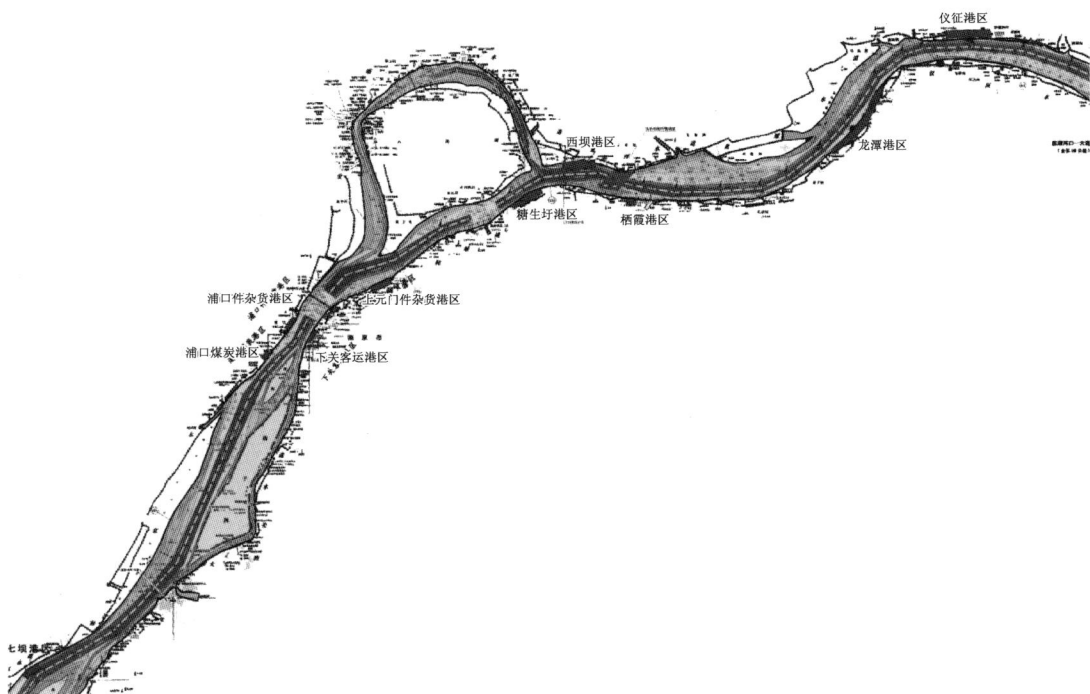

图 3-50 南京港口布局现状

图片来源:南京港(集团)有限公司"十二五"规划

3.6.2 南京港口区域空间形态的深层结构

3.6.2.1 优越的自然条件

南京港位于长江下游的中段,港口所依托的南京城市是江苏省省会、江苏西南部政治经济文化中心,周边东临长三角,南接太湖,其交通位置十分优越。南京港口距华北平原最近,拥有鲁宁输油管道和津浦铁路,是万吨级海轮进入长江的终点。港区内除有长江航道,还有支流 19 条航道,包括秦淮河和滁河等主要航道。其中秦淮河在南京港口的历史发展上具有重要的地位,是长江内河入河通道,在古代作为军事基地(图 3-51)。

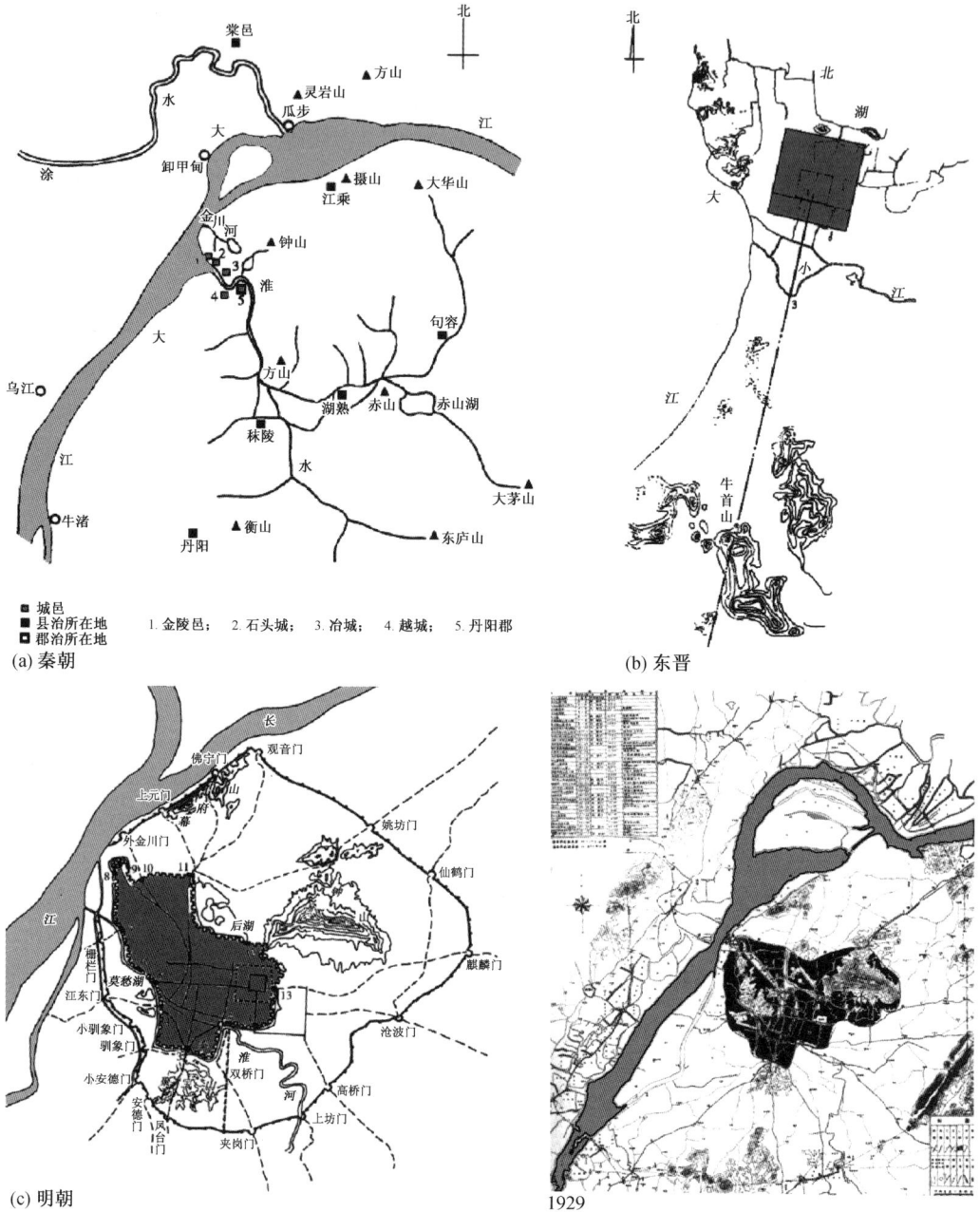

(a) 秦朝

图例
■ 城邑
▪ 县治所在地   1. 金陵邑；   2. 石头城；   3. 冶城；   4. 越城；   5. 丹阳郡
▫ 郡治所在地

(b) 东晋

(c) 明朝

1929

图 3-51　南京城市与长江关系示意图

图片来源：苏则民.南京城市规划史稿·古代篇[M].北京：中国建筑工业出版社，2008：149

3.6.2.2　六朝古都的繁盛

　　南京因为政治、经济、地理、军事的优势，从东吴的都城开始，之后历经东晋，南朝的刘宋、南齐、萧梁、陈，作为都城的时间长达300余年，史称六朝古都（图3-52）。南京在成为都城之后，发展成为全国经济中心，都城范围扩大，人口增加，商业活动非常活跃。港口的商业贸易运输量增加，经济腹地扩大，航线由长江延伸至北方、海外，港口作为水路交通枢纽兴盛起来（图3-53）。

图 3-52 南京历代都城变迁图

图片来源:苏则民.南京城市规划史稿·古代篇[M].北京:中国建筑工业出版社,2008:8,80

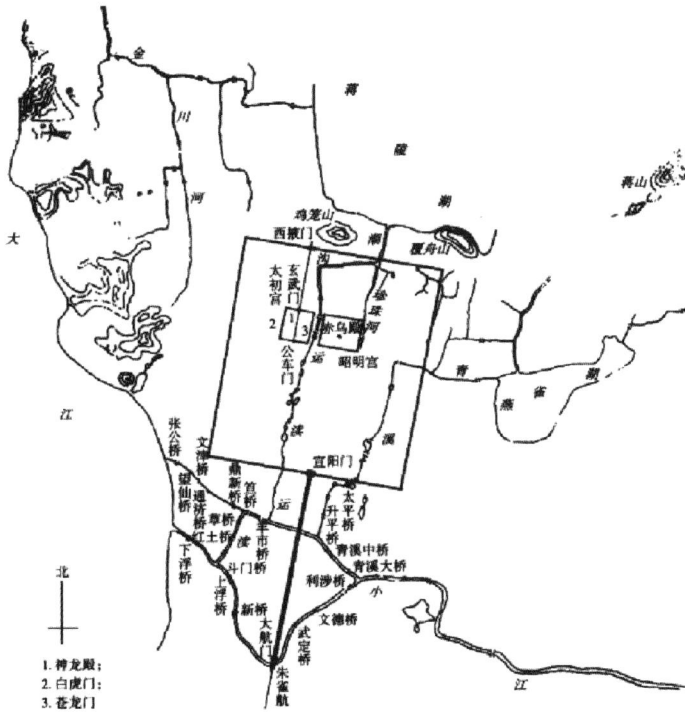

图 3-53 东吴水系及建业示意图

图片来源:苏则民.南京城市规划史稿·古代篇[M].北京:中国建筑工业出版社,2008:8,80

3.6.2.3 漕运的发展

建康作为六朝都城,接受全国的物资供应,其中输入量最大的就是漕粮。漕粮作为官运物资,主要靠水上运输,南京港因此成为江南地区漕运中心港。漕粮及其他官运物资的输送,促进了水运的发展,港口业随之兴旺起来。

3.6.2.4 沪宁、津浦铁路的通车

铁路交通方式的出现,对港口的发展影响巨大。1908 年和 1912 年沪宁铁路、津浦铁路的通车,给港口带来了无限生机,使得南京港经济腹地大幅向北方扩展,给港口提供了充足的货源,港口的货运吞吐量增加,港口的基础设施建设也开始加强。南京港成为水路中转的枢纽,又重新繁荣起来。到国民政府建都南京之后,因为沪宁铁路与长江航线重复建设,再加上公路在当时的较快发展,对水运冲击很大,使得港口中转量减少,反而影响了港口的发展。

3.6.2.5 港口依托城市的发展

港口的兴衰往往与所依托的城市的发展变化有很大的关系,南京港口历史上的兴衰起落主要原因是所依托的南京城市的政治、经济、军事地位的变化。

① 首次崛起:六朝定都建康,建康成为全国的政治、经济中心,历经 300 年的建设,发展成为一个繁华大都市,给港口的发展带来了很多机会,港口因此而崛起。② 急剧衰落:隋朝建立后,为政治需要对六朝古都进行了毁灭性的破坏,大都市沦为农田,富户被迫迁往都城长安。建康元气大伤,港口失去了货源和发展条件,已是“潮打空城寂寞回”。③ 盛极一时:明朝开国建都南京和之后的留都地位,使得城市的经济发展很快,南京港成为当时的水运中心并迅速发展。④ 再度发展:清朝,南京是江安粮道的所在地,港口因漕运的发展也有了一定的发展。⑤ 迅速发展:1908 年和 1912 年沪宁、津浦铁路的通车,改善了南京的对外交通,促进了下关、浦口地区的繁荣,也带动了港口的发展。⑥ 陷入瘫痪:1949 年国民党撤退南京时,对城市设施进行了有计划的破坏,港口业受到重大损失,港口发展停滞不前。

3.6.3 南京港口区域空间形态的生态适宜优化模式

3.6.3.1 港口建设规划与城市规划同步协调发展

城市发展与港口建设之间存在着相互作用的关系,应把南京港口规划与城市规划同步、统一协调发展,使港口规划成为城市规划的有机组成部分,对港口建设进行合理的资源调配与经营,对港口实行统一规划、统一管理,保证港口规划的合理和稳定,促进港口建设与城市的相互促进、良性循环。

3.6.3.2 建设港口综合集疏运网络体系

区域经济的基本支撑是交通网络,南京具有一定的区域交通优势,要发挥其长江运量大、成本低的优势,并结合江海联运,解决各港区与城市交通干线的紧密、快速连接问题。城市综合运输和现代物流发展的平台能力的增强,使市场迅速提升和扩大,将改善港口的集疏运条件,也加快港口功能的转型升级,加速临港产业集聚,实现创新、转型、跨越发展(图3-54)。

南京港总体布局及集疏运系统规划可总结为以下几方面。

铁路:形成“一环加一线,两桥三个越江通道、一主一辅编组站、两个主要客运站、六个方

向九条通道"的铁路环形枢纽。规划建设京沪高速铁路以及沪汉蓉、宁杭、宁西、宁启铁路,预留宁连铁路及宁宣铁路,对津浦铁路、沪宁铁路实行电气化改造。建成南京长江大桥和大胜关铁路桥两个铁路过江通道,预留上元门高速铁路隧道,形成南京铁路绕行环线。同时建设龙潭集装箱专用货场和江北综合性的浦口货场。

公路:形成"两环十二线"的高速公路网,包括沪宁、宁杭、宁高(机场)、宁芜、宁巢、宁合、宁蚌、宁淮、宁连、宁通、浦仪和沿江高速公路。绕城公路和公路二环两条高速公路环线跨江成环。公路过江通道包括南京长江大桥、南京长江二桥、南京长江三桥、纬七路桥、石埠桥、江心洲桥等。

机场:现有禄口国际机场,预留六合城西机场场址。

管道:建设鲁宁输油管道,甬沪宁和过江管线。

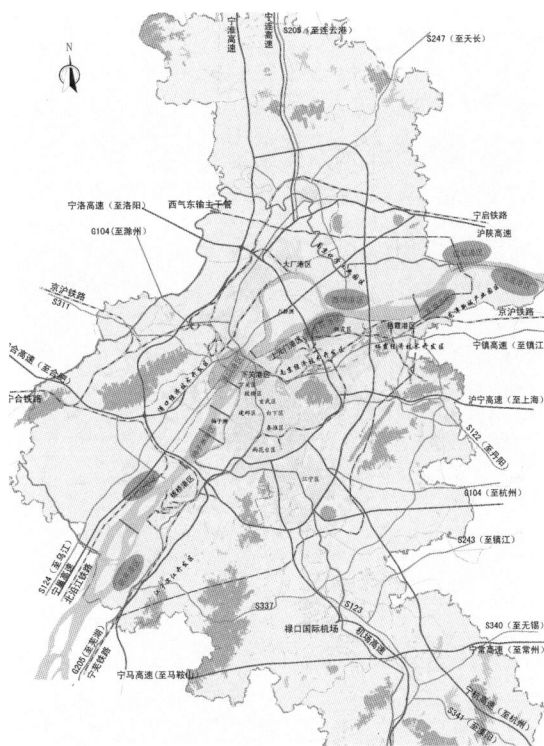

图 3-54 南京港总体布局及集疏运规划图
图片来源:南京市交通运输局

3.6.3.3 高效利用沿江岸线资源

成为国际港的基本条件之一即要有国际航运需要的深水港条件,至少有五万 t 级满载船舶全天候靠离港条件,所以要高效利用沿江岸线资源,进行航道整治,2016 年长江 12.5 m 深水航道向上延伸至南京后,5 万 t 级海轮将直达南京,10 万 t 级海轮将乘潮到达南京,可以促进南京港交通枢纽地位和综合竞争能力的显著提升。

3.6.3.4 优化港口区域空间结构

南京港口区域应构建各港区分工明确、各有侧重的发展框架,使港口在城市现代化进程中发挥巨大的推动作用,进一步促进港城协调发展。应以港区功能调整和大力发展运输枢纽港区建设为中心,以加强集装箱、矿石、煤炭、化工品等主要货种码头建设为主线,拓展港口的功能和品质、内涵。

3.6.3.5 滨江区的开发建设

滨江区的开发建设可以给港城带来新的发展机遇。沿江旅游资源的开发、滨江区的繁荣,可形成良好的港区环境,既巩固了港口原有交通枢纽的地位,也获得更多的投资氛围(图3-55)。按照"保护优先、功能协调、高效集约"的原则,实现长江岸线资源高效可持续利用,支撑南京国家级主枢纽港的定位,展示滨江城市风貌。优先保护饮用水源保护区岸线和沿江生态湿地岸线,规划水源保护岸线约 45 km,生态岸线约 125 km。整合优化利用深水港口岸线,规划港口岸线约 69 km,临水型制造业岸线约 10 km。将长江岸线按照功能分为三段:三桥上游与二桥下游功能定位以生产功能为主,二桥与三桥之间岸线利用规划以城市生活岸线和生态保护岸线为主,原则上不再布置生产性岸线。

1 观江码头(保留码头改造)	7 文化休闲建筑(保留厂房改造)	13 工业地景公园	19 湿地生态岛
2 滨江花境游园	8 艺术展示广场	14 体育公园	20 湿地内湖
3 表演活动草坪	9 大草坪	15 停车场	21 生态浮岛(保留码头改造)
4 文化轴线步道	10 树阵广场	16 生态湿地公园	22 湿地观岛
5 保留码头构架	11 游船港湾	17 滨江生态林地	23 光舞码头
6 堤顶步道	12 新城港湾广场	18 江岸湿地栈道	

(a) 燕子矶滨江风光带规划总平面图

(b) 燕子矶滨江风光带规划效果图

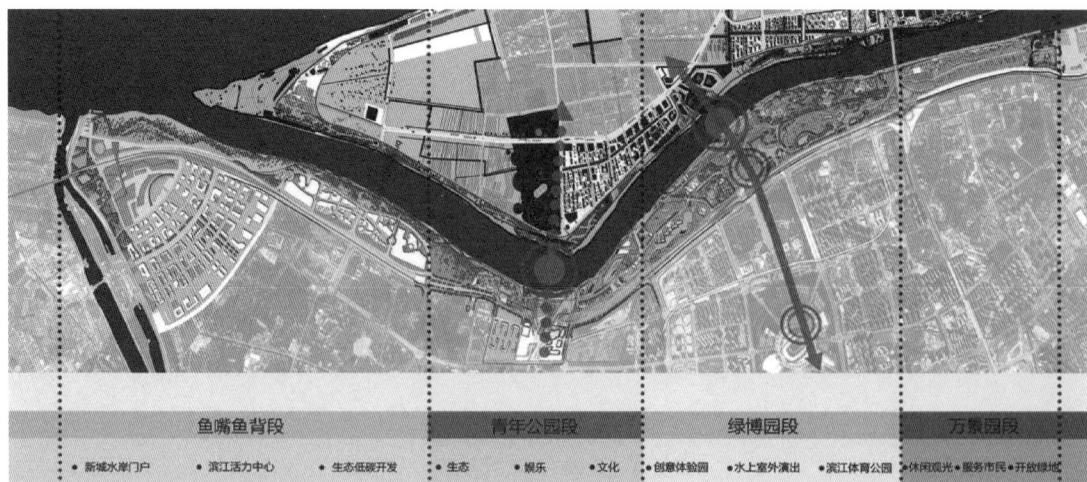

| 鱼嘴鱼背段 | | | 青年公园段 | | | 绿博园段 | | | 万景园段 | | |
| • 新城水岸门户 | • 滨江活力中心 | • 生态低碳开发 | • 生态 | • 娱乐 | • 文化 | • 创意体验园 | • 水上室外演出 | • 滨江体育公园 | • 休闲观光 | • 服务市民 | • 开放绿地 |

(c) 河西滨江风光带规划总平面图

| 老码头滨水乐园 | 滨江活力风情带 | 轮渡铁路遗迹公园 | 乐活创意产业公园 |

| 梦幻平台 | 欢乐舞台 | 时空站台 | 江滩生态 |

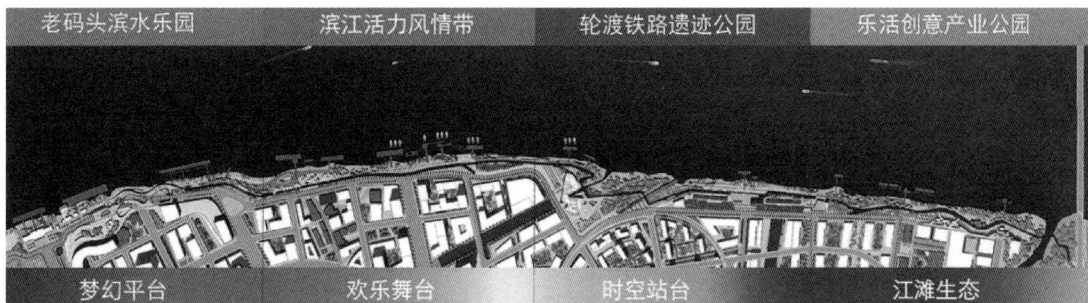

(d) 河西滨江风光带规划总平面图

图 3-55 南京滨江区的开发

图片来源:南京市城市设计成果汇编

岸线类型与功能布局:生态岸线包括湿地保护和河势节点岸线;生活岸线包括饮用水源岸线、过江通道岸线、城市生活和旅游景观岸线;生产岸线包括港口岸线共 11 处 69 km,制造业岸线共 3 处 10 km(图 3-56,图 3-57)。

图例:
生产岸线(港口)
生产岸线(装备制造)
生活岸线(生活旅游)
生活岸线(饮用水源)
生产岸线(过江通道)
生态岸线(严格保护)
生态岸线(湿地)
预留岸线

图 3-56 南京长江沿岸生态岸线规划图　　　　**图 3-57 南京长江沿岸生产岸线分布图**

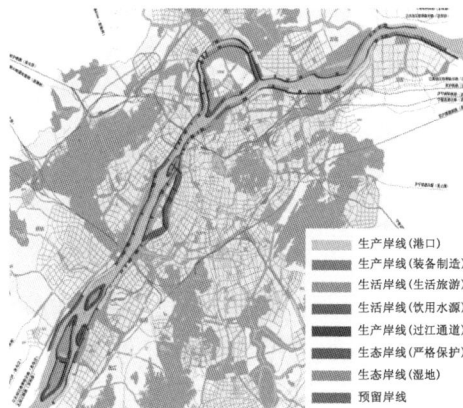

图片来源:南京市规划设计研究院有限责任公司.南京总规 2011 版(阶段成果)[R]. 南京:南京市规划局,2011

3.6.3.6　进行区域规划,促进区域整合

经济全球化发展的大趋势使全球竞争出现明显的集团化和联盟化态势,国家、区域、城市间合作不断深化。区域发展格局要求未来南京"接轨大上海,融入长三角,引领中西部,培育新腹地",真正发挥南京作为长三角地区战略中心城市的综合服务功能。要发挥区域优势,加强区域协作,实行区域联动发展,包括南京与腹地、南京都市圈与长三角城市之间的协作,推出南京中心城市的首位度和影响力,以跻身国家中心城市之列。

随着新技术、现代物流的快速发展,南京港口覆盖的区域扩张,与邻近港口腹地重叠,港口竞争加剧。货物集聚会带动港口及相邻地区的产业发展,促进区域经济发展,进一步促进城市经济发展,但随之带来的恶性竞争会降低发展速度。宁镇扬三个港口腹地存在"同一性"和同质竞争,即同为长江下游重要港口,同处于长江黄金水道两岸,同为本地区经济腹地服务。南京都市圈港口群同时为长江中上游地区的经济发展提供中转服务,又存在集装箱、建材、煤炭等同质竞争的内耗,从而不能及时形成规模效应。所以从长江流域大区域空间来说,确定以上海港为中心,以南京、宁波为两翼,依托上海这个国际经济、金融、贸易中心的优势和机遇,使南京成为长江经济区的核心城市;从南京都市圈港口群区域空间来说,要促进"宁镇扬三港一体",以南京港为核心,带动区域发展。依靠宁镇扬板块丰富的科技资源,在发展创新、实现产业转型升级方面的先天优势,争取赶超苏锡常板块(图 3-58)。

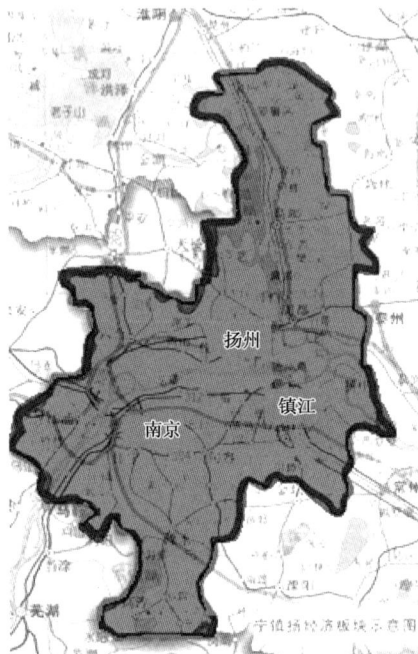

图 3-58 宁镇扬经济板块示意图

图片来源:作者根据资料重绘

<table>
<tr><td>3.7</td></tr>
</table>

3.7 长江下游城市港口区域空间形态演化对比研究

下文以长江下游港口和城市发展要素的对比研究来分析港城关系及港口区域空间形态演变规律(表 3-3)。

表 3-3 长江下游城市港口区域空间形态演化对比研究

内容	上海港	南通港	张家港港	江阴港	镇江港	南京港
地理位置	位于中国大陆海岸线中部,长江与东海交汇处,是我国沿长江产业带和沿海开放地带"T"字形主轴线的交汇点,优越的地理位置使上海港具有对内、对外双向辐射的区位优势,通过四通八达的国际航线与全球港口相联系	地处长江下游河口段北岸,东濒黄海,南临长江,是海轮进入长江的第一个港口,处在海、江、河的交汇处,是海轮进江后长江北岸第一个可停靠的港口、水上中转的重要枢纽	位于苏州市西北部长江南岸的张家港市境内,北滨长江,南近无锡,西接江阴,东连常熟	位于长江下游江苏省无锡市长江南岸的江阴市境内,北枕长江,南邻无锡,西通常州、南京,东接苏州、上海,区位优势明显	地处江苏省镇江市境内,位于长江与京杭运河两条水运主通道的交汇处,上距南京 87 km,下距长江入海口 279 km	位于长江下游江苏省省会南京市,地处长江黄金水道咽喉地带,水路距长江入海口 437 km

续表3-3

内容	上海港	南通港	张家港港	江阴港	镇江港	南京港
经济腹地	经济腹地广阔，包括江苏、浙江、安徽、江西、湖北、湖南、四川及重庆等省市	直接经济腹地为南通市和苏北盐城、淮安、泰兴三市部分地区，面积约5万km²	直接经济腹地为江苏省内的苏州、无锡、常州3市和所辖的12个县，以及靖江、如皋、泰兴等市县。间接腹地为江苏的其他地区，长江中上游的安徽、江西、湖南、湖北、四川等沿江省份	江阴市和苏锡常地区以及浙江西北杭嘉湖地区和苏北部分县市	直接经济腹地为镇江市和京杭运河沿岸的扬州、淮阴、盐城地区、常州西部地区，间接中转腹地是长江沿线6省市、淮河流域及太湖地区	直接腹地：南京及安徽省滁州地区。水陆中转腹地：津浦线、沪宁线、宁皖赣线铁路沿线地区。江海中转腹地：长江沿线的重庆市、四川省、湖南省、湖北省、江西省、安徽省、江苏省的沿江地区
港口发展特征	港口地位突出，成为上海市经济发展的重要依托和上海市建设国际经济、金融、贸易、航运中心的重要支撑	是南通市和苏北地区经济尤其是外向型经济发展的重要依托，长江三角洲现代化综合交通网格的重要节点和对外贸易的主要口岸	是张家港市经济发展的重要依托，苏州市实施沿江开发战略的重要支撑，长江沿线地区物资转运和对外运输的重要门户，是江阴靖江跨江跨区域联动开发的纽带	是江苏省沿江地区的重要港口，区域经济发展的重要支撑，是无锡市经济发展、对外开放和沿江产业布局的主要依托，是江阴靖江跨江跨区域联动开发的纽带，是长江三角洲地区综合运输体系的主要枢纽和我国沿海主要港口之一，上海国际航运中心集装箱运输体系的重要组成部分和集装箱运输的支线港，是长江沿线能源、原材料物资海进江运输的主要中转港之一，是长江中上游地区内外贸物资江海转运的重要港口	是长江三角洲地区综合运输体系的主要枢纽和我国沿海主要港口之一，上海国际航运中心集装箱运输体系的重要组成部分和集装箱运输的支线港，是长江沿线能源、原材料物资海进江运输的主要中转港之一，是长江中上游地区内外贸物资江海转运的重要港口	是国家综合运输体系的重要枢纽和沿海主要港口之一；长江三角洲地区集装箱运输体系的支线港，是上海国际航运中心港口群的重要组成部分，在长江三角洲地区能源、原材料等战略物资海进江中转体系和长江中上游地区江海物资转运体系中占有十分重要的地位

内容		上海港	南通港	张家港港	江阴港	镇江港	南京港
发展动力		以集装箱、外贸为主的中转服务，以集装箱运输发展为核心，港口功能的不断优化，形成的合理港区布局，优越的周边港口资源	沿江港区功能调整，货种齐全、分工明确、功能互补的物流中心，"信息化、办公自动化"的建设，沿海开发的战略决策，与有关港口的战略合作	区位优势，发达的腹地经济基础，长江沿线物资转运和对外运输能力，良好的市场服务水平，公用码头建设的加快，保税区"区港联动"的优势，综合性公用码头、货主码头和商贸码头共同发展的局面	以能源、原材料、钢材和化工产品运输为主	以原材料、能源等大宗散货和集装箱运输为主，在发展港口运输业的同时，大力发展临港工业和物流业	能源、原材料等大宗散货和集装箱运输
货物吞吐量	2010 年	65 197.1 万 t	1.51 亿 t	2 亿 t	1.25 亿 t	1.06 亿 t	1.47 亿 t
	2011 年	72 032.9 万 t	1.73 亿 t	2.21 亿 t	1.29 亿 t	1.11 亿 t	1.985 亿 t
	增长率	10.5%	15.0%	10.5%	3.2%	4.7%	35%
集装箱吞吐量	2010 年	2 905 万 TEU	46 万 TEU	112.4 万 TEU	101.07 万 TEU	30.26 万 TEU	145.32 万 TEU
	2011 年	3 173.9 万 TEU	53.98 万 TEU	130.7 万 TEU	111.58 万 TEU	35 万 TEU	184 万 TEU
	增长率	9.3%	17.3%	16.3%	10.4%	15.7%	26.6%
集疏运条件		铁路、公路、水路交通便利，集疏运体系畅通，内接长江流域及全国，外接世界环球航线	以水路、公路、航运（上海的支线航运和货航）为主，正在建设港区铁路	公路运输占优势，铁路所占比重小，应筹建铁路集装箱中转站，结合货物开展海、铁、公、空等多式联运方式	主要有公路、铁路、内河航运	方式较为齐全，主要有水运、公路、铁路等主要集疏运方式	同时具备海轮、江轮运输以及江海转运、长江转运、铁水联运、管水联运的功能，成为全国性综合运输、南北物资交流重要节点和长江流域中上游地区理想的货物中转枢纽

内容	上海港	南通港	张家港港	江阴港	镇江港	南京港
临港产业	集装箱、煤炭、金属矿石、石油及其制品、钢材、矿建材料、机械设备等	以船舶工业为主体的重大装备制造业，以高新技术为特征的电子信息产业，以临海临江港口为依托的石化和精细化工产业，以传统轻纺为基础的现代家纺业，以海陆空大交通为优势的现代服务业	以煤炭、铁矿石、粮食等大宗散货、集装箱、液体化工品和杂货运输为主	重点发展冶金、能源、石化、粮油、物流等临港工业	以现代制造业、高新技术产业、旅游业、物流业为产业发展重点	石化、钢铁、电子信息、汽车、电力等五大沿江产业群
岸线条件	全市岸线大致可分为黄浦江岸线、长江南岸岸线、杭州湾岸线和岛屿岸线等四大部分。除杭州湾北部岸线属海岸线，其他岸线为河口或内河岸线。长江南岸线和崇明三岛岸线位于长江入海口，受到海洋和河流的双重作用，自然环境较为复杂，但也为港口开发提供了更多的选择	海岸线 206 km，长江岸沿线 230 km，蕴藏着可贵的深水资源，长江南通段宽 8 km，水深 10 m 以上，江面开阔，河势稳定，具有发展造、修船业的良好条件	长江岸线江阔水深，具备较好的建设深水良港条件。张家港总岸线长度约 80.4 km。其中，主江岸线西起长山（张家港与江阴交界处），东至福山塘（张家港与常熟交界处），全长约 63.6 km；双山岛岸线长度 16.8 km	全港辖区岸线 35 km，港区岸线 1 150 m	港区水域面积 273 km²，陆域面积 1.4 km²，长江自然岸线总长 269.726 km 其中深水岸线87.198 km，主要分布在长江南岸和北岸的新民洲及高桥地区	北岸上自驷马河河口，下至仪征泗源沟，全长 110 km；南岸上自慈湖河口，下至大道河，全长 98 km。自然岸线长 208 km，辖区范围内尚余宜港岸线约 44 km

内容		上海港	南通港	张家港港	江阴港	镇江港	南京港
滨江开发		1990 年代起，上海港对黄浦江部分老港区进行功能调整、搬迁工作，以改善城市环境质量	南通重视滨江开发，建成的滨江公园位于南通市区最好的一段长江生活岸线。设计概念既保留了沿江的生态原貌，又彰显了南通作为我国长江口重要港口城市的特色	规划保护具有重要生态功能以及长江冲於不适宜利用的岸线。重点保护沿江生态岸线 6 处，岸线长度 18.0 km	江阴确定了建设"三区两地"的沿江开发总体目标。"两地"，指国际制造业基地和现代化物流基地；"三区"，即优美的滨江城区、沿江生态区以及"沿江开发、跨江联动"的经济示范区	开发建设好长江路北部滨水区的公共活动空间，使长江路滨水区成为城市标志性景观区、山水城市的特色所在，并有机串联三山风景名胜区，展现滨江城市个性风貌特色	滨江区开发建设给港城发展带来机遇。沿江旅游资源的开发、滨江区的繁荣，形成良好的港区环境，既巩固了港口原有物资集散、联络八方的地位，也获得更多的投资氛围，给南京树立了良好的国际形象
与城市关系	城市职能	国家中心城市，中国的经济、科技、工业、金融、贸易、会展和航运中心	上海北翼现代化的港口、工业、贸易、旅游城市	国际先进的临港制造业基地，全国性专业物流贸易中心和国家级保税港区，沿江地区重要的交通枢纽和生产服务基地，长三角新兴的文化生态旅游节点[①]	现代化的工业港口城市，交通枢纽，历史文化名城	国家历史文化名城，长江三角洲重要的港口风景旅游城市和区域中心城市之一	中国国家区域中心城市（华东），国家历史文化名城，国家综合交通枢纽，国家重要创新基地和科技创新中心，现代服务中心，长江航运物流中心，滨江生态宜居城市
	城市形态演变	古代城市初始形成（商末—1840 年鸦片战争），近代市区形成和发展阶段（1984—1937 年），现代国际大都市形成阶段（1937 年—当前）	古代通州格局—近代"一城三镇"空间形态结构—现阶段带状组团式城市结构形态	城镇体系初现雏形（1986—1995 年）；由分散模式向集约模式的城市空间形态（1996—2003 年）；"一城、双核、五片"的空间形态布局（2003 年—当前）	古代城市发展阶段（新时期时代—明代）；近代城市发展阶段（清代—1949 年）；现代城市发展阶段（1949 年—现在）	古代城市发展变迁（吴—1840 年）；近代镇江空间形态演变（1840—1949 年）；现代镇江城市空间形态演变（1949 年—现在）	城市起步期—春秋战国时期；城市建设重要期—六朝时期；城市繁荣期—南唐时期；历史鼎盛期—明朝时期；城市稳定期—民国；城市快速发展期—1949 年后

---

① 深圳市城市规划设计研究院. 张家港市城市总体规划(2011—2030)[R].张家港:张家港市人民政府, 2012

内容		上海港	南通港	张家港港	江阴港	镇江港	南京港
与城市关系	城市经济发展阶段	国际经济、金融、贸易中心之一，浦东基本建成具有世界一流水平的外向型、多功能、现代化新区，上海崛起成为又一国际经济中心城市	传统产业、高新技术产业取得了较快的发展，外向型经济持续快速增长	全面接轨大上海，主动承接国际产业资本转移，形成了以工业为主、以民营为主、以规模企业为主的经济特点	打造经济国际化的先导区、高新技术产业的集聚区、现代化新农村的样板区、可持续发展的示范区，巩固和提升建设全面小康社会的成果，在全省乃至全国率先基本实现现代化	工业用地形成沿江、沿路发展的产业空间布局结构。其中，主城以高新技术产业为主，严格控制污染工业；东西两翼以港口型基础产业和现代制造业为主	拥有雄厚的科教资源和现代服务业基础优势，形成"以服务业为主导、以先进制造业和高新技术产业为支撑、以现代农业为补充"的产业结构
	经济发展动力	提升上海先进制造业的能级，积极推进现代服务业的发展，营造适宜的市场环境	产业结构优化，大力发展现代服务业；实现第二产业结构升级，提高自主创新能力和产出效益，调整农业产业结构，转变农业增长方式	港口经济发展成为张家港市发展的主动力	乡镇企业、民营和外向型经济的发展，结合科学发展的机遇、体制的创新，走新型工业化道路，构建完善的社会保障体系	发展民营经济，将其作为推动城市经济发展的"第一战略"	南京经济的快速发展依然要依靠重化工业带动，下一步着重发展循环型工业
	港口与中心城市距离	>50 km（洋山港）	<10 km	>20 km	<10 km	<10 km	<10 km
	港城关系变化（空间特征）	隋唐之前，港城呈现自然发展状态，港城关系发展初始阶段（隋唐—1843年开埠）；港口开发带动上海城市的崛起（1843年开埠—1949年5月上海解放）；港城关系进入新的阶段（1949年5月上海解放—现在）	初始联系阶段：19世纪末—1960年代；临港工业发展阶段：1960年代—1980年代中后期；多元化经济集聚阶段：1980年代中后期—现在	初级发展阶段：港口发展带动城市空间发展（1965—1991年）；港口与城市共同发展（1992—2000年）；港区进一步发展，同时城市呈整体发展（2001—2010年）	初始联系阶段（春秋战国时期—清代）；港城发展停滞阶段（清代—1920年代）；港城新的发展阶段（1920年代—现在）	初始联系阶段（古代发展阶段）；港城发展阶段（1861—1970年代后期）；港城发展转型阶段（1970年代后期—现在）	初始联系阶段—起步期（公元前229年—19世纪末）；开埠后的发展阶段—成长壮大期（1879开埠—改革开放）；改革开放到先进发展阶段—成熟扩展期

3.8 小结

本章分析了长江下游 6 个城市港口区域空间形态演变过程,分别从港口区域空间形态演化、港口区域空间形态演化的深层结构、港口区域空间形态演化的优化模式方面入手,指出港口区域空间形态演化的存在问题在于政府政策的偏失、缺乏统一的定位和规划、港城空间之间存在矛盾、资源未被合理充分利用等等方面,力求探讨长江下游港口区域空间的优化模式,并为下文提出长江下游港口区域空间形态优化策略打下基础。

4 长江下游港口区域建筑空间模式研究

港口区域建筑空间的设计对其空间形态的形成与发展起到非常重要的作用。港口区域是城市建设的重要地段,可以看做城市滨水区,是城市中陆域与水域相连的一定区域的总称。通过塑造和改善滨水区域环境,有助于推动城市整体空间的发展。

由于城市港口区域的土地资源有限,其建筑空间形态呈现出滨水地区的特殊性,使得建筑与场地条件共生,并与城市空间保持紧密的互动关系。本章期待通过对长江下游港口区域建筑空间形态的分析,对特定的港口区域建筑空间特征总结出有效的设计方法。

4.1 实例分析

4.1.1 洋山深水港区设计

洋山深水港区位于浙江省舟山市嵊泗县洋山镇,是大面积填海形成的集装箱深水港,在全国乃至世界都是建港的创举,其功能布局在新港建设中具有一定的代表性。

4.1.1.1 港址选择

1. 自然条件

水深条件是洋山港选择的决定因素,洋山附近的黄泽洋水深条件好,大部分水深达 16 m 以上,水深最浅点为 12.6 m,通航条件稳定,可以解决上海港原有深水泊位和航道水深的不足,是跨太平洋航线的绝佳港址选择。

2. 地理位置

洋山港地理位置优越,与上海卢潮港距离 32 km,并可与之通过东海大桥相接,南距北仑港约 90 km,东距国际航线有 104 km,西北与上海浦东国际机场少于 50 km,其经济腹地长三角地区是全国经济最为发达的地区,具备成为亚美、亚欧两大航运国际枢纽港的实力。

3. 丰富的陆域与水域资源

大小洋山拥有丰富的陆域与水域资源,拥有两个岛链,其岛礁及周边滩地形成了足够的陆域面积,深水岸线长达 30 km,水域面积充足,具备开发深水港区的良好资源条件。

4. 有利于港区的分工

洋山港区的开发,将与黄浦江内港区、外高桥港区分工明确。黄浦江内港区功能以内贸集装箱运输为主,外高桥港区功能以港口腹地内的外贸集装箱为主兼顾部分内贸运输,洋山深水港区定位为超大型远洋外贸港区。

4.1.1.2 设计内容

1. 总体规划

港区开发分为近期、远期规划,近期规划以北港区小洋山岛为开发重点,远期规划以南

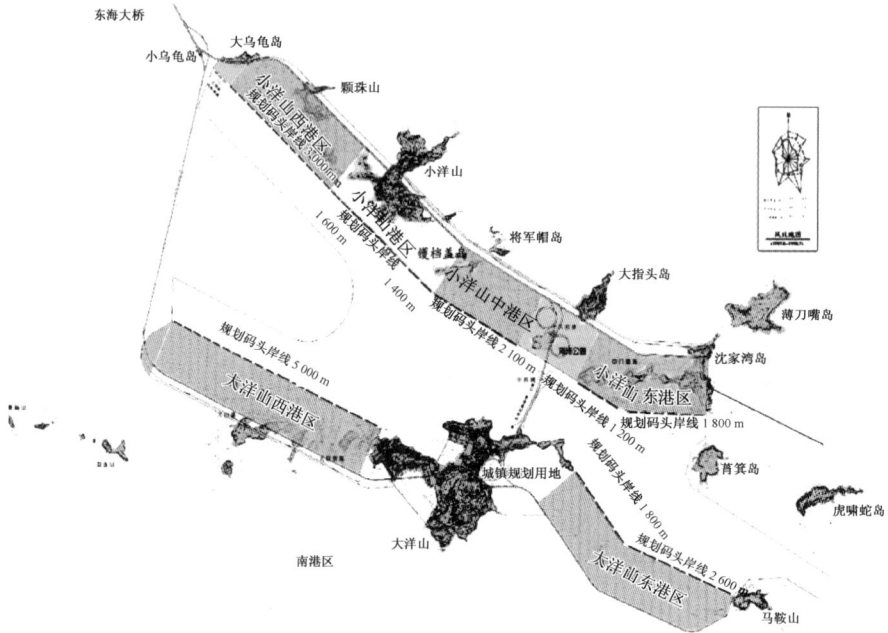

图 4-1　上海洋山港区总体布局规划示意图

图片来源:程泽坤.上海国际航运中心洋山深水港区平面布置方案[J].中国港湾建设,2007(5):34

港区大洋山岛为主(图 4-1)。近期开发的洋山深水港区由三大部分组成:洋山港区、东海大桥、芦潮辅助园,城市依托于上海市。芦潮辅助园为港区提供后方的仓储、物流、加工、配送等增值服务,与洋山港区通过东海大桥相连,同时与临港新城相连。东海大桥是港区与陆域相连的主通道,为港口依托城市的基础设施创造了条件。洋山岛解决了港区的装卸、堆存能力。

2. 平面形态

洋山深水港岸线长约 13 km,陆域纵深 550～1 700 m,集装箱泊位和近洋沿海泊位 30 个,通过能力可达 1 500 万 TEU/a。平面形态采取单通道布局,由西向东呈顺岸式一字排列,包括四个港区:小洋山西港区、小洋山港区(一、二期工程)、小洋山中港区(三期工程)、小洋山东港区(图 4-2),这样的排列方式可以消除主通道的汊道水流的相互影响,避免潮流与岛礁之间作用产生水流紊乱,使得港内水流平顺,航道安全性较高,泊位稳定性较强(各港区建设规模详见表 4-1)。

表 4-1　各港区建设规模

特点	西线港区	中港区	东港区	小洋山港区
功能定位	西段解决近洋沿海和长江支线泊位,东段解决近远洋泊位	远洋集装箱航线作业港区	能源作业港区	远洋集装箱航线作业港区
规划码头岸线长度(km)	3.85	2.6	3.5	3.0
港区面积(hm²)	190	278		238
码头、泊位数量	14 个 3 000～50 000 DWT 近远洋、沿海和长江支线集装箱船泊位	集装箱泊位 77 个	5 个成品油码头,1 个 LNG 接收站码头	9 个远洋集装箱泊位
预测通过能力(万 TEU)	450	450		550

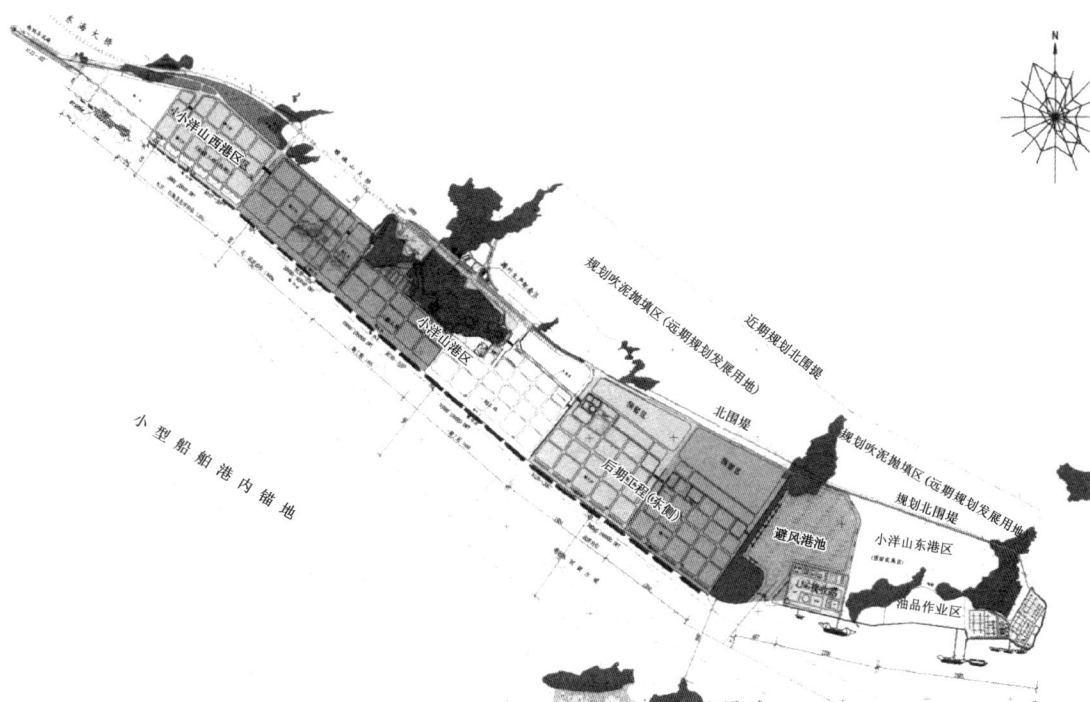

图 4-2 洋山港平面布置图

图片来源:程泽坤.上海国际航运中心洋山深水港区平面布置方案[J].中国港湾建设,2007(5):70

3. 交通组织

港区道路采用高架路与地面道路相结合的方式,这种组织方式可以提高交通运行效率,减少流线交叉,保证道路使用安全性。

各港区之间采取高架路两侧的地面道路方式,为方便进出,各港区进出口门都设置在场区北侧,分别与主干道路相贯通(图 4-3),西北侧的东海大桥与陆域连接至上海,与后方集疏运体系相衔接。港外主干道利用高架道路(图 4-4)与东海大桥相连,采用双向六车道,高架桥上下匝道分别与港区口直接相连。东海大桥由芦潮港起始,横跨杭州湾北部海域,终于小洋山岛,为港区提供陆域集疏运和供水电、通信等要求,全长 31 km,路面宽 31.5 m,分为上、下行双幅桥面,双向 6 车道,符合港区集装箱陆路运输需求。

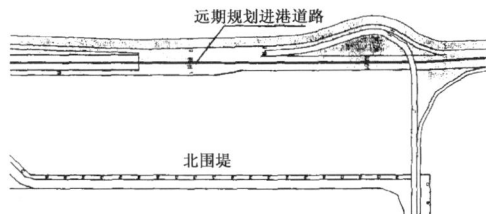

图 4-3 地面道路设计

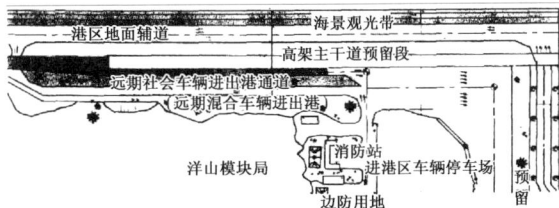

图 4-4 高架道路设计

图片来源:浦伟庆,陈昕.上海国际航运中心洋山深水港一期工程港区进港主干道方案设计[J].上海建设科技,2002(6):19-20

4. 码头设计

为方便操作,码头采用满堂式布局方式。码头前沿地带设计宽度为 82 m,每个泊位可满足 7～8 条作业线同时运行,实现了大型船舶的快速装卸要求。码头堆场内的路网布置为经路 12 条、纬路 5 条(经路是指码头的宽度方向路网,纬路指码头的长度方向),其中分主次干道,主干道为 25 m 宽,次干道 21 m 宽,堆场沿纬路向分布 11 个区,总长 226～255 m。这样的布局方式使交通流线通畅,有效提高堆场使用面积,并扩大了集装箱的容量(图 4-5)。

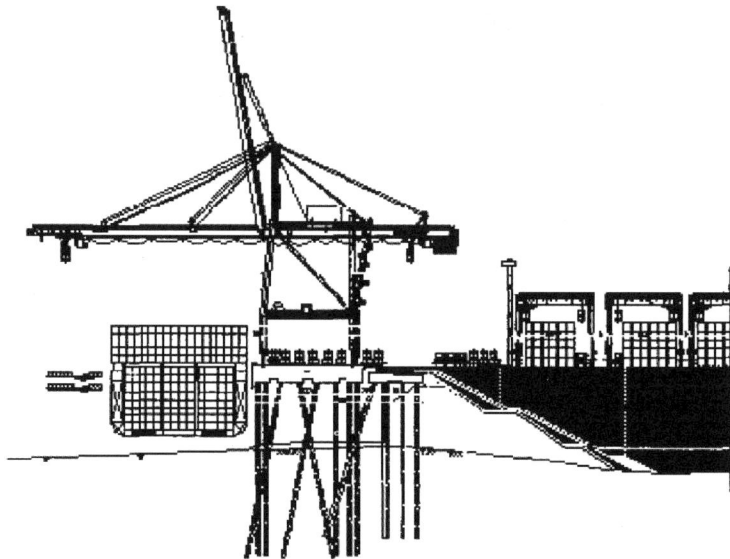

图 4-5 码头剖面示意图

图片来源:浦伟庆.上海国际航运中心洋山深水港区一期工程总平面设计[J].上海建设科技,2003(3):8

5. 生产辅助设施

(1)芦潮港辅助园:作为洋山深水港区的一部分,园内布置了部分的生产辅助设施,包括海关监管,集装箱拆装,部分危险的堆存,集装箱换装、冲洗、修理等功能,为洋山港区服务,节约了港区的运输作业用地,更多地满足了港区的生产,并便于管理,资源共享。

(2)港区内的生产生活辅助建筑:依据小洋山岛屿的地形对其进行合理规划布局,功能分区明确,交通流线清晰,为员工提供便捷的路线。结合丰富又有变化的建筑造型,营造出舒适的生产生活空间。设计中注重环境绿化的设计,将建筑完全融入原有地貌之中,成为小洋山港区的重要景观节点。

4.1.1.3 设计特点

1. 合理的规划设计

近期的小洋山建设和远期的大洋山建设政策的制定,有利于港区的可持续性发展。陆域采取分期建设、独立运营的方式,将一、二期分开经营,使平面布置具有很大的灵活性,可以实现高效安全的港区运营作业,并与后期开发做好了衔接工作。生产辅助设施与芦潮港区统筹规划,实现资源共享,节省投资降低成本的同时,节约了港区的土地资源。

2. 以人为本的生态设计

港区建设最大限度地保护了小洋山原有的生态环境,充分利用了山地地形,使工程建设和环境和谐统一。港区内的高架路穿越小洋山山体,采用了零距离大跨度的隧道技术,保护了山体的同时维持了原有风貌。港区注重绿化与环境设计,在岛屿山体上设计了许多观景平台,既能观赏港区景色,同时又成为景观点之一。生产辅助型建筑依山而建,综合管理与控制中心大楼设置在小洋山上,其他生活辅助区设置在小洋山山坳。小洋山的建设开发充分体现了建筑与环境的高度融合。

3. 安全先进的交通设计

小洋山港区的路网设计原则以主、次交通之间互不干扰,安全、先进为前提。① 在配合总体规划要求、满足近期的港区使用的前提下,做好与远期发展的衔接;② 注重对环境的美化,道路施工最大程度减少对山体的破坏,并与自然环境高度融合;③ 港区码头呈顺岸式布置,根据港区交通组织的需要,对港区的路网采用"主干道＋支线道路"相结合的方式。进港主干道全线采用了高架的形式,接至港区的最东端落地。港区主干道全部布置在地面的北侧并贯穿整个港区,西端与东海大桥相接。支线道路解决港区内部及各区域之间的交通,通过各港区进出口与港区主干道相连接。这样的设计使进港交通与每个港区交通之间互不干扰,避免了主干道之间、主干道与支线道路之间的流线交叉,保证了车辆安全行驶,减少了交通事故的发生率,提高了港口运作效率。

4.1.2 外高桥集装箱港区设计

上海港为成为国际性集装箱码头,从1998年开始分期建设外高桥,至2004年分五期已建成15座大型集装箱专业泊位,并为上海港口集装箱吞吐量作出了很大的贡献。

4.1.2.1 港址选择

外高桥港区处于长江口南港中段,与外高桥保税区相邻,与长兴岛隔江相望,岸滩风浪小,岸线顺直,与市中心相距25 km,与长江入海口相距7 km,是比较理想的港址。为适应发展的需要,港口跳出了黄浦江到长江口,能合理地分布泊位,减少与港区周边空间的冲突,为上海港口向沿海拓展奠定了基础。

外高桥港港址的河床发展稳定,港池无回淤现象,维护性的疏浚量少,具备良好的深水航道,对岸的长兴岛是天然屏障,为港区阻挡了风浪,便于船舶的安全进入和停泊。

外高桥集装箱码头规划与外高桥保税区相连接,确保了港区的本地货源;与黄浦江内河港区、洋山深水港主要港区时间上有序发展,空间上功能互补,避免了港口之间的恶性竞争和资源浪费。

4.1.2.2 规划原则

1. 分期建设

港区规划建设根据城市规划发展分布进行,将15个大型泊位分布在高桥嘴和五号沟地区,分为五期发展,在高桥嘴建设一、二期工程,五号沟建设四、五期工程,在黄浦江内港建码头。

2. 发展定位

在区域范围内,外高桥作为上海国际航运中心的重点港区、长江流域的核心港区,承担着集装箱运输的任务,并与黄浦江港区、洋山深水港功能互补,从空间安排、时间序列上拓展了上海港的发展,同时避免了同性质港口之间的不良竞争。

3. 绿化景观

(1)在港区建设的同时,有效地保护了港区周边的生态环境,减少对海域环境的破坏,使港域的生态系统步入良性循环发展,使港区与环境和谐统一。

（2）充分利用了丰富的陆域资源,在港区内设置了充足的绿化景观,提供给工作人员健康、高品质的工作、生活环境,形成了独特的滨水空间,体现了节能、环保、可持续发展的设计理念。

（3）港区远离市中心设计,对市中心的噪声、粉尘、空气污染较少,港口本身作为城市景观的一部分,丰富了城市的旅游资源,为人们提供了多方位的休憩空间。

4.1.2.3 设计内容

1. 平面布局

港口陆域平面划分明确,条块划分合理,有利于港区堆场的布局和港内的交通组织,保证了港口作业的有序和高效。根据港区生产需要,平面分为8个部分,如下图4-6所示。陆域划分成码头和堆场装卸区、集装箱作业区、生产辅助区、管理服务区,港口作业流程简洁,有效地利用了空间和设备;港区功能设施以集装箱作业区为中心,通过布置作业系统将码头前沿与后方作业连接起来,并为后期发展留有余地（表4-2）。

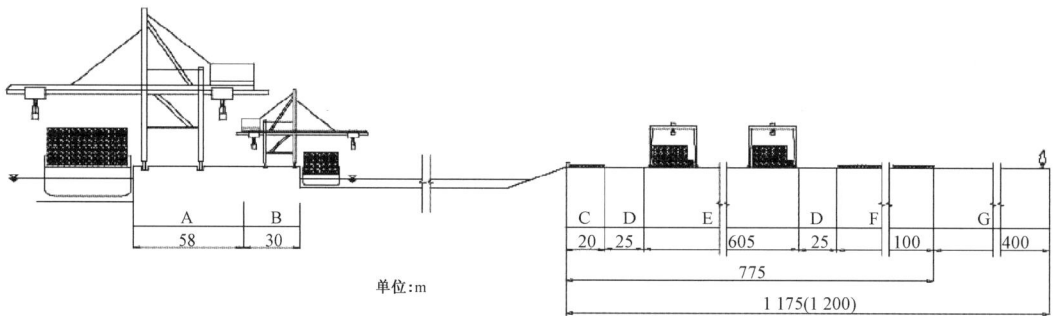

单位:m

图 4-6 港区功能横断面布置

图片来源:宋海良,吴澎,邓筱鹏,等.外高桥现代集装箱港区规划与设计[J].水运工程,2005(5):25

表 4-2 港口功能分区

代号	功　　能	参数说明
A	码头前沿作业用地	停船吨级:载箱量250～7 200 TEU;泊位组岸线900 m,通过能力210万～240万标准箱/年,泊位组(32.2万～35万 TEU/100 m 岸线)
B	内河驳船码头前沿用地	停船吨级:载箱量36～250TEU;泊位组岸线900 m,通过能力10万～12万 TEU/a
C	防洪通道、绿地、岸坡减负用地	多种功能集合,一地三用
D	港内道路	港内主干道宽度15～30 m
E	集装箱堆场	泊位组900 m岸线,15 200平面箱位,通过能力290万～320万 TEU/a
F	绿地、公共地下管网	一地两用
G	辅建区、港口物流园区	—

2. 码头宽度

码头宽度要满足集装箱装卸工艺需要、泊位船型的现状及远期发展需要,确定了码头的宽度从45～58 m,另外第四、五期独创性地在大码头内侧加宽30 m,内线泊位长180～

200 m,码头前沿宽度 30 m。

3. 陆域纵深①

陆域纵深须满足集装箱吞吐量和其他业务的发展需要,如二期港区将功能分为装卸作业区、辅助生产区、生产管理区三部分,其纵深 1 200 m,宽 700～900 m,在满足了基本生产的需求下,为远期发展留有余地,为发展港口物流留出了充足的空间,为港区的发展奠定了良好的基础,是外高桥各个发展阶段平面布置的代表之作(图 4-7)。

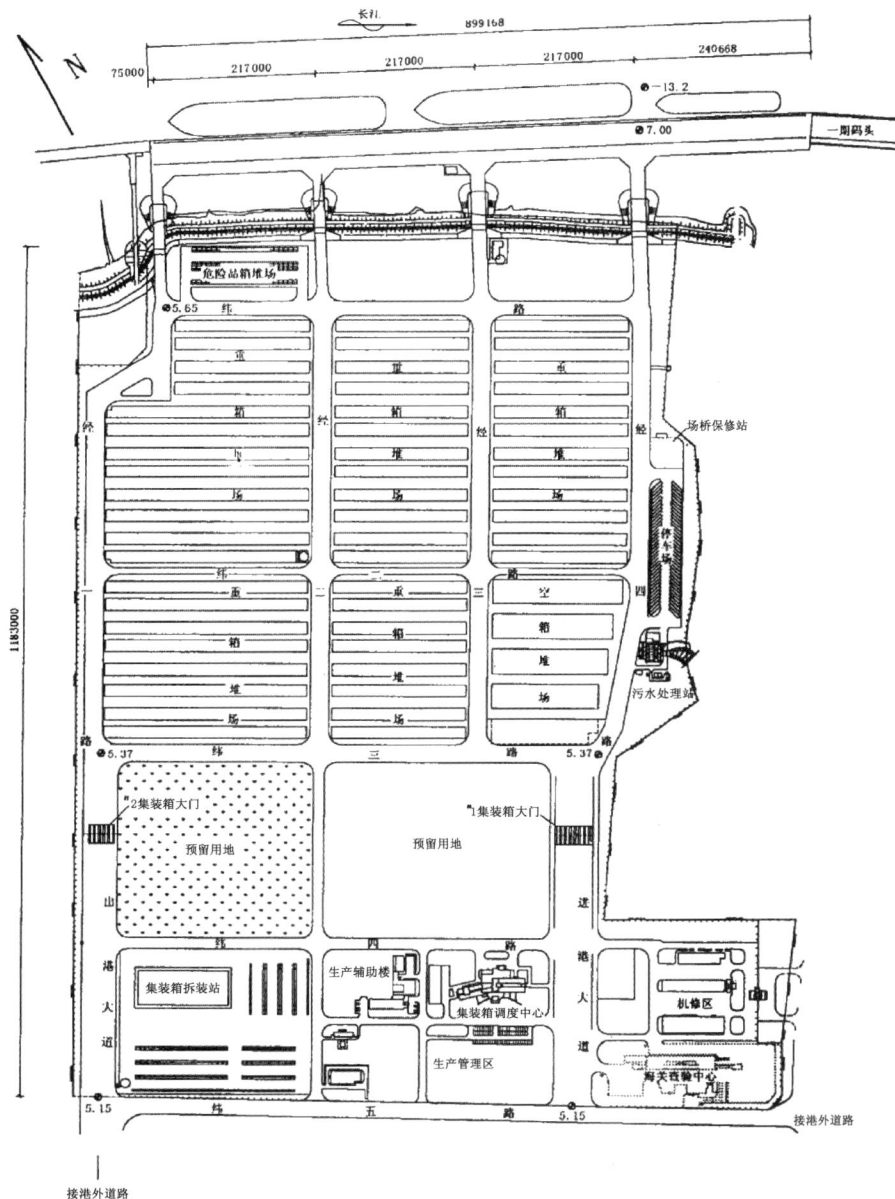

图 4-7 外高桥二期总平面图

图片来源:方爱东.上海港外高桥(高桥嘴)港区二期工程设计概况[J].水运工程,2000(1):27

① 港口陆域纵深通常指码头前沿线(突堤码头自根部起算)至后方港界线的平均宽度。

4. 工艺设计

合理的工艺设计是实现港口生产能力的一项重要前提,可以合理安排船期,提高生产管理水平,如外高桥四、五期采用了计算机动态仿真技术来分析设计方案的合理性。集装箱装卸工艺由三部分组成:装卸船作业、堆场作业、水平运输,外高桥采用岸边集装箱起重机+牵引车挂车+轮胎龙门起重机的系统。

4.1.3 下关老港区改造设计

4.1.3.1 改造的必要性

1. 历史背景

南京下关区位于长江自西南向东的转折处,区内有秦淮河、金川河、护城河,南邻玄武湖,自然山水资源文化积淀深厚,是南京"山水城林"融为一体的集中体现,素有"金陵北大门"之称,是南京建设融古都特色与现代文明于一体的现代化江滨城市的窗口性区域(图4-8,图4-9)。经过千年的历史演变,下关地区经历了从昔日的繁荣到今日的衰落。早在东晋时期,下关因其所在的特殊地理位置,是南京与长江关系最为密切的地区,成为江南地区漕运、贡运、军运中心。第二次鸦片战争以前,下关作为江建要地,也是官商水运和修建船舶之要地。1879年第二次鸦片战争之后,下关正式开埠通商,促进了下关向近代港口城区的转变。1908年沪宁铁路的通车,在改善下关的交通条件的同时,也带来了无限生机,使下关成为名副其实的物资集散和贸易中心。作为南京建设现代化江滨城市的窗口,虽然目前下关综合实力增强,但产业层次低、配套设施建设滞后、人口结构整体失衡等诸多原因使得下关社会经济发展水平落后,用地功能亟待更新(表4-3)。

图4-8 下关区规划范围图

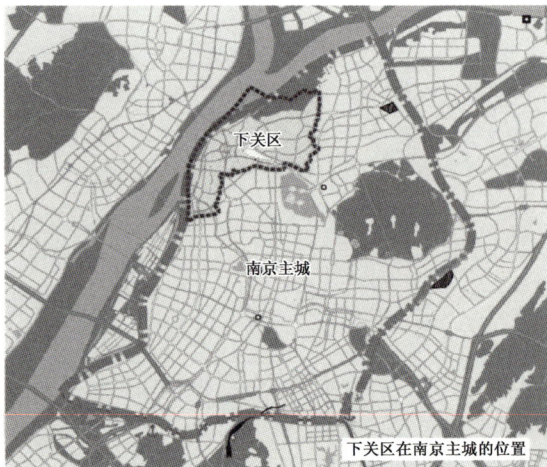

图4-9 下关区在南京主城的位置

图片来源:南京市规划设计研究院有限责任公司.南京市下关区总体规划(2010—2030)[R].南京:南京市规划局,下关区人民政府,2011

表 4-3　下关区各时期发展历程①

时间	功能性质	事　件
东晋	江南地区漕运、贡运、军运中心	
宋元	官商水运和修造船舶之要地	
明代	郑和下西洋船队的始发地	
清代	后向近代港口城区转变	开埠通商
近代	物资集散和贸易中心	沪宁、津浦铁路通车
现代	现代化江滨城市的窗口	传统的发展模式

2. 衰落原因

（1）城市商业中心的转移。城市背江发展,商业中心由下关大马路和秦淮区夫子庙转移向鼓楼、新街口地区,与之相关的公共服务设施、基础设施建设滞后乃至匮乏,居民出行、购物等日常生活十分不方便。

（2）交通枢纽功能的衰落。京沪铁路等对外交通通道的作用因城市中心的转移而从下关消失,从原来给下关区带来的生机和活力,到今天成为制约下关区与以新街口为核心的南京老城之间联系的瓶颈,导致下关的配套设施建设滞后,缺乏必要的大型商业、文化、体育、卫生等设施。

（3）城市用地功能杂乱无章。下关用地现状包括老城区、港区、造船工业区、企事业单位,沿江岸线布局杂乱,区位与资源优势难以发挥。下关区一直是旧房集中、市容较差的地区,尤其曾是南京最繁华区域之一的下关滨江老城区,随着往日交通枢纽功能的逐渐衰退,逐步变为"南京最大的棚户区"。

（4）产业层次低。下关区产业形态比较低端粗放,在迎来新时期的建设阶段,要对低端产业进行更新,加快产业转型升级,采取如下措施:搬迁区内"果盘子""肉案子""菜篮子"等低端产业企业;坚持园区先行,推广创新;建立健全多元化的科技创新投入机制。

（5）人口结构整体失衡。由于历史发展的原因,下关区人口老龄化严重,流动人口较多,如何吸引更多的就业人口和高素质人口,成为下关区发展必须面临的问题之一。

4.1.3.2　规划原则

下关老港区是拥江发展的城市中心,拥有百年商埠的辉煌,改造的规划原则是建成商务商贸、休闲旅游、品质居住为主体功能的南京主城滨江发展核心区,浓缩古都精粹、彰显现代文明的滨江新城。近期规划:滨江活力的初步复兴,初步整合大江风貌旅游资源,基本实现危旧房的全面改造。中期规划:实现中山码头至长江大桥段的滨江活力复兴,大江风貌游览形成品牌,居住环境得到较大提升。远期规划:实现下关滨江地区的活力复兴,基本形成较为完善的大江风貌旅游区和山水城林宜居区,体现滨江特色,提升产业转型,保护生态人文,复兴旧城整体(图 4-10)。

---

①　王宇.南京下关城市空间结构及其相关因素的演变研究[R].中国建筑学会年会,2012:279

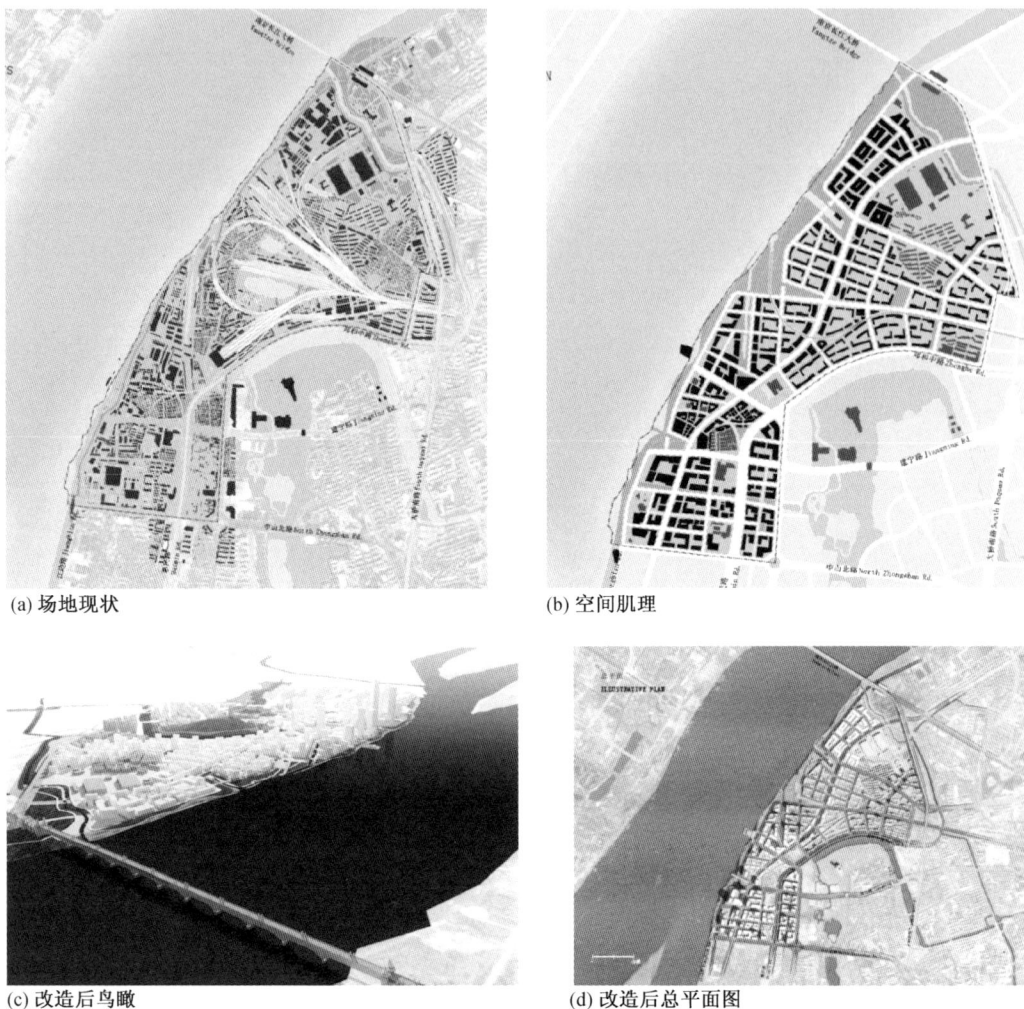

(a) 场地现状

(b) 空间肌理

(c) 改造后鸟瞰

(d) 改造后总平面图

图 4-10 下关滨江城市改造

图片来源:南京下关滨江项目城市设计竞赛

4.1.3.3 功能布局

规划建构"两带四轴五片"的总体空间布局结构。"两带",分别为滨江现代服务产业带、建宁路商贸生活带。"四轴",分别为中山北路、中央北路生活轴,大桥南路、纬一路快速交通轴。"五片",分别为滨江现代服务业集聚区、中央门商务商贸集聚区、幕府山新兴产业集聚区等三个产业片区和三汊河—护城河宜居组团、红山—北固山宜居组团两个居住片区(图4-11)。

1. 公共活动中心

形成地区中心—片区中心—社区中心三级中心体系,其中地区中心2个,片区中心4个(图4-12)。

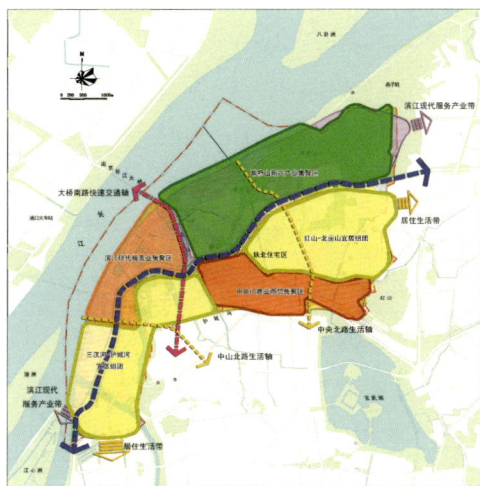

图 4-11　空间布局结构图

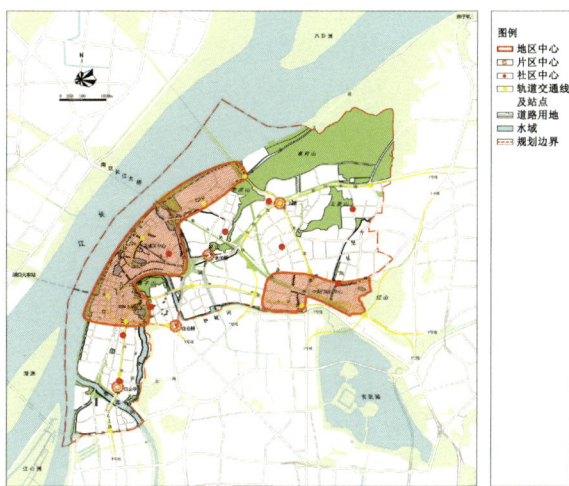

图 4-12　中心体系规划图

图片来源:南京市规划设计研究院有限责任公司.南京市下关区总体规划(2010—2030)[R].南京:南京市规划局,下关区人民政府,2011

2. 地下空间

规划综合形成以单项地下工程为点,以地下轨道交通为线,以各级中心地下公共空间为面,以绿地地下空间为补充,形成点、线、面结合的网络状地下空间结构(图 4-13)。

3. 历史文化保护

历史文化资源的保护包括对山水环境的保护、历史格局的保护以及天光里历史风貌区的保护,还有对文物古迹的保护,包括明城墙沿线地区、天光里历史风貌区等历史文化保护区域、狮子山阅江楼至长江大桥及石头城视线走廊、神策门至小红山以及长江大桥至紫金山视线通廊等景观廊道控制区域。新建建筑高度必须符合历史文化保护和景观视廊保护的要求,现有影响保护要求的建构筑物应当择机进行改造。其他区域为引导性控制区,其中下关地区中心、中央门地区中心以及轨道交通站点周边地区为高层建筑鼓励发展区(图 4-14)。

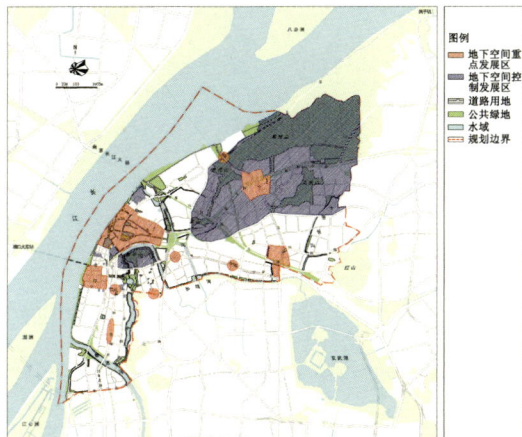

图 4-13　地下空间利用规划图

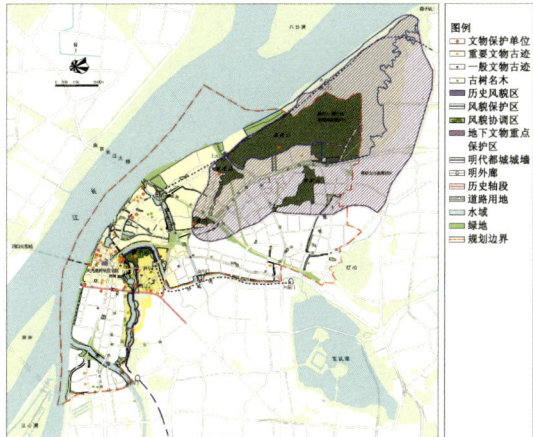

图 4-14　历史文化保护规划图

图片来源:南京市规划设计研究院有限责任公司.南京市下关区总体规划(2010—2030)[R].南京:南京市规划局,下关区人民政府,2011

4. 绿地系统和景观

形成"一片、四带、三廊、十节点"的绿地系统结构,建立以滨江为核心的两片六带六节点的空间景观结构(图 4-15)。

5. 交通规划

搬迁铁路西站,保留京沪铁路作为普速铁路,继续建设沪宁城际铁路南京动车段。在中央北路和京沪铁路之间预留宁通城际铁路通道。加快跨越京沪铁路的南北向通道和铁北地区东西向联系通道的建设,改善下关区的交通出行条件。公路规划,形成"两横两纵"的快速路网。"两横"分别为:城河路—幕府西路、定淮门大街。"两纵"分别为:扬子江大道—惠民路、大桥南路(图 4-16)。

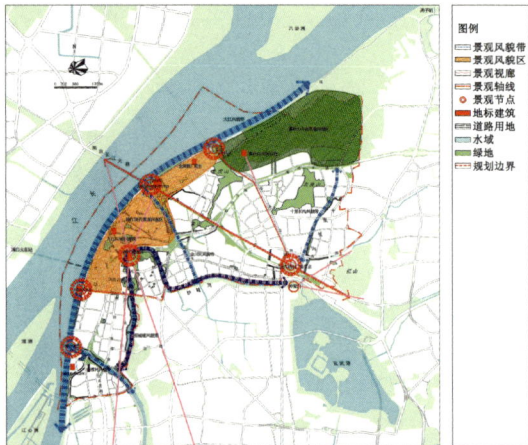

图 4-15　空间景观系统结构图

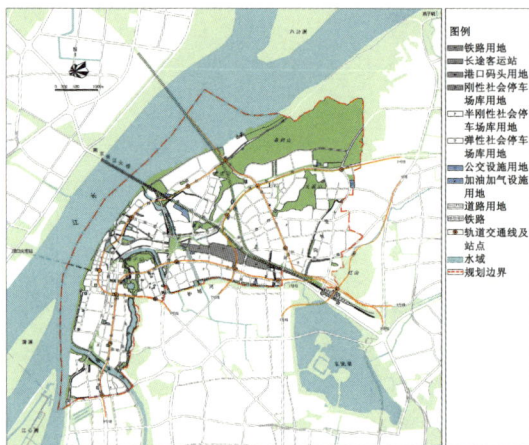

图 4-16　综合交通规划图

图片来源:南京市规划设计研究院有限责任公司.南京市下关区总体规划(2010—2030)[R].南京:南京市规划局,下关区人民政府,2011

4.2　建筑空间模式研究

4.2.1　功能布局

4.2.1.1　港口基本组成

港口基本组成部分包括港口水域和陆域、进港航道和陆上进港道路[①],此处研究的港区建筑空间主要指港口陆域空间范畴(表 4-4)。

表 4-4　港口基本组成部分

港口水域	港外锚地	停泊锚地
		装卸锚地
	港内水域	内港、进口、掉头、停靠
		作业水域(港池)
		港内航道

---

① ［苏］斯米尔诺夫(Смирнов Г Н).港口与港口建筑物[M].吴德镇,译.北京:人民交通出版社,1984:35

港口陆域	生产作业区	码头、前沿堆场、铁路、公路、装卸和运输机械
	辅助生产生活区	货区车间、器具仓库、行政管理办公、生活用房、物流园区等
	站场	港口车站、分区车场、装卸线及配套设施
	预留发展	港口的远期建设
进港航道		为海的一段并以航标标示出，或用浚深方法建成的人工航道
陆上进港道路		各种疏港道路（铁路、公路、管道）

4.2.1.2　总体规划

港口的规划与城市的规划要统筹安排，合理布局，它们之间的发展要相互协调，互不干扰，港口布置不应影响城市环境和交通布局。在水深条件良好的岸线留为港区所用，同时要为城市留出足够的滨水风景区空间。

充分考虑港区近、远期规划，保证建设的有序和可持续发展，在港区总体规划中要有超前设计概念。在分期工程中，每期工程布置要灵活多变。

根据港口的性质和规模，充分合理地分配和利用岸线资源，合理布局各类性质的作业区，避免交叉干扰，利用好港口的集疏运设施。

港口区域建筑空间作为城市空间的一个重要组成部分，在规划设计中就应考虑到港口的经济效益、社会效益，并形成一定的景观空间。

4.2.1.3　空间布局

港口的日常生产活动包括航行、装卸、贮存、疏运等四个生产环节，在港口的空间布局中应从这四个环节入手（图 4-17），协调配合各生产活动，以完成港口的综合生产能力，即吞吐量（图 4-18）。

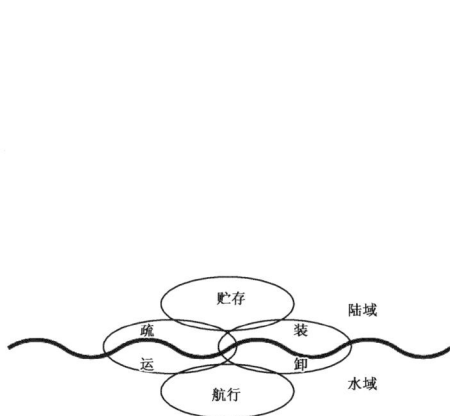

图 4-17　港口四大生产环节关系示意图
图片来源：作者自绘

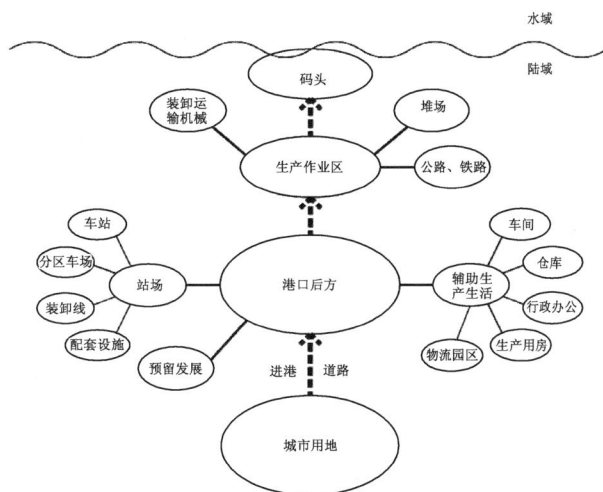

图 4-18　港口生产作业流线图
图片来源：作者自绘

港口空间布局设计要点(图4-19,图4-20):

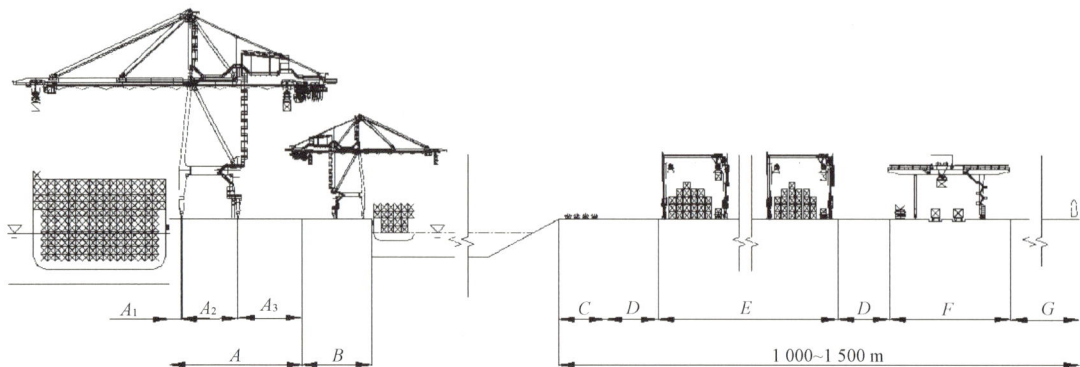

图4-19　现代集装箱港区功能横断面布置模式

(A—码头前沿作业地带,$A_1=3\sim5$ m,$A_2=30\sim35$ m,$A_3=20\sim30$ m;B为需要时布置内河驳船码头前沿地带;C为根据需要设置的缓冲带,可结合绿地、岸坡减负、有防洪要求时的防洪通道等统一规划;D为港内纵向(顺岸向)道路;E为集装箱堆场;F为铁路集装箱装卸区;G为辅建区、港口物流园区)

图片来源:吴澎,王荣明.现代集装箱港区的创新设计[J].水运工程,2009(1):170

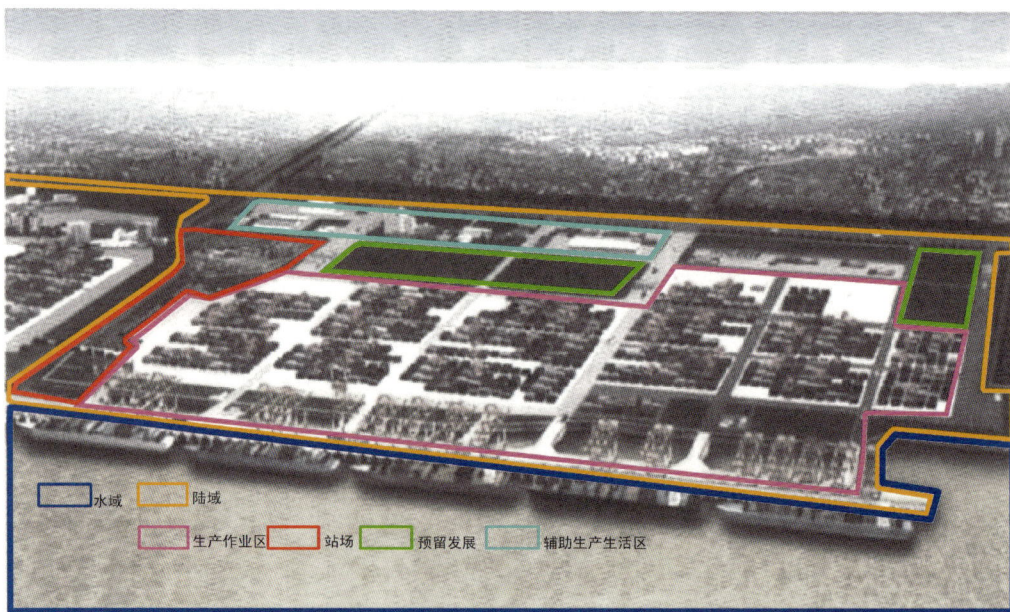

图4-20　外高桥二期、三期港口空间布局

图片来源:作者自绘

1. 港口水域

要有良好的水域条件,进港航道和码头前沿水域应具备足够的水深,以满足船舶的吃水能力;进港航道的布置应方便船舶进出港口、靠离码头;港池的泊稳条件应良好,便于船舶进行装卸作业、安全地完成旅客上下船的任务;水域尺度应能满足船舶航行、回旋、停泊、制动的需要①。

---

① 于汝民.港口规划与建设[M].北京:人民交通出版社,2003:58

2. 港口陆域

港口陆域应结合装卸工艺流程和自然条件合理布置各种运输系统,合理组织港区货流和人流,减少相互干扰。港口陆域的理想空间布局模式按"码头"—"生产作业区"—"港口后方"—"城市用地"的顺序纵深式紧凑排列,具体设计如下:

(1)将装卸、储存和集疏运等不同功能有机地结合并合理布局,保证货物安全转运,以减少装卸环节,降低运行成本;为提高船舶、集车运转效率,各作业系统通过能力要相互适应和协调。

(2)合理利用岸线和地形条件,以节约工程投资和营运管理费用,做到深水深用,浅水浅用;充分利用自然地形,减少对环境的破坏,选取施工方便、施工快的布置方案;投产后便于维护管理,降低管理费用。

3. 生产作业区

港口通常是按专业货种划分生产作业区,按照货物的性质、流向、建港地区的地形、水文、气象等条件,来选择各作业区的适当位置;在进行港址选择的同时,就应考虑专业作业区的布置问题,应布置在陆域前方的生产区。现代综合性港口对不同货种用不同的装卸工艺和专门设备进行装卸作业,可提高装卸效率,加速船、车周转,取得较好的经济效益,同时又能提高装卸质量,方便管理,有利于港口安全生产和环境保护。

(1)根据不同货种及其吞吐量的大小,装卸特点及泊位分工等条件合理划分作业区,便利港口水陆联运和港区内外联系。

(2)根据不同船型所需要的水深和不同货物所需要的陆域场地条件,因地制宜地布置作业区,以减小港池开挖,陆域挖填工程量等建设费用。例如停靠装载石油,散货的大型船舶的码头应设在深水区;而大宗散货,集装箱需要较大的堆场,应布置在陆域平坦、开阔的地区。

(3)作业区的划分及布置以港口生产安全和区域安全为标准,易燃、易爆及其他危险品应单独设置作业区,并应保证一定的距离。

(4)设计中注重港区及城市的环境保护问题,有粉尘、气味和噪声污染的货物装卸作业区不应与其他作业区连在一起,同时应与城市居民区保持一定距离。要考虑风向和水流方向的影响,尽可能将这类作业区布置在下方,城区以外或边缘。

(5)作业区的划分和布置应与城市的交通、工业布局、岸线使用相协调,客运站最好位于交通便利的地带。过境中转货物的作业区则应布置在城区外围,以避免货流穿过市区影响城市交通。

(6)作业区的划分要注意各作业区运量饱和程度和进、出口平衡的可能性,应尽量减少船舶在港内的调动和移泊作业。

(7)在满足上述要求的前提下,应使整个港区布置紧凑、相对集中,节约用地和方便管理。

4. 辅助生产生活区

是为港口辅助生产服务的区域,其主要建筑物如货车车间、仓库等应布置在陆域前方的生产区,其他辅助建筑物如行政办公、生活用房等应布置在陆域后方的辅助区;仓库应与前方泊位相对应,具有危险性和污染性的仓库应布置在年最大风频率的下风侧或最小风频率的上风侧。①

---

① Hehelin. 港口陆域[EB/OL]. (2013-11-07). http://wiki. mbalib. com/wiki/Land_Area_Of_Harbor

5. 上海港外高桥二期空间布局分析(图 4-21)

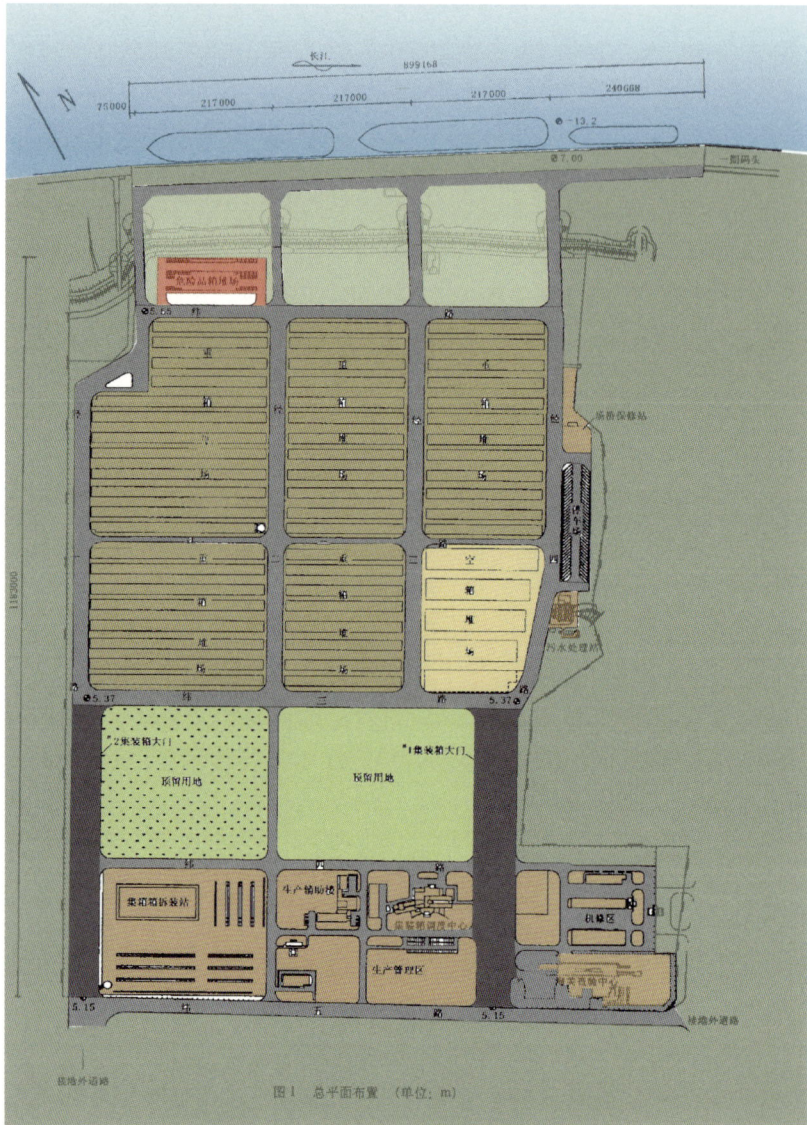

图 4-21 外高桥二期空间布局分析
图片来源:作者自绘

(1) 生产作业区

① 堆场:重箱堆场,设置在生产区的一二三线;空箱堆场,设置在第四线,共 5 个区块;危险品堆场,设在防汛堤与堤后第一条横向干道之间;后方堆场,设在重箱后方,空箱堆场两侧。② 集装箱货运站:设置在后方堆场之后,为方便进出,靠近进出港的大门和进港道路。③ 码头:面宽 50 m,岸线长 899.168 m,与一期码头岸线相连,并以四座引桥与堆场相连,可同时停泊 2 艘第四代和 1 艘第一代集装箱船舶。

(2) 辅助生产生活区:为使功能分区明确,便于管理、海关查验,将港口经营管理、生产调度、辅助生产维修,集中设在集装箱大门外,并可以减少建筑单体数量和占用土地。

4.2.1.4 空间环境

1. 外部空间环境设计

（1）港区空间环境的整体性。港区建筑空间与民用建筑不同,有其机械工艺的特殊性,其建筑空间环境的整体性容易处于割裂的状态,在港口的空间环境特别在生产作业和生活区的环境布局中结构体系更为重要。在港区建筑的外部空间环境设计中,要综合考虑港区环境要素与内在秩序,从建筑群体空间布置、建筑单体形象、道路交通、景观结构等方面入手,突出港区自身空间环境特性,以统一和谐的空间构建等处理手法来强调港区自身风格的整体性,突出港区工业建筑外部空间的可识别性。如镇江高资港区中国二重重大技术装备出海口基地,有组织的轴线将松散的个体建筑和环境艺术形成网络,将个体建筑植根于环境之中,构成完整有机的空间环境,形成一个完整的建筑群(图4-22,图4-23)。

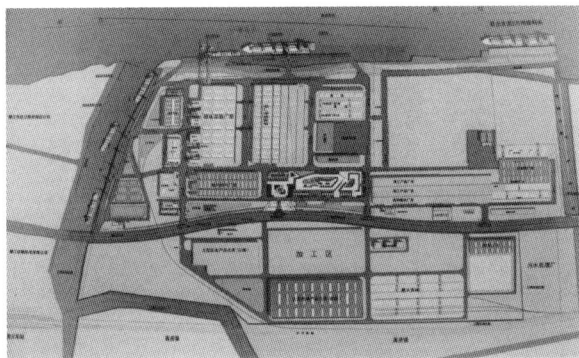

图4-22　中国二重重大技术装备出海口基地总平面图
图片来源:作者自绘

图4-23　办公楼
图片来源:作者自摄

（2）港区建筑外部空间的有序性和港区边界、港前区设计。工作人员从港区外部进入到港区内部,具有一定的规律性,建筑空间组织要考虑到人员的活动规律,做到整体统一;港区边界是与城市街道最为直接的联系,如大门、围墙等,是进入港区后获得的第一印象;港前区是港口空间序列的起始点;港区边界与港前区是港区重要的建筑空间,是与城市景观相协调、呼应的重要因素。

（3）港区绿化景观的整体性。港区绿化景观为避免布局呆板、形式单一,形式设计不仅局限于港区干道两侧及港前区,可以利用港区建筑的墙面与屋面等再生空间,形成层次丰富的立体绿化。港区绿化具有一定的特殊性,要注重景观绿化的整体性、科学性,采用集中与分散、重点与一般相结合,平面立体相交融,点线面相结合的手法,营造出宜人的港区景观,使港区环境与城市生态系统相协调,又自成体系。

（4）港区道路空间。道路作为人们体验与观察环境和建筑的路径,通过道路人们获得对港区环境的一个印象。① 车行道路:要方便可达,与建筑物的布局相互配合,车行道要方便货车到达港区作业区、生产区和其他建筑物,道路规划要与港区规划同时进行。② 步行道路:与城市道路隔离,步行道路和景观、路线相结合,加强道路的亲水性,达到顺畅自然、步移景异的效果。③ 水上道路:水上交通是港口特有的交通组织方式,满足港区的生产需要,也要满足人们亲水性的要求,可以供人们观赏港区水上风光。

2. 内部空间环境设计

（1）不同功能建筑物之间的协调。由于港区建筑的功能用途各不相同,如办公楼等生产辅助型建筑具有民用化建筑性质,而仓库、厂房、车间等生产性建筑具有工业化性质,建筑物内部环境如何协调统一,就需要利用一定的环境艺术语言,通过一些中介空间,如绿篱、庭院、小品等,协调不同功能性质的建筑空间,减弱视觉上的冲击和碰撞,增强单体建筑之间的整体性。

(2)自然环境的渗透。港区生产性的建筑内部空间与自然环境的相互交流与渗透,可以减弱单调的生产空间给工作人员带来的心理上的沉闷、压抑和疲劳,为人们创造接近自然的机会,利用如植物、阳光、新鲜空气等元素来调节情绪,让工作人员振奋精神,保证生产的质量和效率,减少生产事故的发生。设计手法如设置观景窗、室内庭院、绿化等来改善室内环境,也可以借鉴我国园林的某些设计手法。

(3)室内空间品质的提升。室内空间品质的提升,丰富了室内环境表现力的同时也获得与大自然异曲同工的景观。如室内色彩设计,采用柔和型的浅色基调,形成明亮宁静、协调统一的空间效果,也可以利用色彩的明度调整室内照度的不足。

(4)注重生活化的建筑空间设计。在生产环境中生产、管理功能以外,加入一些生活化的空间设计与功能场所如休息厅、活动室等共享空间等,可以促进工作人员之间的交流,创造出以人为本和具有生活气息的建筑空间,减少工作产生的疲劳与烦躁,将工业建筑以设备为主变成以人为主体的空间。

4.2.2 交通组织

港区的交通组织分为港外交通和港内交通两部分。其中港内交通组织负责库场内的运输和连接作业区和港区的主要出入口,港外交通组织是连接港区和城市对外道路系统。

4.2.2.1 港外交通组织

港口的贸易运输可以看做多式联运的过程,其运输环节:海上运输—港口装卸—内地运输,其中港外道路即港区的集疏运体系是其中最重要的环节,也是此处研究的港区与外界之间主要的交通组织形式。港口集疏运体系可以定义为专门为港口吞吐货物与旅客服务的陆路交通运输系统,是与港口相互衔接,主要为集中与疏散港口吞吐货物服务的交通运输系统,由铁路、公路、城市道路相应的交接站场组成。[①] 集疏运体系是港口赖以生存和发展的重要硬件基础,与港口服务业一起成为航运中心建设的重要支柱。[②]

港口货物流动的三种方式(图4-24):一种是水水中转,即货物从水上进入港区,再从港区由水上离开;另两种为水路中转,其一是货物从水上进入港区,再由港区到达陆地离开,其二是货物从陆上进入港区,再由港区到达水上离开。

1. 陆上运输系统

同水上运输一样起到非常重要的作用。其运输的能力,直接关系到港口码头所发挥的作为综合运输系统关键节点的作用,从而影响到整个港区运输系统的发挥。陆上运输系统包括铁路、公路、管道运输等。

(1)公路运输:一般指公路运输,相比铁路、水路的运输,具有机动灵活适应性强的特点,可以实现"点到点"的直达运输,在中短途运输中速度快、效率高,原始投资少、资金周转快,但其安全性低、对环境污染大,运行持续性较差,平均运距短。

---

① 港口集疏运系统[EB/OL]. (2013-12-15). http://baike.baidu.com/view/1372929.htm
② 俞晓晶.国际航运中心的集疏运体系[J].水运管理,2009,31(7):11-14

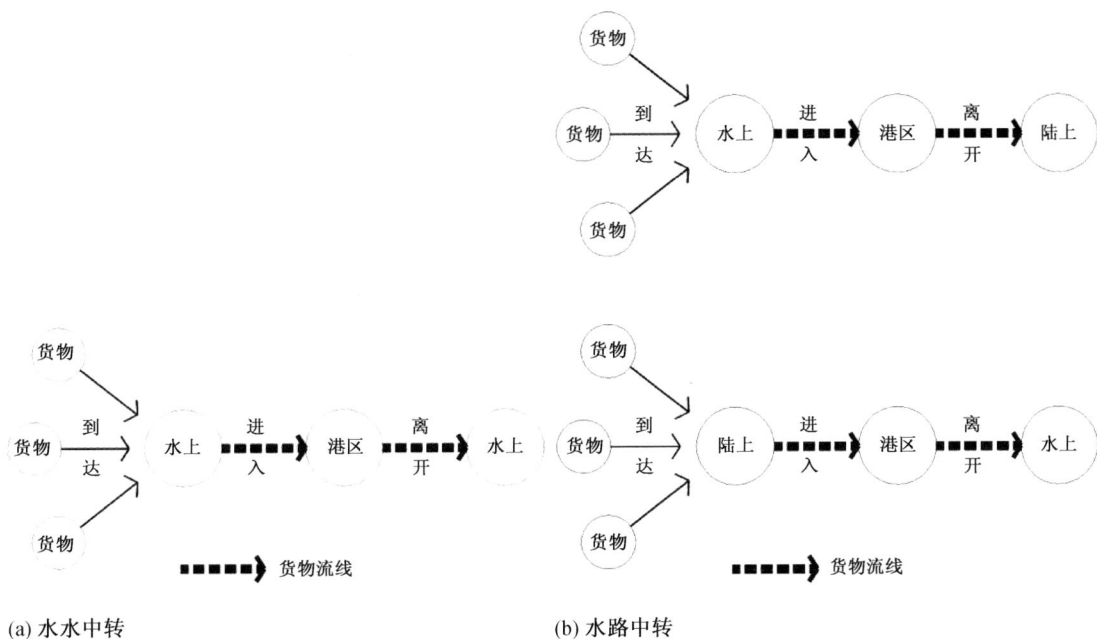

(a) 水水中转   (b) 水路中转

图 4-24 港口货物流动的方式

图片来源:作者自绘

公路运输承载了港区多于 90% 的陆上集疏运量,所以公路的顺畅和通过能力对港区货物的运输起到重要的作用。在疏港道路设计中,为避免与铁路、港内道路的交叉混行,一般采用封闭的快速疏港路,并减少路口交叉,避免与铁路平角。可以采用高架立交的方式,使港区主要道路与次要道路完全分隔开来,提高通行效率,便于组织交通,安全性也比较高。

如上海洋山北港区的公路运输系统设计:洋山北港区码头呈顺岸式布局,在公路网规划中采用了"主线与支线"相结合、高架路地面相配合的方式。主干道采用高架立交的方式,进港车辆由东海大桥通过桥港连接至港区最东端落地,进港车辆在每个分港区均有下匝道落地并进入分港区,出港车辆由港间的附近的上匝道进入高架主干道,港内车辆由地面辅道通行(图 4-25)。

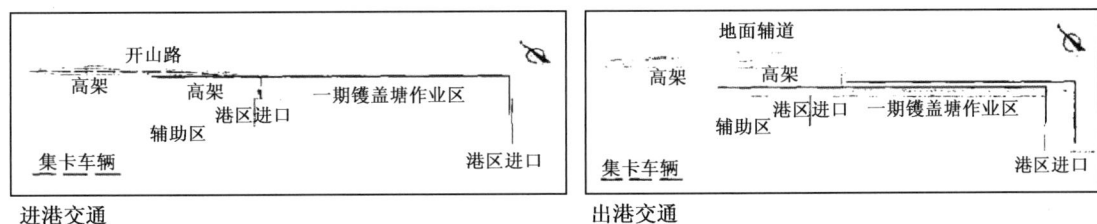

进港交通   出港交通

图 4-25 地面集装箱卡车进出港示意图

图片来源:浦伟庆,陈昕.上海国际航运中心洋山深水港一期工程港区进港主干道方案设计[J].上海建设科技,2002(6):20

(2)铁路运输:是港口货物运输的主要手段之一,由港外线、港内线组成,具有运载能力大,货物运输范围广,车速较公路、水路快,受自然条件影响小,可实现多式联运,缺点是路线固定,原始投资大、建设周期长,运输中货物损耗高,无法实现"点对点"运输(表 4-5)。

表 4-5　港口铁路的组成

港口铁路		作用
港外线	专用线	—
	港湾站	办理列车的到发、编解、选编车组及向车辆或装卸地点取送车辆
港内线	车场	承担码头装卸线类车的到发、编组和联送作业
	联络线	—
	装卸线	—

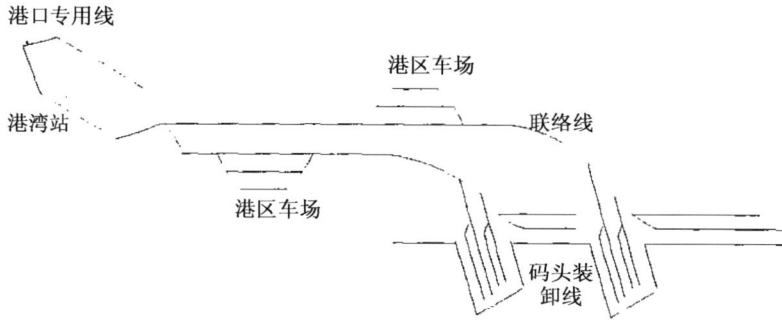

图 4-26　港口铁路的组成

图片来源:黄芳. 港口物流系统集疏运环节协调优化分析[D]. 成都:西南交通大学,2003:14

铁路是港口陆域之动脉,是港口重要的集疏运设施,铁路的布局制约着港口陆域生产与辅助建筑物的布局,其布局是否合理影响到港口交通运输,也对港口装卸能力、车船周转起到关键的作用(图 4-26)。

① 规模:由铁路运量占的比重和铁路作业方式决定;

② 布置方式:受港区场地条件和港口位置与路网的相对位置制约,可分为纵列式、横列式、混合式三种。

纵列式:港口站、分区车场、装卸线按顺序排列。优点:作业能力大,各分区车场调车作业相互不干扰,取送车辆作业按顺序进行,无折返;缺点:占用陆域的纵深较长(图4-27)。

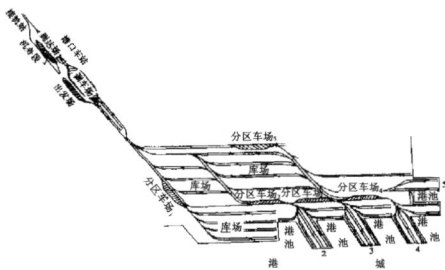

图 4-27　纵列式港口铁路布置图

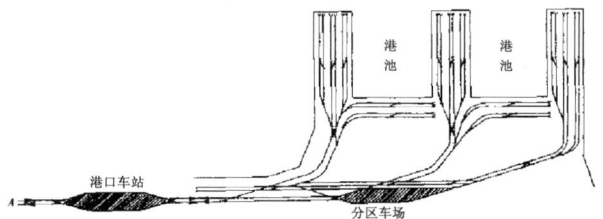

图 4-28　混合式港口铁路布置图

图片来源:于汝民. 港口规划与建设[M]. 北京:人民交通出版社,2003:72

横列式:港口站、分区车场、装卸线并列。优点:布置紧凑,场地短;缺点:取送车辆作业有折返,港区各部分交叉,相互干扰多。

混合式:前两种排列方式混合布置,优缺点介于两者之间(图 4-28)。

(3)管道运输:国际货物输运方式之一,利用地下管道将原油、天然气、成品油、煤矿浆、粮食、化学品等介质运送到目的地,其运量大、不受气候及地面条件限制,可以连续运作,经济安全、投资小、成本低。

2. 水路运输

以船舶为主要运输工具,以港口或港站为运输基地,以水域包括海洋、河流和湖泊为运输活动范围的一种运输方式[①]。特点:承载能力大,运输成本低,投资少;受自然条件的影响大,限制大,要与铁路、公路、管道运输相配合,实行联运;开发利用涉及面广。

3. 航空运输

具有快速、安全、高效、准时的特点,相对于其他运输方式成本较高。

4. 长江下游港区集疏运体系发展现状

我国集疏运体系尚未形成铁路、公路、水路运输的协调体系格局,在公路、铁路、水路三种集疏运方式中,公路占80%以上,水路约占10%,铁路仅占2%～3%[②]。

(1) 江苏港口集疏运体系现状:公路、水运运输较为发达,铁路专线较少。

铁路:京沪、陇海、宁铜三条铁路干线,密度0.73公里/百平方公里。公路:居全国前列,密度96.5公里/百平方公里。水运:航道里程23 939 km(不含长江干流418多千米),居全国首位,码头泊位近万个,其中万吨级泊位128个。

(2) 上海集疏运系统以公路为主,水路次之,铁路为辅。公路:沪宁、沪杭、沪嘉高速,204、312、318、320国道,并与全国公路网相连接。水路:以长江干线为主。铁路:沪宁、沪杭、京沪高铁。各港区疏港公路,通过外环线、郊区环线,与通往江浙的高速公路和干线公路衔接。

4.2.2.2　港内交通组织

港内交通包括港区内部道路、社会道路、步行道路等,这些道路系统构成了港区的骨架,是另一种集疏运方式。快速、便捷、合理的港区道路设计,既保证了港区各部分有机联系,相互间不干扰,又保证了各建筑物的交通可达性。

1. 港区内部道路

港区内部道路由通行线、装卸线、停车场组成,是供汽车、装卸、各种运输机械作业并通行的设施。港口不仅要满足生产作业要求,也要满足居住、工作、生活的需求。港区道路与社会道路不可避免会产生混行,为避免这种交叉,可以构建立体道路交通体系,将社会交通与货运交通隔离开来,确保道路使用的安全与便捷(表4-6)。

表4-6　港区内部道路

港区内部道路		道路名称	作用
通行线	主要道路	进出港道路	与港外联系,并与港内各作业区和生产作业部分联系
		作业道路	作业区内部道路,联络港内各设施
	次要道路	港口辅助设施与主要道路相连接	
		消防通道	
装卸线		设置在码头前方、库后及货场外,以供汽车停放,进行装卸作业	
停车场		供汽车停放,保证装卸作业的连续性	

---

① 从远处走来. 水路运输[EB/OL]. (2013-07-12). http://baike. baidu. com/view/136970. htm
② 石良清,凤翔鸣,张亚明. 我国集装箱干线港集疏运系统分析[J]. 集装箱化,2005(S1):5

港内道路的布置取决于堆场的布置方式①,主要道路的宽度一般设为 25 m,双向 6 车道,可以满足装卸作业系统的通过需求。设计原则:由行车密度、线路等级、港口实际进行设计;道路通过的重型车辆较多,可适当提高主要道路设计技术标准;港区道路应与港区总平面相配合,最好与港区铁路正交,以方便车辆的通行;作业区内道路,宜平行或垂直于码头岸线,并根据泊位、库场等相应布置主要道路。

实例分析:上海外高桥二期、三期港内道路设计

进出港道路:东面进港大门为 8 车道,西面出港大门为 6 车道;

作业道路:4 条 25 m 宽纵向干道,分别为经一路、经二路、经三路、经四路;2 条 25 m 宽横向主干道,分别为纬一路与纬三路,设置于港区集装箱出入口附近,并与纵向干道构成环形道路系统;1 条 9 m 宽横向道路纬二路,作为重箱、空箱堆场和后方重箱堆场之间的疏散道路;4 m 宽的集卡通道,位于每两条轮胎式龙门起重机作业线之间;拆装箱作业地带设15 m 货卡车车道,确保货卡车的畅通无阻。进入港区的车辆驶进方向按逆时针方向,港区内的车辆按顺时针方向行驶(图 4-29)。

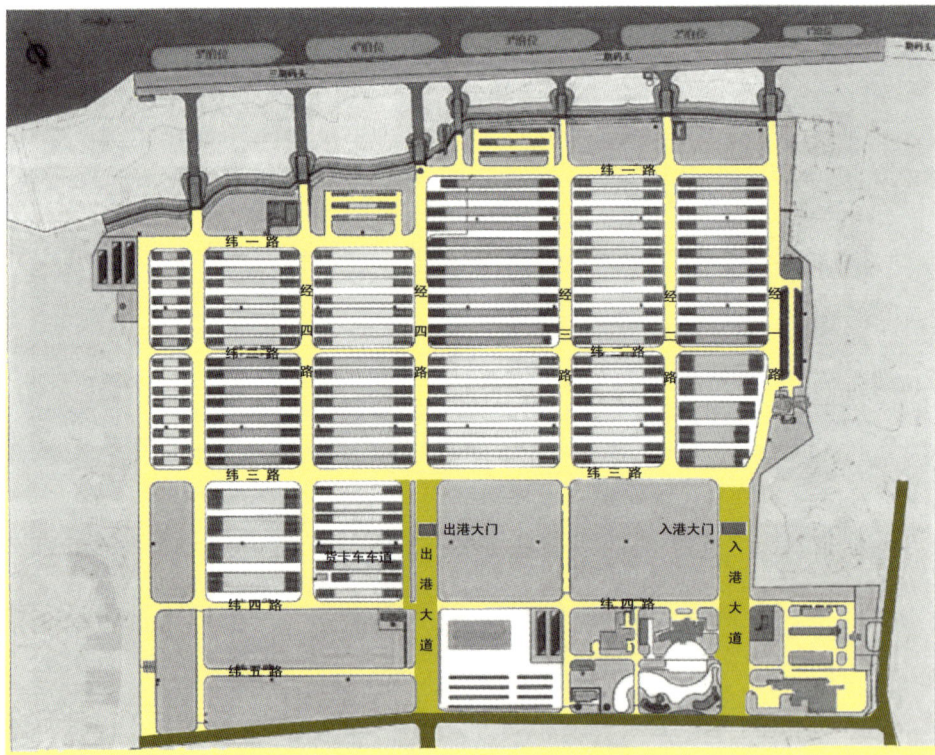

图 4-29 上海外高桥二期、三期港内道路设计
图片来源:作者自绘

2. 社会道路

社会道路是为在港口区域内居住、生活和过境的人服务的道路,为远离港区运输、生产的干扰,需要快速进出港口区域,出行方式多以快速公交、轨道、私家车为主。公交与轨道交

---

① 堆场的布置方式分为平行于码头岸线和垂直于码头岸线两种方式。

通客运容量大,对环境污染小,缺点是港区人流相对较少,很难达到轨道交通设置所需要的人口值,快速公交专线会占用社会通道,设计也是重点。社会道路的设计要点:人流、货流分离;公交车、轨道交通停靠地点在合理服务半径范围。

3. 步行道路

步行道路系统是为了满足居住、工作在港区的人们休闲和游憩的需要而设置的,是人们亲近水面、观赏港区景色的最佳地点,其设计要具有可达性和连续性。"可达性"即步行道路系统能给人们提供优质、高效、便捷的道路,从港区某一景观区方便地到达另一区;"连续性"是人们在步行时对港区整体环境感知的基础。凯文·林奇曾说:"可识别的道路,应具有连续性",要从人们的心理和生理的需求进行设计,配置相应的休息设施,如休息座椅等,使步行道路系统具有安全性、可达性、连续性、舒适性,将港口与城市、人与自然紧密联系,为港区道路系统增色,也成为港区景观之一。

4.2.3 景观结构

港口景观设计对港口区域发展和城市滨水沿岸景观有很大影响。长江下游城市港口区域景观结构具有一定的特殊性,其景观规划应在遵循自然法则的原则下,在体现港区工业生产性质的基础上,实现旅游开发与生态保护的有机结合,形成长江独具特色的滨江旅游景观。

4.2.3.1 景观的设计原则

1. 因地制宜,充分利用原有地形、地貌

将建筑融于环境设计之中,以借景为主,以建景为辅,将港区建筑物与环境之间形成良好的空间秩序,建设一个适合于基地存在与发展的环境系统,将陆地、护岸到水边部分按区域整体化处理,提高区域空间上的连续性,使参观者获得充分的景观空间视觉效果。

实例分析:上海黄浦江滨江景观改造(图4-30～图4-32)

上海黄浦江滨江地区定位于"21世纪国际都市核心景观带",在景观设计中,充分考虑了原有的地形、地貌的特点,在滨江沿岸,创造出立体交通体系、多元生态系统、互动功能空间和连贯界面,形成了别具一格的外滩滨江生态通廊[①]。

图 4-30 黄浦江滨江路 　　　图 4-31 从黄浦江滨江路看对岸

图片来源:作者自摄

① 应臻.新形势下城市核心地区的空间塑造——上海外滩金融集聚带的滨江空间规划[J].城市建筑,2011(2):78

图 4-32　上海外滩滨江生态走廊

图片来源:应臻.新形势下城市核心地区的空间塑造——上海外滩金融集聚带的滨江空间规划[J].城市建筑,2011(2):79

2.以可持续发展为目标

长江沿岸蕴含丰富的自然环境,具有自己的生物群落。港区环境设计要以环保型的港口景观设计为基准,以可持续发展为目标,对自然资源加以保护和利用,实现港区自然资源的可持续利用,形成生态系统的良性循环,实现人与自然的和谐共生。

实例分析:上海外高桥现代集装箱港区环境设计

上海外高桥现代集装箱港区规划与设计以"自然、人与港口"为设计主旨。为建成环保型、生态型的港口,港区景观设计体现了人与自然和谐的理念,在扩大港口规模、提高建设速度的同时,保护了港区周边的海域环境、生态环境,避免了工程建设与环境的冲突,使二者相互协调共生,很好地体现了建设宗旨,形成了对自然资源的有效利用,达到生态系统良性循环,体现了人与自然的高度和谐[①]。

3.适用性、安全性、合理性的角度

沿江景观设计要从使用者角度出发,将亲水设施设置在水位浅、流速小的江边,既满足了使用者亲水活动的要求,又考虑使用者的安全性(图 4-33)。

4.体现当地人文历史特色

港区是展示城市形象的一张名片,其景观设计要注重及体现城市独特的历史文化特征、人文理念,成为城市对外交流的良好平台和窗口,提升城市在世界上的影响力、知名度。每个港区都承载着所在城市特殊的文化内涵与特色,要开发出与本港区、传统景观相协调的景观设计,在亲水设计中体现其形象。

实例分析:江阴滨江港口公园一期设计(图 4-34)

---

① 宋海良,吴澎,邓筱鹏,等.外高桥现代集装箱港区规划与设计[J].水运工程,2005(5):29

图 4-33　江阴鹅鼻嘴公园沿江景观

图片来源：于蕾.江阴市鹅鼻嘴公园[EB/OL].(2007-01-25).http://js.news.cn/jiangyin/2007-01/25/content_9139034.htm

(a) 一期建成效果图

(b) 总平面图

(c) 建筑天际线

图 4-34　江阴滨江港口公园

图片来源：2010 年江阴滨江城市设计

　　江阴滨江港口公园一期位于古鲥鱼港原址，其中的船厂公园又名"记忆公园"，是对扬子江船厂内具有一定价值的、体现船舶业文化的工业遗址进行选择性的保留、修复并改造而成，与东面的鹅鼻嘴公园连为一体，既有集博览、休闲娱乐为一体的现代化活动空间，又有对长江船舶工业历史的原址展示，向人们还原了长江造船业曾经的辉煌，唤起人们对船坞历史的美好回忆。

4.2.3.2 景观要素的规划与设计

现代地理学将景观看做区域概念,在区域边界内,景观表现出一定程度的一致性以及与区域外的差异性,也可以看做区域动态变化的过程与结果①。港口区域在城市中拥有优越的自然条件和资源,具有生产性功能的性质,与城市的生活性功能有所区别,所以港区景观的规划与设计既要突出港区整体形象和性质特点,又要塑造出优美的港区环境。下文对最能体现港口区域整体景观形象的几点要素进行阐述。

1. 沿江岸线与港口天际线

沿江岸线与天际线的规划与设计关系到港口区域整体景观的成败。在游客游览观赏港区景观的时候,首先感受到的是生动、富有韵律的城市天际线,而沿江岸线是塑造港口天际线的基础,岸线设计的优劣直接影响到滨水空间景观序列和视线走廊的组织,②影响到港区建筑群体的布局,影响到城市的整体风貌。沿江岸线与天际线是城市整体景观重要的组成部分,并成为城市的标志景观之一。

(1)沿江岸线

沿江岸线原是自然形成,港区原有的地形地貌与江面构成千变万化的界面关系。在设计中要注重自然岸线与人工港区彼此的衔接与过渡,根据不同城市港区的自然条件,尽量结合自然地形和地势,利用天然港湾兴建港口和生活岸线,充分考虑城市天际线与景观需要,创造出能凸显城市个性特色的沿江岸线,强化岸线的标志性与可识别性。沿江岸线通常可分为平直形岸线、凸形岸线和凹形岸线三类。

① 平直形岸线是自然状态条件下相对平直的水岸线,因岸线变化较为舒缓,为避免景观的僵硬与平淡,从设计手法上要处理好各景观要素在空间上的高低起伏和景深的层次变化,使岸线景观丰富多彩(图4-35,图4-36)。

图4-35 青岛平直形岸线　　　　图4-36 上海外滩平直形岸线

图片来源:作者自摄

② 凸形岸线环水面较大,是人们亲水的最佳点,也是景观视觉的焦点,能获得多方位的景观视角,适合设置标志性的建筑物,形成前景天际线,是岸线景观组织的关键点。著名的例子如悉尼歌剧院和纽约自由女神像,无论从哪个角度去欣赏,都能获得不同的视觉效果(图4-37~图4-40)。

---

① 许浩. 城市景观规划设计理论与技法[M].北京:中国建筑工业出版社,2006:8
② 陈晓宁.滨海港口区域景观规划与设计[D].北京:北京林业大学,2007:62

图 4-37 上海外滩凸形岸线上的建筑

图片来源:作者自摄

图 4-38 江阴滨江凸形岸线上的建筑

图片来源:于蕾. 江阴市鹅鼻嘴公园[EB/OL]. (2007-01-25).
http://js. news. cn/jiangyin/2007-01/25/content_9139034. htm

图 4-39 悉尼歌剧院

图片来源:南国黄豆. 悉尼歌剧院[EB/OL]. (2011-
06-11). http://www. nipic. com/show/1/73/4694525kaf
131419. html

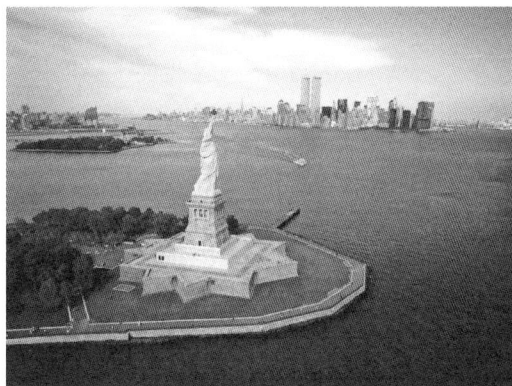

图 4-40 自由女神像

图片来源:纽约地标:自由女神像[EB/OL]. (2012-
07-24). http://travel. china. com/zh_cn/overseatour/
11120887/20120724/17335398_1. html

③ 凹形岸线的陆地对水体呈现合抱之势,在沿江形成泊稳条件好的港湾,是新建码头等构筑物的首选之地。各景观要素在沿岸展开后形成内向的空间环境,也作为城市滨江区域内中景或背景天际线(图 4-41,图 4-42)。

图 4-41 江阴滨江凹形岸线

图片来源:于蕾. 江阴市鹅鼻嘴公园[EB/OL]. (2007-
01-25). http://js. news. cn/jiangyin/2007-01/25/content_
9139034. htm

图 4-42 镇江滨江凹形岸线

图片来源:镇江水利工程[EB/OL]. (2010-11-15).
http://news. 66wz. com/system/2010/11/15/102201670.
shtml

（2）港口天际线

港口天际线包括前景天际线及背景天际线。

① 前景天际线由港口机械设备、码头前沿岸桥、建筑物、跨海桥、集装箱等构成。在设计中要注意对历史天际线的保护、新老建筑物形式之间的协调搭配、建筑物屋顶的变化、各景观要素色彩的搭配及夜景灯光的设计。在人们进行中距离观赏时，前景天际线占据主导地位（图4-43）。

② 背景天际线是由城市和山体的天际线构成，适合于远距离地观赏。设计中要注重与自然的协调和前景和背景之间的关系。背景天际线位置高、起伏较大，前景天际线位置低、平缓。一般以层层积聚上升的动态形象为主，配合背景天际线的走势，形成和谐自然的景观效果。为避免天际线的单调、呆板，可用适当的竖向元素来打破港区景观形成的横向线条，以增加整个天际线的节奏和韵律（图4-44）。

| 图4-43 江阴苏南国际集装箱码头前景天际线 | 图4-44 上海黄浦江背景天际线 |

图片来源：作者自摄

2. 港区道路交通

港区道路交通承载着货运交通和人员流动的功能，其景观设计可以从疏港交通、步行路两方面入手。道路交通的景观观赏方式为动态的、随时变化的，这要求道路交通路线具有一定的连续性、协调性，既保证行车安全，又令人愉悦舒适，将沿途景观、道路系统、人工环境融为一体，达到适用性、安全性、整体性、一致性。

（1）疏港道路交通景观

疏港道路交通连接城市与港区，使二者保持连通关系，其景观设置在道路交通设计中起到非常重要的作用，要配置适当的建筑物、植物等，使人们在进入港区获得极佳的第一印象。

① 公路、铁路与周边区域的缓冲区域利用低矮的树木和绿化来完成，防止高大的树木对视线的遮挡，在较为平直的路段，可以经常变换树种，以免车辆驾驶者产生视觉疲劳（图4-45）。

② 高架公路、铁路会阻碍人们的观赏视线，破坏景观的连续性，可以将这些交通方式设置到半地下、地下来解决。

③ 与港区平行的道路，是观赏港区景观的可感知点，要用绿化来补充其景观设计。

图 4-45　去往张家港港区的道路绿化　　图 4-46　上海外滩步行道上的铜牛雕塑

图片来源:作者自摄

（2）步行路景观

步行是一种走动的方式,为进入公共环境提供了简便易行的方法。所有步行交通的共同特点从生理和心理的角度决定了对物质环境的一系列要求[①]。

① 在步行路线设计上考虑到与景观路线的结合,沿途增加景观的趣味性,使人们获得充分的视觉空间,达到顺畅自然、步移景异的效果,在让人领略港区的自然风光和人工景观的同时,减少步行者的疲惫感(图 4-46)。

② 在步行的空间秩序上,考虑到港区与城区之间存在的高差。一般港区的地势比城区地势低,在进入港区后,景观在港区与城市的过渡中不断变化。可以利用缓坡、台阶、绿化等景观设施的有机结合,保证空间的联系性,形成良好的步行空间秩序。

③ 在设计目标上,考虑到滨水步行路是满足人亲近自然、近距离接触水面、观赏港区景观的最佳场所,在提供给人们休闲、游憩的同时,自身也是港区的景观元素之一。设计要点要有景观可达性、空间连续性、行走趣味性,还要以人为本,满足步行者的生理、心理需求。

3. 绿化

绿化是港区重要的景观要素之一,对改善港区环境质量有直接的影响。

（1）根据不同功能,港区绿地可按下列几种类型进行设计(表 4-7)[②]。

表 4-7　港区绿地按使用功能的分类

类型	特点	设计原则
公共绿地	向公众开放,经专业设计,满足人们的休闲娱乐活动	安全性、舒适性、保健性,开阔的视觉空间,绿地内部保证有集中活动的场所如花园、广场等
防护绿地	改善环境,净化空气,降低噪音,防火、防热,保护建筑物,调节温度	按不同的防护作用选取相应的植物,从耐火性、隔音、防污染等不同需求选取

① ［丹麦］杨·盖尔. 交往与空间［M］. 何人可,译. 北京:中国建筑工业出版社,1992:84
② 付博新. 港口景观设计与评价方法研究［D］. 大连:大连理工大学,2007:33-35

类型	特　点	设计原则
道路沿途绿地	庇荫、滤尘、减弱噪声、改善道路沿途环境质量，美化港口	满足行车视线安全需求和净空要求，以乔木为主，以灌木、地被植物为辅
生态景观绿地	改善港口大环境生态条件	应与城市整体规划协调一致，与城市总体发展相结合
防灾、避灾绿地	当自然灾害等发生时，用于紧急疏散、临时安置的空间	设置在灾难多发地段，绿地尽量采用具有防火作用的植被

（2）从空间布局，港区绿地可分为下列几种（表 4-8）①。

表 4-8　港区绿地按空间布局的分类

类型	特　点	实　例
紧凑型	因地段空间发展的限制，绿地空间被人类活动空间所挤占，在较大规模的建筑群体的影响下，给人们一种紧张压抑感	 图 4-47　上海外滩码头 图片来源：作者自摄
集约型	以城市职能为主导，以绿化空间为依托，拥有较为开敞的滨水空间，绿化要素以高度集约的方式展现。如南京五马渡公园，幕府山西麓南至五马渡、北至燕子矶长达 12 km 范围内形成了一个新的"幕燕滨江风光带"，也成为南京古都城北的象征	 图 4-48　南京五马渡公园 图片来源：天涯无际. 南京有个五马渡[EB/OL]. (2010 - 09 - 05). http://www. 17u. com/blog/article/563731. html

① 陈晓宁. 滨海港口区域景观规划与设计[D]. 北京：北京林业大学，2007：69-71

类型	特 点	实 例
松散型	以自然绿色景观为主体,以其他景观要素尤其是人工景观作为其中的点缀,适用于自然环境优美的滨海空间,其中绝大部分海岸线和自然景观予以保留	 图 4-49 江阴鹅鼻嘴公园 图片来源:视野旅游. 鹅鼻嘴公园[EB/OL]. (2009-08-18). http://www.xzlvyou.net/tour/show.asp?id=4938
缺失型	绿地在港口空间中很少或者完全没有体现,港口只作为生产活动的场所,没有提供景观绿地系统和人们休闲娱乐的空间	 图 4-50 南通天生港局部 图片来源:Google 地图

我国港口处于高速发展期,追求运输、堆存能力、吞吐量等基本功能,而对绿化的设计非常欠缺。我国新建港区可以集约型绿地空间形态设计为主,特别是新型港口城市,应在港区统一规划绿地系统与城市道路、步行系统,使绿地景观系统完善,避免港口绿地的缺失;已建成并投入使用的港口,可以参照紧凑型绿地空间形态进行绿化改造。

4. 灯光

灯光主要指港区夜景灯光设计,港区的夜景比日景给人带来更多的魅力和想象力,也是城市夜景灯光系统的重要组成部分,在设计中要清楚地了解港区夜景照明在城市夜景中占据的地位、作用,从整体上控制好港区灯光设计。

(1)满足港区的基本生产要求

灯光设计首先要满足港口的基本生产作业要求,注重实用性、安全性、舒适性,满足港口作业精准高效的要求。灯光设计的特点是亮度高,覆盖面广,色彩较为单一,距离港口较近的生活区与港区之间应布置防护绿地,以遮挡一部分来自港区的"光污染"。

(2)美观的要求

① 对港区一些标志性的构筑物如岸桥、灯塔、机械设备等进行重点灯光设计,如灯塔作为海上引航系统的重要设施、港区的标志物之一,其灯光不仅具有引航的作用,更对航行者产生回到家的心理暗示,所以在港口灯光设计中起到画龙点睛的作用,而其本身也是观赏港

区景观的最佳点之一(图4-51)。

图4-51 张家港港标志性构筑物夜景

图4-52 张家港港夜景远观

图片来源:张家港市港口管理局

② 对于港区灯光以远距离观赏为主,要设计好港区夜景灯光适宜的观赏位置,如岸线的高速公路、快速干道、步行道等,与自然地形相结合,以安排好合理的观赏空间(图4-52)。

5. 色彩

色彩是景观设计中不可缺少的 ,也是港口景观中的重要表现手段之一。色彩在艺术中的最基本的特征是象征性、装饰性、模拟性和表现性,在建筑艺术中表现最突出的是装饰性与表现性[①]。色彩对于环境认知也起到相当重要的作用,这对于港区工作人员认知环境、提高工作效率、保证安全生产都起到一定的正面作用,良好的色彩设计也为港区景观增添了一定的活力。港区色彩设计原则如下文所述。

(1)符合港区的性质特点

色彩要符合港区工业生产性的使用功能,为避免色彩搭配凌乱,港区应有主色调的设计,以简洁规整的统一色调为主,增强港区景观形象的整体感。主色调结合港口所处的自然环境和地区气候条件,与自然条件形成的色调形成对比,提高港区的可识别性,展示出港区的个性特点。如背景为绿色丛林,建筑可用白色、浅棕色、浅黄色等暖色系;如背景为黄土山岭,建筑可以采用绿色、青色为主。

(2)局部色彩设计

① 建筑:港区建筑物的色彩设计要做到布局统一、主次分明、个性生动。以主体建筑为主色调,以其他建筑物为次色调,使港区建筑群整体色调既和谐统一,又具有层次上的变化,使建筑物稳重中不失活泼。

② 设备:设备是港区中的形象元素,如装卸杆、龙门吊、叉车、集装箱、管线、运输设备等。机械设备不宜使用大面积同一颜色,以避免工人产生视觉疲劳,影响生产的安全性,可局部涂色,用条、带、环、块状涂色以便于识别;对于具有一定危险性的设备用明亮鲜艳的颜色如红、橙等色进行区分,或按照安全技术操作的相关规定进行涂色,与机械的大面积涂色区分开。工艺管线的主要色调按检修要求设计,以有效鉴别管线,提高工作效率(表4-9)。

---

① 张威. 当代工业建筑的色彩设计[D]. 天津:天津大学,2005:18

表 4-9 工艺管线的主要标志色调①

管线类型	水管	蒸汽管	消防管	空气管	煤气管	油管	氧气管
颜色	绿色	鲜红	橙红	天蓝	黄	棕	深棕

4.2.4 建筑特色

港区建筑设计的成功与否关系到港口的生产运营是否正常,适合的建筑可以提高港口生产效率,也直接影响到整个港区的形象。港口以生产作业为主,所以港区建筑物特色应体现港口工业建筑特点,建筑和设施要以简约、工整为主,外形多运用规则的几何线条,以体现生产作业所需的安静、和谐和秩序。

4.2.4.1 水域建筑物的设计

港口水工建筑物是港口用于水域防浪、水上作业等作用,以及为保证装卸作业和服务于船舶的建筑物②。此处主要针对常见的水域建筑物进行设计方法的探讨。

1. 防波堤的设计

防波堤用于防护港口水域不受波浪作用。其设计应从平面入手,参照港口的外轮廓确定防波堤的平面形式(图 4-53,图 4-54)。

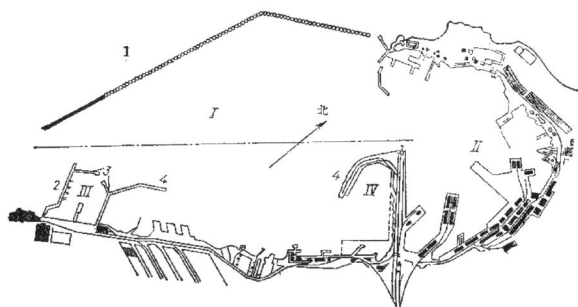

图 4-53 亚历山大港

Ⅰ—外港,Ⅱ—内港,Ⅲ—石油港,Ⅳ—煤炭港;1—防波堤,2—堤,3—分隔堤,4—丁堤

图片来源:[苏]斯米尔诺夫(Смирнов Г Н).港口与港口建筑物[M].吴德镇,译.北京:人民交通出版社,1984:32

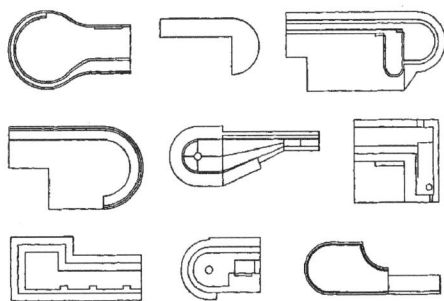

图 4-54 防波堤头部形状

图片来源:土木学会.港の景观设计[M].日本:技报堂出版,1993:82

防波堤一般设计成弧形或曲线形,并体现出港口特色,但要把握整体的平衡感。防波堤头部形状的设计影响到堤的安全性(图 4-55),又是景观效果设计的关键之处(图 4-56)。可以将堤内侧坡面设计成缓坡,成为极佳的观赏水域景观场所。

2. 护岸

护岸用于防护岸滩和免受水流冲刷,保证码头和防护建筑物及岸线的连接③。从截面形式划分,护岸可分为阶梯型和缓坡型两种。阶梯型护岸:方便人们在不同高度的活动,上下移动。阶梯型护岸从活动角度划分,又可分为移动型、站立型、座椅型和码头型(图 4-

① 施淑文.建筑环境色彩设计[M].北京:中国建筑工业出版社,1991:93
② [苏]斯米尔诺夫(Смирнов Г Н).港口与港口建筑物[M].吴德镇译.北京:人民交通出版社,1984:15
③ [苏]斯米尔诺夫(Смирнов Г Н).港口与港口建筑物[M].吴德镇译.北京:人民交通出版社,1984

57)。缓坡型护岸:将护岸内外连接成一个整体,可以作为人们休闲娱乐观赏江景的场所。缓坡型护岸需要做较大的水平距离,但比阶梯型护岸活动自由度大(图4-58)。

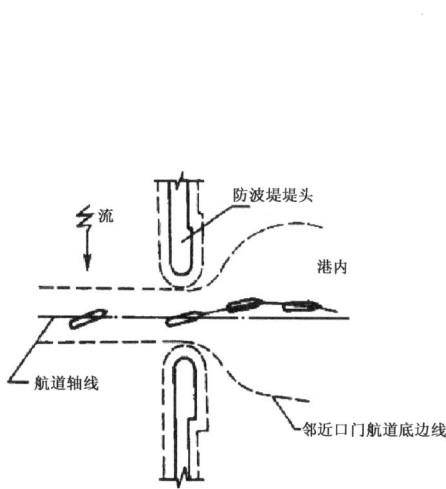

图 4-55　船舶入港后的航迹

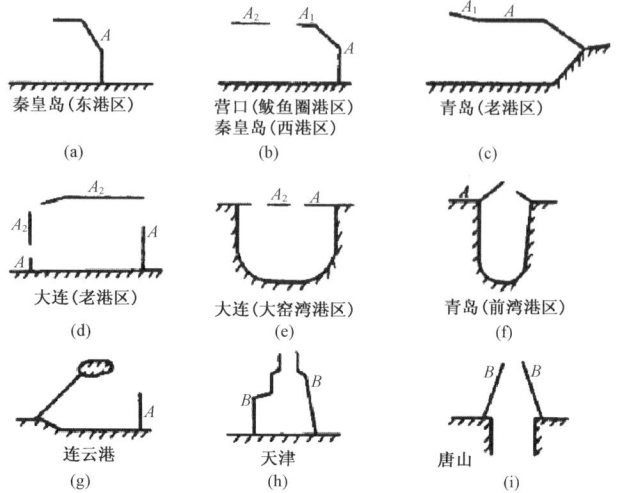

图 4-56　防波堤布置

A—防波堤兼码头;A1—防波堤;A2—岛式防波堤;B—防沙堤
图片来源:洪承礼.港口规划与布置[M].第2版.北京:人民交通出版社,2007:88-89

图 4-57　上海南外滩护岸

图片来源:上海南外滩夜景[EB/OL].(2011-08-01). http://www.17u.com/news/shownews_301859_0_n.html

图 4-58　镇江外滩护岸

图片来源:再看镇江外滩[EB/OL].(2010-05-14).http://bbs.my0511.com/f314b-t3945085z-1-1

3. 港湾桥

港湾桥是港口与水域分界的标志,是水陆交接的场所,还是港口内的导向建筑。港湾桥的断面和造型是设计的重点。① 桥拱要有相当的高度,使大型船舶通畅通行,也不能妨碍车辆和行人的通行视线。② 桥同时存在"看与被看",既是港口景观点之一,又是很好的观景点,其造型需要多样化,以求得更好的视觉效果。③ 桥与港区规划应同时进行,避免因规划的冲突使改造难以实施。④ 桥上应设置眺望台,在桥面上形成极好的视野,以观赏港口水域的风光(图4-59,图4-60)。

4.2.4.2　陆域建筑物的设计

1. 生产作业区建筑物(图4-61,图4-62)

生产作业区是以生产作业为主的相对封闭的区域,面向工作人员开放,其设计前提是要

图4-59 上海东海大桥(连接洋山岛与海港新城)

图4-60 上海东海大桥

图片来源:机灵兔.东海大桥[EB/OL].(2013-11-02).http://baike.baidu.com/view/122000.htm? fromTaglist

保证港口的正常生产运营。要通过建筑设计来营造生产作业环境,来提高劳动效率。生产作业区的建筑及设施的设计要创造出区域整体形象,利用简单、规整的风格,规则的几何线条,来体现港区工业建筑的特性,营造出生产过程所需要的和谐与秩序。体量:利用群体建筑的庞大体量,体现出港口工业建筑的特有性质。尺度:在满足生产功能的前提下,建筑尺度要体现出建筑的内在性与技术性,也要兼顾视觉观感、尺度设计感,可以参考图4-63。

图4-61 上海洋山港区生产作业区1

图4-62 上海洋山港区生产作业区2

图片来源:作者自摄

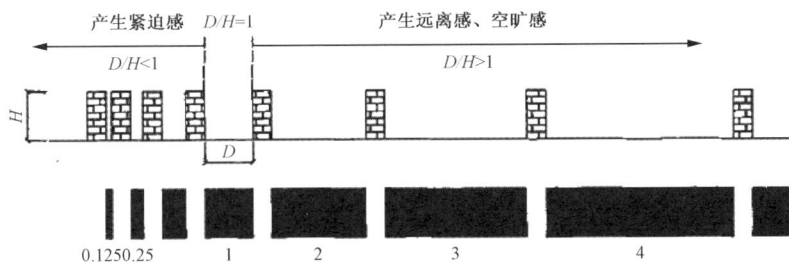

图4-63 间距与通道视觉的关系

图片来源:曹志英.对现代单层大空间工业建筑设计的思考[J].工业建筑,2002,32(12):24

(1)码头

码头包括码头建筑物、装卸设备、库场和集疏运设施,是完成水陆货客转换机能设施组合的总称[①]。从功能上,可以将码头分为货运码头和客运码头。

① 洪承礼.港口规划与布置[M].第2版.北京:人民交通出版社,2007:43

货运码头以装卸货物为主,其平面布置形式可以分为顺岸式、突堤式和挖入式三种(图4-64~图4-66)。

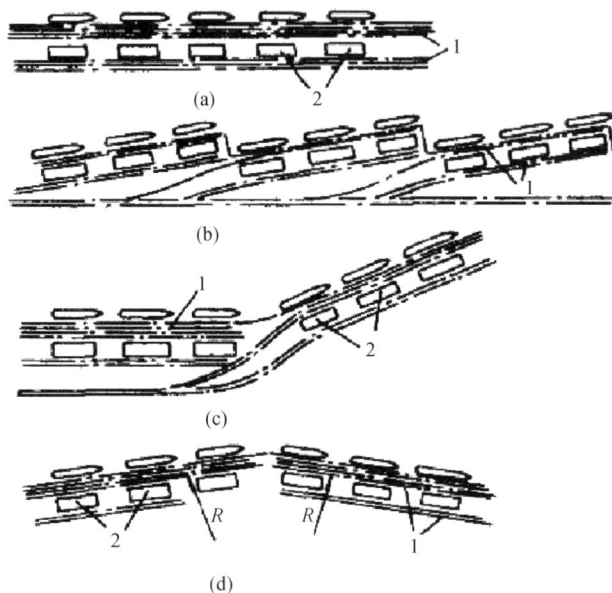

(a)

(b)

(c)

(d)

图 4-64　顺岸式布置方式

1. 铁路;2. 仓库、堆场

图片来源:洪承礼.港口规划与布置[M].第2版.北京:人民交通出版社,2007:42

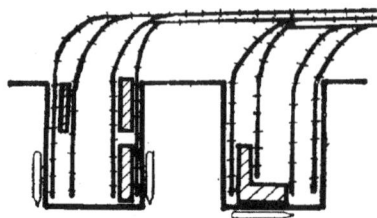

图 4-65　突堤式布置方式

图片来源:科研成果汇编组.现代海港城市规划[M].哈尔滨:黑龙江人民出版社,1985:43

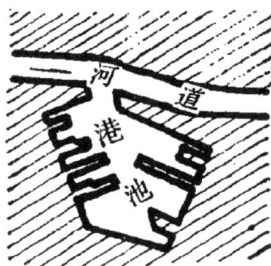

图 4-66　挖入式布置方式

图片来源:科研成果汇编组.现代海港城市规划[M].哈尔滨:黑龙江人民出版社,1985:43

顺岸式布置方式:是长江下游港口码头的常见布置形式,为顺应河道的自然走向呈线形布置方式,其道路与库场平行于码头布置。这种码头的布置方式要求有足够可用的岸线资源,深水岸线比较靠近岸边,且陆域要有宽阔的腹地。如南通通海港区码头布置(图4-67)。

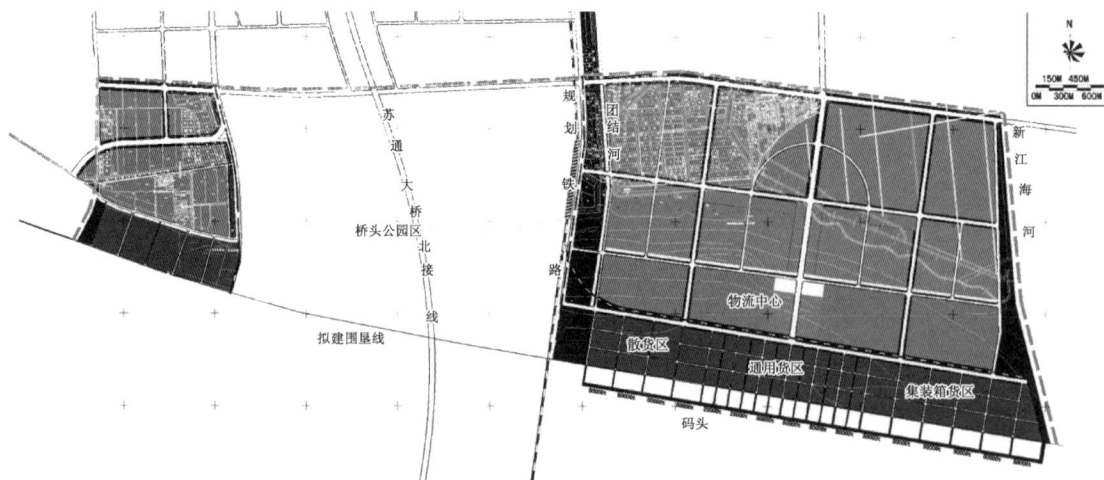

图 4-67　南通通海港区码头布置图

图片来源:南通港市区七个港区陆域用地布局规划

突堤式布置方式:是在自然岸线较少的情况下的码头布置方式,其码头前沿线与港口自然岸线布置成较大的角度形式,但会过多地占用岸线水道宽度,容易引起淤积,影响航道畅通(图4-68)。

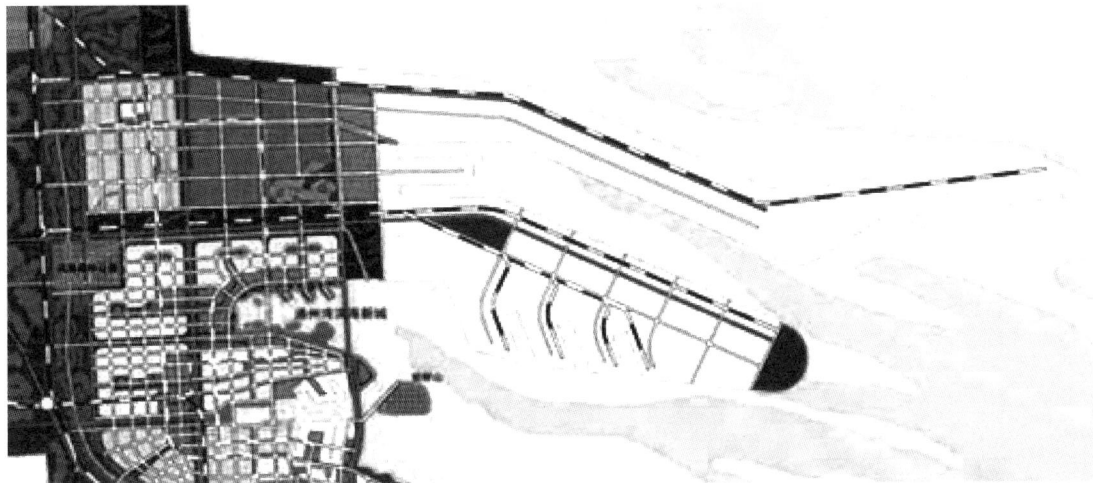

图4-68 南通冷家沙港区
图片来源:作者根据资料重绘

挖入式布置方式:是港池向陆地岸边内挖开的一种布置方式,可以获得比较多的泊位,而且停泊条件好,不易受外界潮汐的影响,在河港码头中比较常见。对自然条件的要求是水流含沙量小,潮差较大。缺点和突堤式类似,占地多,土方量大,容易造成港池淤积(图4-69)。

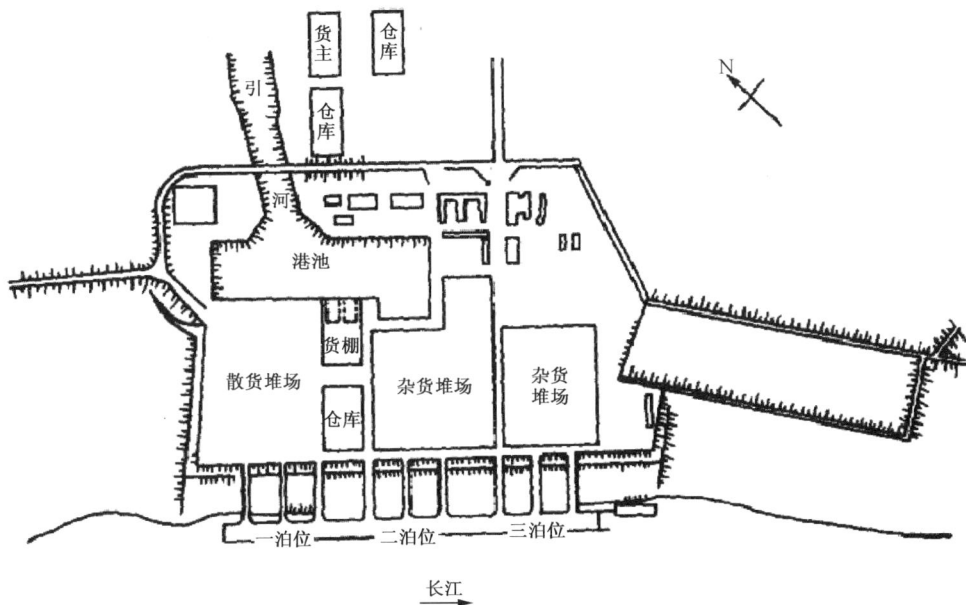

图4-69 南通港狼山港区
图片来源:洪承礼.港口规划与布置[M].第2版.北京:人民交通出版社,2007:45

客运码头是以客运为主,兼有货运功能的码头,其功能包括站前广场、站房、客运码头及其他附属设施。

客运码头的平面布置方式一般分为岛式、横式、纵式三种(图 4-70)。

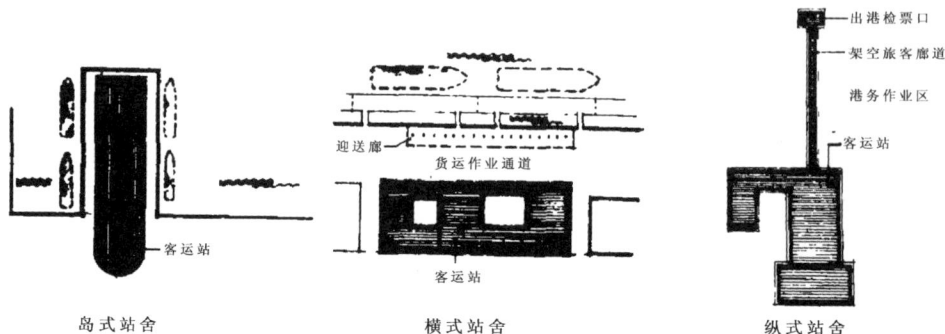

图 4-70 平面布置方式

图片来源:作者自绘

岛式:站舍三面临水,这种布置方式的泊位岸线长,客货流线短,带来的收益大。多用于海港客运站(图 4-71)。

横式:站舍与岸线呈自然平行布置,占用河道宽度少,并与港务作业区能很好地结合(图4-72)。

c. 纵式:是站舍和港区垂直布置的形式,当港务作业区纵深较大时采用。

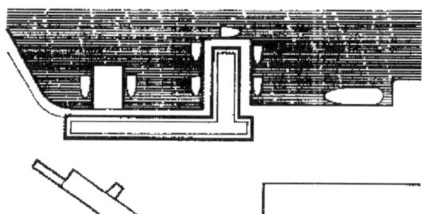

图 4-71 深圳蛇口港客运站

图片来源:建筑设计资料集编委会.建筑设计资料集 6[M].第 2 版.北京:中国建筑工业出版社,1991:41

图 4-72 上海港十六铺客运站

图片来源:田文之、陈雪莉.上海港十六铺客运站设计探讨[J].建筑学报,1981(7):26

在客运码头设计中应考虑三种流线组织,客流、货流、车流,设计中应使这三种流线分开,互不干扰,如图 4-73 所示。

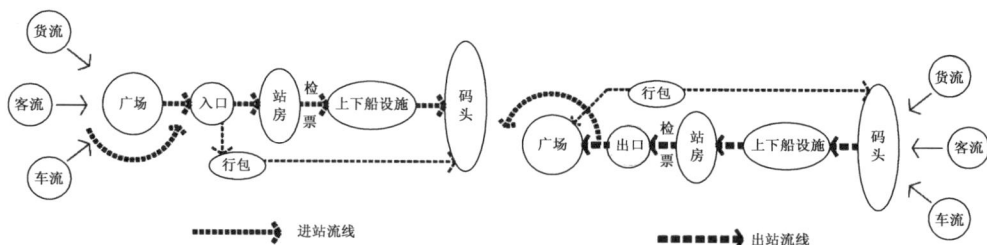

图 4-73 进出站流线平面示意

图片来源:作者自绘

案例分析:上海港国际客运中心的流线设计(图4-74)

出境流线:候船大厅(地下二层)➪联检大厅 ➪安检厅➪海关厅 ➪边检大厅➪登船平台➪离境;

入境流线:登船平台 ➪卫检 ➪边检大厅(地下一层)➪行李区(地下二层)➪海关区 ➪出关接客区 ➪入境。

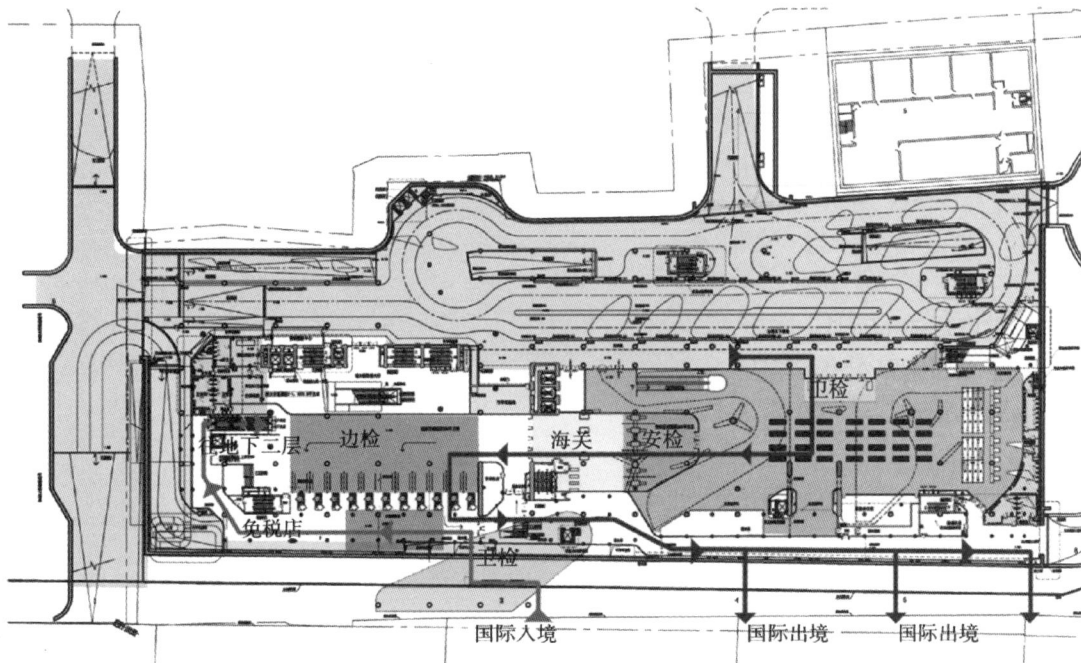

(a) 地下一层

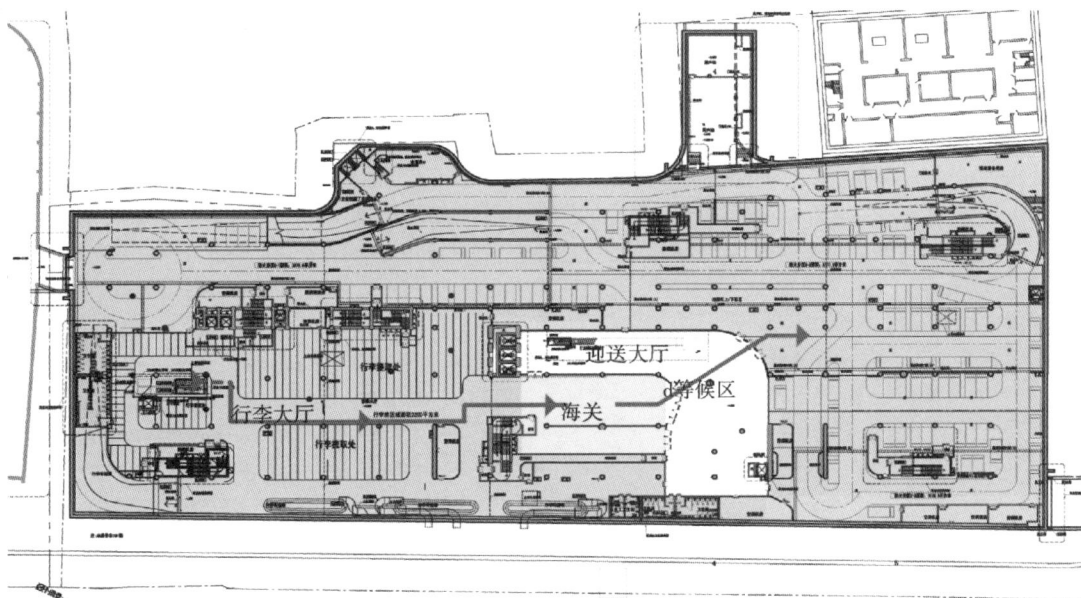

(b) 地下二层

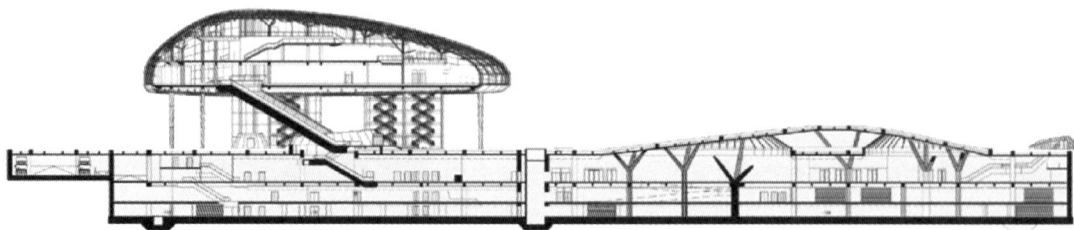

(c) 剖面图

图 4-74　上海港国际客运中心

图片来源：(a)(b) 钟诚，陈凌. 现代国际港口客运站设计探究[J]. 水运工程，2011(9)：132
　　　　(c) 范亚树，邵峰. 上海港国际客运中心城市与交通流线设计[J]. 建筑技艺，2009(5)：77

国际航运客运站的平面设计应使出境与入境的人员流线各自独立，互不交叉，如图 4-75 所示。

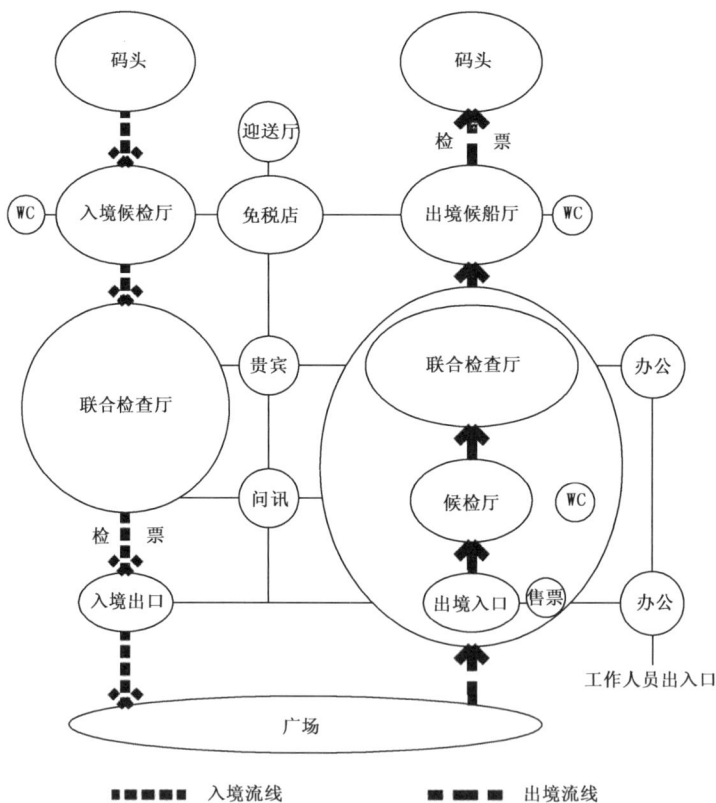

图 4-75　国际航运客运站空间流线

图片来源：作者自绘

（2）陆域边界

港区大门、围墙是进入港区的第一印象，设计要简洁大气，通过结构构件、色彩、材料来丰富艺术处理，并与环境相协调（图 4-76，图 4-77）。

图 4-76 上海外高桥保税区大门 1

图 4-77 上海外高桥保税区大门 2

图片来源：作者自摄

（3）仓库

仓库是港区比较有特色的建筑之一，可分为单层、多层等多种形式，屋顶可以是多跨双坡顶、多跨单坡顶，而多个同一坡度的单坡顶仓库组成的屋顶形式更有韵律感和工业建筑的气质（图 4-78）。

（4）集装箱堆场

集装箱堆场是办理集装箱重箱或空箱装卸、转运、保管、交接的场所，是集装箱运输关系方的重要组成部分，在集装箱运输中起到重要作用。集装箱堆场，有些地方也叫场站，对于海运集装箱出口来说，堆场的作用就是把所有出口客户的集装箱在某处先集合起来（不论通关与否），到了截港时间之后，再统一上船（此时必定已经通关）。堆场地面按照区域、货种的不同从图案和颜色上区分（图 4-79）。

集装箱堆场的设计条件：地面平整，承重能力强，有良好的排水条件；有必要的消防设施，足够的照明设施和通道；有必要的交通和通信设备；有符合标准并取得环保部门认可的污水、污染物处理能力；有围墙、保卫和检查设施；有一定的集装箱专业机械设备；有集装箱管理系统或电子计算机管理设备。

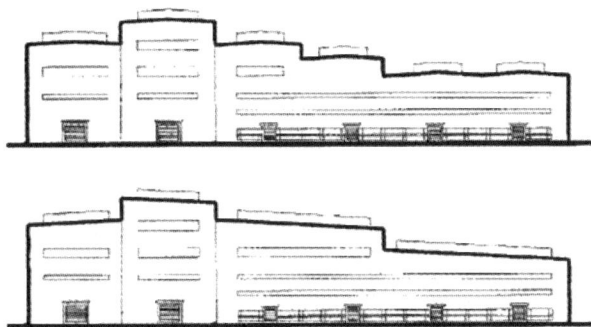

图 4-78 仓库天际轮廓线

图片来源：作者自绘

图 4-79 张家港永嘉集装箱码头堆场

图片来源：作者自摄

（5）管线

管线是港区生产的重要设施之一，其设计要包含在港区建筑的空间布局之中，可以采用埋地和联合厂房的方式，使港区形象更加整洁。根据输送物质的不同，将管线配以不同的颜色,充分体现港区生产的个性。其流畅的线条丰富了建筑立面,其横向线条与建筑竖向线条形成鲜明的对比。

2. 辅助生产生活建筑物

(1) 公共建筑

港口及滨水区域应具备向市民开放的文化活动场所,这就需要设置一定的公共建筑。港口临岸建筑物一般是辅助功能的建筑物,具有服务性,其设计力求与周边环境和风格相协调,以此来确定建筑造型和色彩等的基调。临岸公共建筑是城市港口的标志性建筑,也是城市的大型建设项目,其设计要从规划、建筑、艺术、环境等方面着手。设计要点:① 整体规划,要符合城市总体规划发展要求;② 交通流线,要解决建筑与城市道路的连接问题,也要组织好地下空间的交通流线;③景观,要加强江边景色的层次与纵深。

案例分析1:上海国际客运中心

上海国际客运中心将主要建筑功能放置在地下空间,地面做景观与绿化工程(图4-80)。

(a) 地下空间1

(b) 地下空间2

(c) 停靠的客船

(d) 观光候船楼

图4-80 上海国际客运中心

图片来源:作者自摄

总体规划：位于上海外滩高阳港区，地理位置优越，规划将地面留给市民作为休闲娱乐场所，建筑和主要功能布置在地下。

交通流线：人车严格分流，以地上地下分层的方式来组织车行交通，避免地上机动车对地面环境的破坏。划分人行与车行区域，设多个出入口与地面相连。利用地下立交系统规划内部交通系统，连接各建筑物，并在地下二层、三层布置停车场，以双车道坡道连通。

造型：整个建筑群前排中间高、两端低，后排中间低、两端高，前后形成两条相反的弧形天际线。从建筑物高处可以俯瞰整个外滩，建筑本身独特的造型也成为江边景观的一部分。观光候船楼犹如"一滴水"，跃出江面，悬在半空，建筑外表面采用低反射全玻璃幕墙，晶莹剔透，是整个客运中心的视觉中心，成为黄浦江畔的标志性建筑之一。

采光：上海国际客运中心以地下三层为建筑主体，中央公园地面绿地设计了100个透明玻璃顶棚，以确保地下一层有充足的采光，也给地面带来了更丰富的景观效果。

案例分析2：上海国际航运中心洋山深水港区管理中心

设计思路：上海国际航运中心洋山深水港区管理中心位于小洋山岛半山腰上，是洋山深水港的标志性建筑之一。建筑师从自然的山体中获得创作灵感，在整个设计过程中，始终贯彻建筑与自然高度融合、造型与山体有机结合的原则。建筑犹如山体中的一部分，向人们展示出它优美的体态（图4-81）。

南面透视　　　　　　　　　　　　西面透视

图4-81　洋山深水港区管理中心效果图

图片来源：陈缨. 上海国际航运中心洋山深水港区管理中心[J]. 建筑创作，2005(6)：79

功能布局：建筑总面积33 500 m²，地下1层、裙楼4层、主体11层，功能包括港区船务、航务、海关、检验等，是上海国际航运中心的指挥中心（图4-82）。

造型：灵感来源于小洋山上的"姐妹石"，建筑形态错落有致。采用解构的手法，将建筑体量拆解并有层次地重新组装。将南向的建筑表皮解构成4个不规则的体量，犹如岩石般挺拔向上，并采用黑白、银白等颜色的玻璃和灰色的金属罩板，塑造出不同的材料质感和色彩。西面玻璃幕墙外设了一层金属多孔板，既减少西晒又保证光线的通透。竖向主体建筑的体量被弧形裙房环抱，打破了体量的单一性，构成了和谐的建筑整体，象征了上海国际航运中心相互协作的能力（图4-83）。

空间：管理中心内外空间互相渗透，具有水一样的流动性。其纵向空间由北入口门厅、南入口大厅、休息中厅的三个空间交织而成，南北大厅由于地形的坡度形成了自然的斜向空

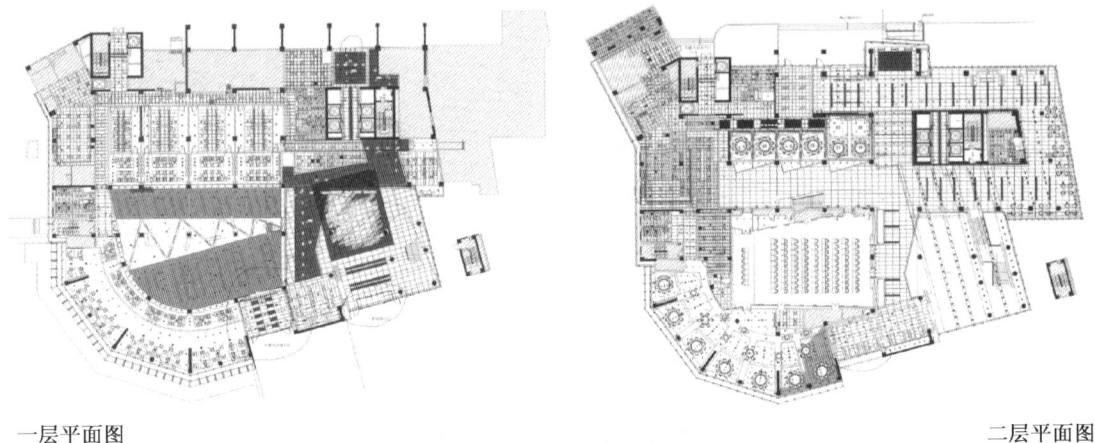

一层平面图   二层平面图

图 4-82　洋山深水港区管理中心平面图

图片来源：陈缨. 上海国际航运中心洋山深水港区管理中心[J]. 建筑创作，2005(6)：75

间，丰富了空间的流动性，各空间围绕建筑主入口大厅中心体块成为一个整体。在大厅内部设计了斜向上的伸展体块，并在侧面设置了斜穿入墙的楼梯，形成了具有韵律感的共享大厅，让进入管理中心的人们感受到视觉上的冲击。建筑外部不规则的体量体现了另一种活力与张力，并延伸至室内，内外空间的连续性、变化性和整体性以及强烈的虚实关系，赋予了建筑鲜明的特色(图 4-84)。

图 4-83　管理中心北面造型
图片来源：作者自摄

图 4-84　管理中心大厅效果图
图片来源：陈缨. 上海国际航运中心洋山深水港区管理中心[J]. 建筑创作，2005(6)：79

（2）商业建筑

港口临岸商业建筑是城市发展的一种新形式，也是经济发展的充分反映。成功的商业建筑需要具备环境宜人、交通方便、地势平坦、区域开阔、人流如织等特点，港口滨水区域的开放式空间，正能满足商业建筑对空间的需要，这也是对城市功能的一种补充。

如上海中华南栈码头改造工程，原为上海港煤炭装卸码头，紧邻南浦大桥，背靠浦东大桥，为适应上海城市发展的需要，于 1998 年停止作业，现开发为商业、娱乐等综合性区域，并建造了集休闲娱乐于一体、具有城市化标志的海洋科技公园(图 4-85)。

图4-85　上海中华南栈码头改造工程效果图

图片来源：王诺，白景涛.世界老港城市化改造发展研究［M］.北京：人民交通出版社，2004：137

（3）滨水广场

在港区滨水广场设计中，亲水性的体现和如何与自然环境相融合是其设计重点。广场具有开敞、灵动、舒展等特点，其公众性和开放性很强，成为滨水休闲娱乐景观的一部分。广场作为滨水公共、共享、交往空间，是供市民活动的空间（图4-86）。

广场设计要有历史感、归属感，并有深度。可以运用现代技术和材料，使广场具有时代感，体现港口的地域文化，突出港区特色（图4-87）。

图4-86　上海外滩广场

图片来源：作者自摄

图4-87　镇江春江潮江滨广场

图片来源：e房网.镇江市的城市建设面貌［EB/OL］.（2009-02-07）.http://w ww.zj.efw.cn/news/n27378_3.html

（4）辅助设施

小品、雕塑、休闲设施等景物在滨江环境中可以作为景观的点睛之笔，也是港口文化的一种反映。要把握好标志物、长椅、雕塑等辅助设施的设计，利用材料、颜色、尺度等设计方法，在与港口、水等元素发生关联之外，利用特殊的构造符号来体现港区文化的内涵。

上海外滩的雕塑很有特色，造型独特新奇，又有文化底蕴，如五线谱上跳动的音符，演奏出欢快的旋律，在黄埔江边形成一道独特的风景线（图4-88）。

(a) 陈毅雕塑

(b) 上海市人民英雄纪念塔

(c) 上海国际客运中心休息区域

(d) 上海外滩灯箱饰品

图 4-88　外滩辅助设施

图片来源:作者自摄

4.2.5　生态适宜性

港口空间的生态适宜性建设要求人们在建设和发展港口经济的同时不要忘记保护港口资源环境,确保人们的活动不会给港口生态带来不良后果,保持港口发展与经济发展的一致性,兼顾港口建设与环境保护,尽量减少港口在营运过程中对生态环境造成不可修复的伤害,保证港口建设与发展不会超出港区资源环境承载力的范围和要求。港口空间的生态适宜性建设措施包括以下内容:

（1）在港口规划过程中融入环境保护观念，保持港口建设发展与环境相协调，进一步合理使用水域、岸线、土地等资源。

（2）重视环境规划，港口的发展要综合考虑社会、经济、环境多方面因素，努力实现港口发展与环境保护的双赢。

（3）港口运营中要注重污染防治和资源利用，港口在运营过程中不可避免地会出现污染现象，但是我们要治理，注重资源的合理利用。

（4）建立完善的生态港口政策和管理条例。

（5）加强港区基础设施建设。

（6）加强宣传生态理念，鼓励公众共同参与建设生态港口，在政府与港口积极配合下，促进港口可持续发展。

4.3 小结

本章首先分析了长江下游几个具有代表性的港口区域的空间设计，再分别从功能布局、交通组织、景观结构、建筑特色、生态适宜性入手，在微观层面对长江下游城市港口区域建筑的空间特征进行了总结，将港口区域空间形态的论证拓展到建筑学的领域。

5 港口区域空间发展案例对比研究

随着港口城市经济结构的转变,一些历史上有名的港口经历了从兴建到繁荣再到衰落的发展过程,城市空间与港口空间之间的关系被进一步消解(图 5-1)。原有的老港陈旧的码头设施已满足不了现代运输集装箱化的需求,港口已失去了在货物运输中的地位,港口区域空间面临着迁地重建或更新改造的问题。港口区域空间的改造作为城市更新①的一个重要组成部分,是城市规划发展的重大事件,也是港口区域空间发展的新阶段。而港口区域空间改造的表现形式即滨水区的开发。

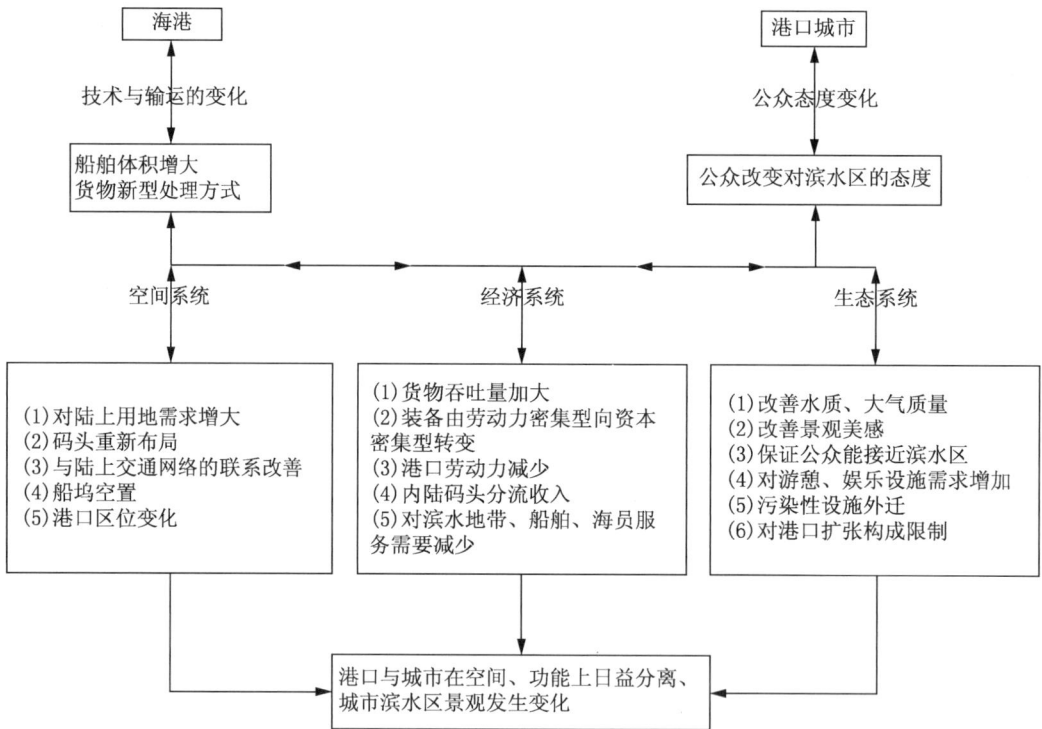

图 5-1 港城空间关系趋势与发展

图片来源:Hayuth Y. Changes on the Waterfront:A Model-based Approach[C]//Hoyle B S,Husain M S,Pinder D A,1988:52-64

---

① 城市更新是一种将城市中已经不适应现代化城市社会生活的地区做必要的、有计划的改建活动,其目的是对城市中某一衰落的区域进行拆迁、改造、投资和建设,以全新的城市功能替换功能性衰败的物质空间,使之重新发展和繁荣,城市更新是目前城市改造的热点问题。

5.1 港口区域空间发展的新阶段

5.1.1 港口区域空间的衰落

1950 年代以来,"逆工业化"导致工业、交通设施、港口从城市中心迁移出去,港口由于功能结构的转变、交通枢纽地位的削弱及空间的转移,逐渐衰败甚至被废弃。衰落原因如下。

5.1.1.1 港口功能结构的转变

19 世纪末 20 世纪初,港口工业用途达到最高峰,滨水区域成为城市中人流、物流的中心。到 20 世纪,城市从工业时代发展到后工业时代,国际资本与劳动力在空间上发生转移,城市经济、产业结构的变化引起港区结构性的变化,影响到港区的兴衰。并且随着技术的进步,新的集装箱运输需要更大型的仓库来贮存货物,大型船舶的出现要求有更深的航道尺寸。而许多老港区却技术落后、设施陈旧,装卸货物的效率低下,使得船舶在码头内周转时间过长。这些矛盾的存在使港口区域的发展呈现如下特征:

(1) 老港区域衰退,并转移到远离市中心的区域,那里拥有先进的装卸设备、足够深的航道、大型的仓库;

(2) 老港区域荒芜,其建筑和设施遭到不同程度的破坏,成为城市中心环境(水、空气等)污染的重灾区;

(3) 出现新的开发理念,新的港区规划亟待实施;

(4) 港区面临转型契机。

5.1.1.2 新的交通方式的出现

公路运输的发展,使货物运输既便捷又廉价,吸引了众多生产企业放弃对港口滨水区的开发,转向城市的郊区去发展。机动车的发展促使城市及周边地区迅速拓展,并逐渐远离了港口区域。飞机的出现,使交通变得更为快捷,人们出行方式的首选不再是水运,港口的客运功能逐渐弱化,甚至被取代。

铁路运输是港区货物运输的主要手段之一,在港区的发展过程中其重要性越来越凸显出来。许多老港区在建设初期并没有意识到铁路对港口货物运输支持的重要性,失去了再次发展的机会。而给铁路预留出足够用地的港口,确保了港口的货源,提高了港口的竞争力,使港口得以更快发展。

5.1.1.3 港城发展的不一致性

在空间、时间上,港口与城市的空间演变趋势并不完全相同,港口的发展要素包括港口天然条件、海运交通条件、区位条件、腹地经济条件、国际贸易条件或港口城市产业结构等。对于城市而言,其发展要素体现在人口素质、城市整体生态环境基础、国家及区域发展政策、内陆经济大背景等。二者的发展具有同向的可能性,港口与城市最初在地理空间上呈相互依赖的关系,到港口的发展已追不上城市发展节奏时,港口就有可能走向衰落(表 5-1)。

表 5-1 港口与城市发展要素比较①

	天然条件	人口条件	区位优势	港区设施与活动	腹地经济	第三产业比重	政策支持	国际政治、经济气氛	生态环境条件
城市	●●	●●●	●●	●●	●●	●●●	●●●	●●	●●●
港口	●●●	●	●●●	●●●	●●●	●	●●	●●●	●

●代表要素对城市或港口的影响性

5.1.2 滨水再开发

滨水区指位于港区与城区界面的区域②,是城市社会和文化生活的核心区域。其用地范围并无标准,有学者认为只要某岸线段近期存在活跃的港口生产活动,该岸线段两侧的用地就可称为滨水区。滨水区两岸用地具体该包含多大的范围并无标准,不同学者将其深度定为 60~300 m③④⑤⑥。1960—1980 年代,一些港口因多种原因失去原有作用并遭到废弃,港区闲置的土地、对环境的破坏、存在的安全隐患,成为令政府头疼的区域。其后,在城市更新的大背景下,滨水区改造开始复苏,掀起了再开发的热潮,并成为一个新兴的产业。

如霍依尔在其 1988 年主编的《滨水区更新》中,首次对全球滨水区再开发进行了全方位的分析⑦,书中涵盖了地理学、经济学、城市规划学等众多学科的专家所撰写的文章。其中对滨水区开发的内部驱动机制及存在问题进行了探讨,并将滨水区的变化归结为"经济、环境、政治、技术与法制"等众多驱动机制,促使港口活动迁出环境"过滤区",使水陆之间的交界成为真空地带,促进其他的活动对港口地带的空间展开争夺,并总结了滨水区开发的众多案例。滨水区开发可分为 10 个阶段(图 5-2)⑧。

(1)码头的最初形式:规模不大,航道水深不够,无法停靠大型船舶,依靠小船进行水上货物到陆地的周转。由此内地与江海有了联系,滨水区体现为具有内陆特征的小型码头。

(2)随着码头的发展,滨水区的物质空间也发生了改变,码头规模变大,可以停靠较大

---

① 高宗祺,昌敦虎,叶文虎. 港口城市演变趋势的剖析及可持续发展战略选择[J]. 中国人口·资源与环境,2010,20(5):103

② Hoyle B S. The Port-City Interface:Trends,Problems and Examples [J]. Geoforum,1989(20):429-435

③ Forward C N. A Comparison of Waterfront Land Use in Four Canadian Ports:St. John's,Saint John,Halifax and Victoria [J]. Economic Geography,1969,45(2):163

④ Kenyon J B. Land Use Admixture in the Built-up Urban Waterfront:Extent and Implications [J]. Economic Geography,1968(44):156

⑤ Slack B. Harbour Redevelopment in Canada:Ottawa:Ministry of State for Urban Affairs [M]. Urban Affairs Paper A—75—2,1975

⑥ McCalla R J. Separation and Specialisation of Land Uses in Cityport Waterfronts:The Cases of Saint John and Alifax [J]. Canadian Geographier,1983(27):49-63

⑦ Hoyle B S,Husain M S,Pinder D A. Revitalising the Waterfront:International Dimensions of Dockland Redevelopment [M]. London and New York:Belhaven Press,1988

⑧ [美]城市土地研究学会. 都市滨水区规划[M]. 马青,马雪梅,李殿生,译. 沈阳:辽宁科学技术出版社,2007:56

的船只,码头周围建筑物也由路网的扩展而增多,防波堤用于海岸的防护,到达港域滨水区的途径通过公路来完成。

（3）围绕港口空间,周边区域发展为一个城市,而城市的滨水区以港口的形式存在。港口贸易促进了城市的发展,沿海公路繁忙起来,港口配套设施如仓库等建筑物在滨水边缘建成。

（4）大型船舶的出现,促进了港口功能的进一步发展,更为坚固的石头砌筑的码头代替了木质码头。城市中心逐渐远离港口岸边,专门管理港口事务的机构——港口管理委员会出现。

（5）铁路的出现,促使港口更加繁荣,城市给港域提供了更多空间用于铁路的发展用地,因港口形成的城市也进一步发展起来。

（6）港域空间进一步扩大,城市与港口处于逐渐分离的状态,为方便港口与城市的联系,建设了专门的公路系统。

（7）港口衰落,海岸线维持原状,高速公路拓宽,原沿海公路周边建筑物被废除。

（8）港口发展良好,码头持续建设中,港口空间进一步发展。

（9）港口滨水空间进一步发展。

（10）一个现代化、具备综合功能的港口滨水空间出现。

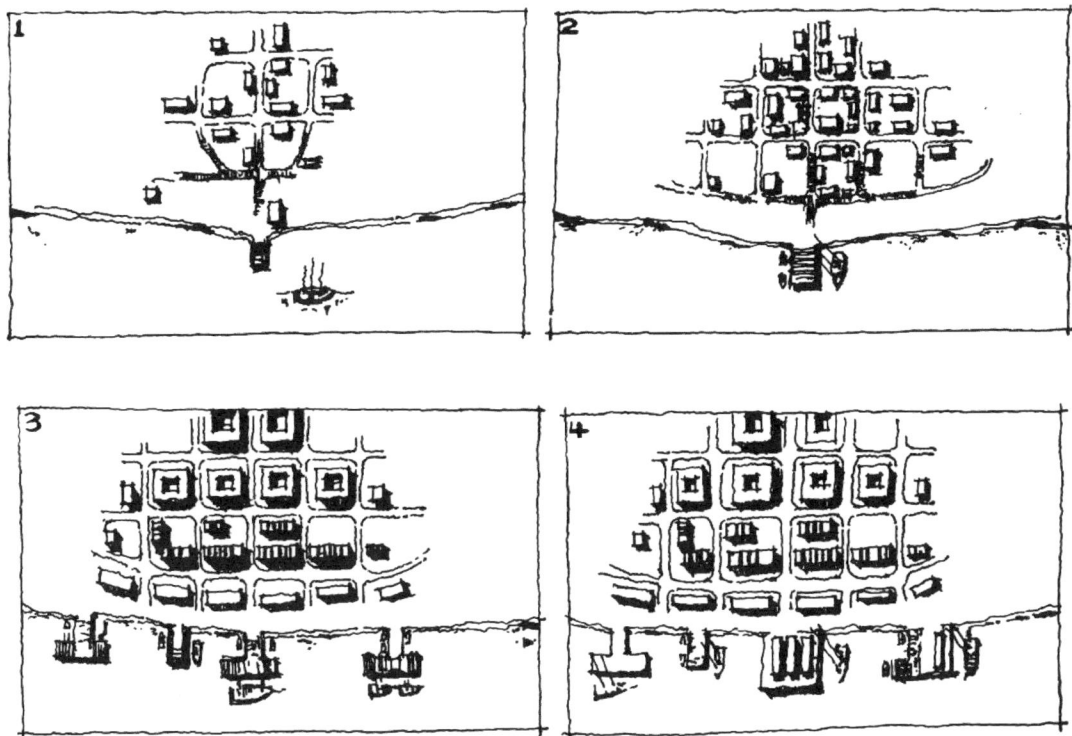

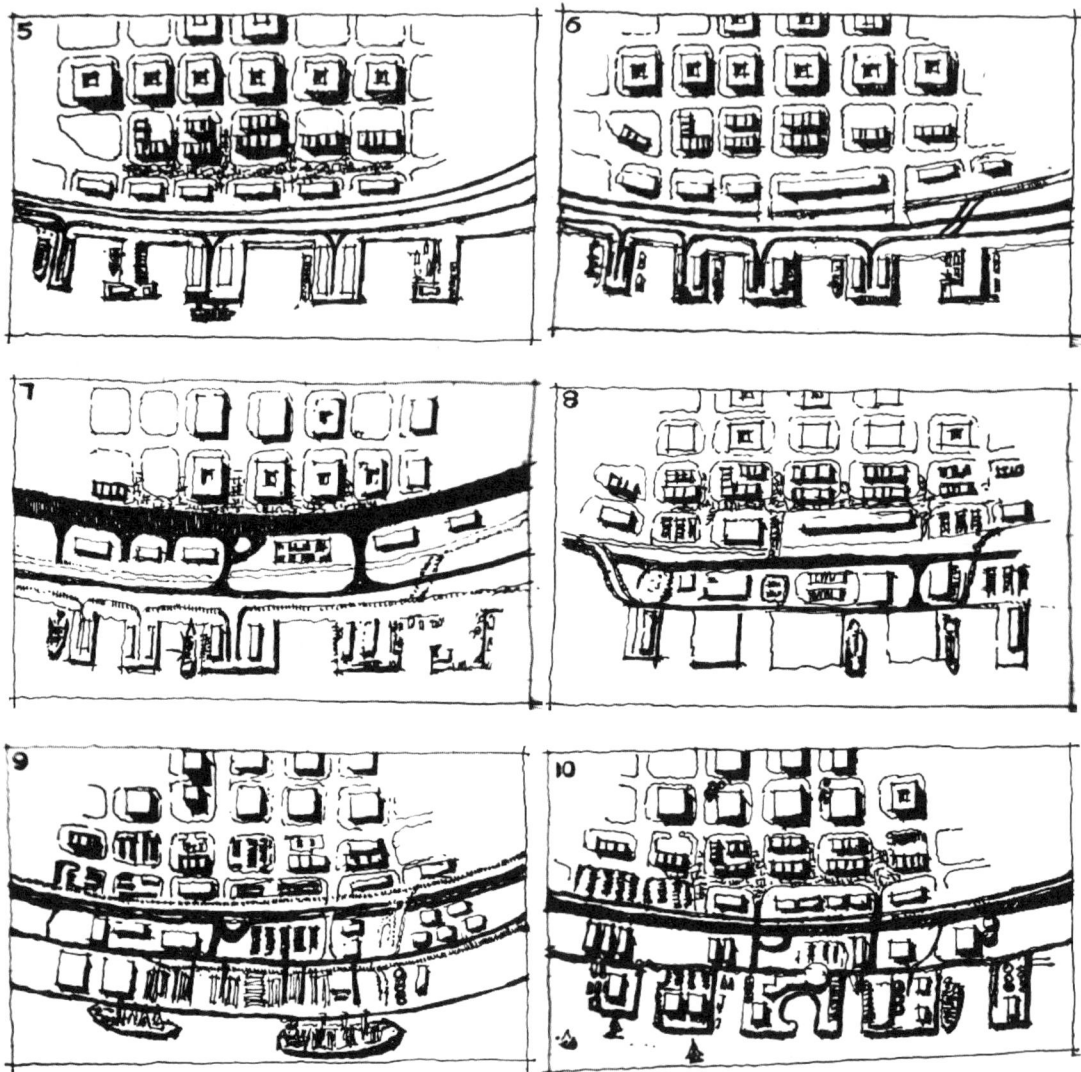

图 5-2　滨水区开发的 10 个阶段

图片来源：［美］城市土地研究学会. 都市滨水区规划［M］. 马青，马雪梅，李殿生，译. 沈阳：辽宁科学技术出版社，2007：8

5.2　港口区域空间发展模式

5.2.1　港口区域复兴

　　港口区域复兴是以港口工业活动为主体，对港区的工业和商业功能进行复兴为目的，在原有建设基础上对港区部分设施进行改造和更新，如通过改善港区的基础设施、对港区环境进行整治、对现有港区建筑物进行节能改造等措施，使港区重新焕发活力。这种复兴方式比重建的时间短，投入资金少，适用于需要更新仍可恢复原有功能的港区，既可以防止它的进一步衰败，又可改善其整体环境。

案例分析:荷兰鹿特丹 KVZ(Kop van Zuid)建设项目

鹿特丹是荷兰第二大城市,位于欧洲莱茵河与马斯河汇合处所形成的三角洲上,典型的港城一体化城市。鹿特丹港位于莱茵河与马斯河入海口处,西依北海,东溯莱茵河、多瑙河,可通至里海,有"欧洲门户"之称,是连接欧、美、亚、非、澳五大洲的重要港口,是欧洲最大的海港,兼有河口港和海港的特点。鹿特丹港口多建于新马斯河北岸,后扩展至南岸。港区建设以新航道为主轴,由上游向下游,由北向南,由东向西,由近市区向大海延伸,港池多采用挖入式,分布于主航道两侧(图 5-3)。

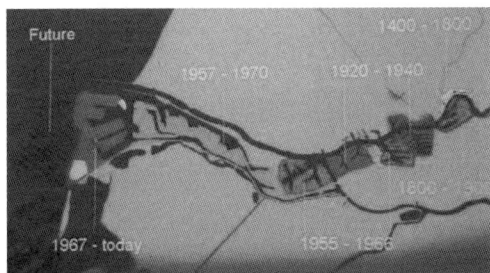

图 5-3 鹿特丹港分期发展示意图

图片来源:陈勇.从鹿特丹港的发展看世界港口发展的新趋势[J].国际城市规划,2007,22(1):59

图 5-4 KVZ 区位图

图片来源:作者根据资料重绘

KVZ 位于鹿特丹市中心区东南部新马斯河南岸,曾经是鹿特丹的重要港区和工业区。随着鹿特丹港口空间的逐渐西移(图 5-4),KVZ 地区经济活动减少,码头被遗弃,水运功能逐渐衰落。KVZ 建设项目是为加强鹿特丹工业、港口和物流等领域发展而进行的改造,也是鹿特丹城市整体发展战略的重要组成部分(图 5-5)。

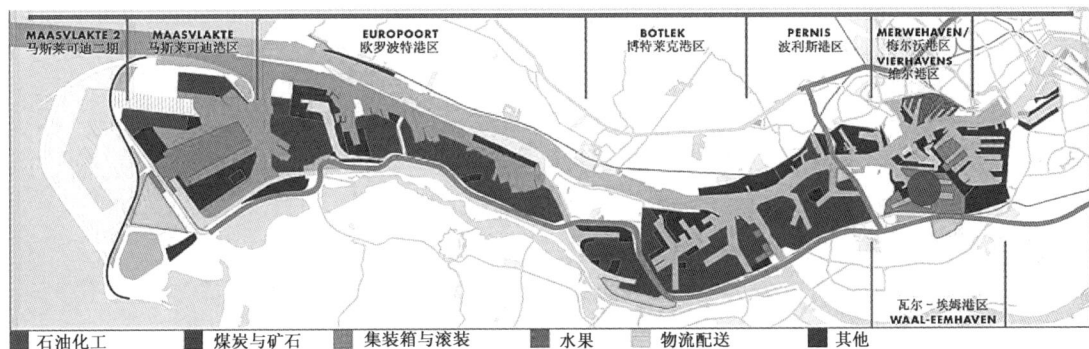

图 5-5 KVZ 与八大港区位置关系图

图片来源:陈勇.从鹿特丹港的发展看世界港口发展的新趋势[J].国际城市规划,2007,22(1):59

1. 国家层面的建设意义

KVZ 建设项目在规划、开发、实施中得到了国家政府的高度重视并给予财政支持,其建设意义已经被提升到国家层面。其中涉及开发的各个部门,包括城市规划与住房开发部(The Development of Urban Planning and Housing)、鹿特丹城市发展公司(The City Development Corporation)、鹿特丹运输公司、鹿特丹港区局,都由政府统一监管、协调工作,政府强有力的领导和对项目的公共投资是 KVZ 建设项目取得成功的重要动力(图 5-6)。

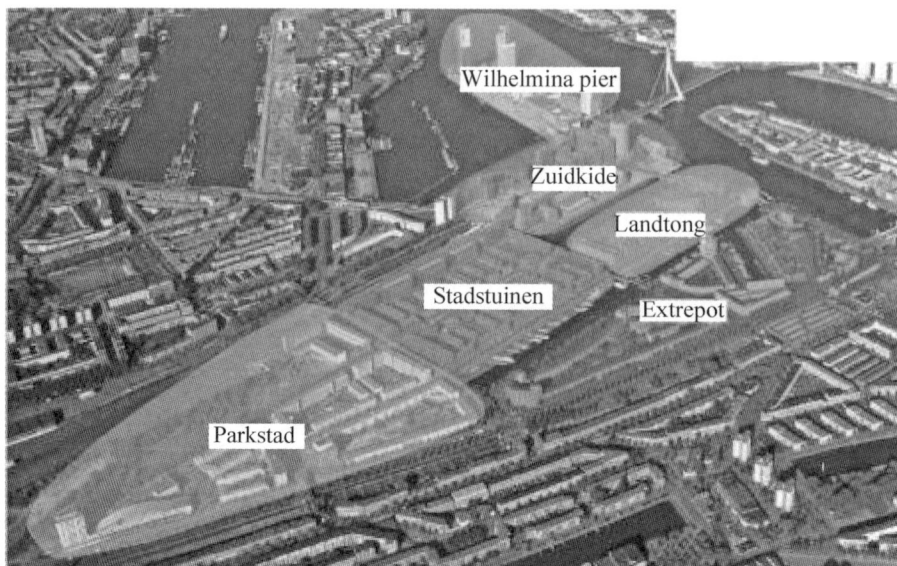

图 5-6　KVZ 规划分区图(规划将 KVZ 地区划分为六个区,各区之间功能
相互组织,体现和提升了 KVZ 区域的最大效益和功能)

图片来源:作者根据资料自绘

2. 新建基础设施的规划

KVZ 之前是三面被新马斯河环绕的港口,如今依靠拉斯玛斯桥(Erasmus Bridge)将这个地区与鹿特丹市中心连接起来,在大桥南端规划有轨电车、公交车、地铁站、瓦克诺德(Varkenoordse)高架桥、火车站等基础设施,提高区域内外的交通便捷度,拉斯玛斯桥那具有视觉冲击力的外形甚至超越了大桥本身的使用功能,成为码头商业区的标志,重塑了本地区的品质和形象(图 5-7)。

图 5-7　拉斯玛斯桥(成功地将 KVZ 区域与城区相连,解除了新马斯河对 KVZ 的阻断)

图片来源:[美]城市土地研究学会.都市滨水区规划[M].马青,马雪梅,李殿生,译.沈阳:辽宁科学技术出版社,2007:198

3. 住宅的建设

住宅的建设是 KVZ 建设项目的重要目标,以由当地居民委员会提出的解决低收入人

群居住方案为基础而实施。为使城市更具人气和吸引力,实际开发中将住宅项目面向更多的人群,如商业、旅游、高收入者、办公人员,可以提供自居、租用、旅游暂住等多种居住方式(图5-8,图5-9)。KVZ建设项目中的陆岬(Landtong)、转口港(Entrepot)、公园(Parkstad)等地区定位在居住、休闲娱乐、教育等多种功能,充分利用滨水空间,获得土地利用价值的最大化。规划要求新建5300多套居住单元,并配备商业、办公、公共交通、体育健身、教育等多种配套设施。

图5-8　退台住宅建筑(线条明朗,外墙与建筑保持和谐过渡)

图5-9　陆岬、转口港地区的住宅(作为KVZ项目的重要组成部分,住宅占有很大的面积并具有鲜明特征)

图片来源:竺剡姚拍摄并提供

图片来源:[美]城市土地研究学会. 都市滨水区规划[M]. 马青,马雪梅,李殿生,译. 沈阳:辽宁科学技术出版社, 2007:197

4. 历史符号的传承

在KVZ区域的历史演化中,为保护海岸线,老港口区域被保留下来,其中与港口活动有关的建筑物如货栈、仓库、码头、机械设备等被保护下来,并被赋予新的功能。这些码头老建筑是具有传统特征的历史文化遗产,其被保留并加以传承,展现了港口空间的延续性。如福斯特对老港建筑的改造,将原来的候船厅、仓库、老航运中心改造成受市民欢迎的酒店、餐厅、咖啡馆等,并保留了滨水区原有的道路系统(图5-10,图5-11)。

图5-10　码头老建筑1

图5-11　码头老建筑2

图片来源:荷兰鹿特丹 Kop van Zuid[EB/OL]. (2006-01-22). http://www.landscape.cn/works/photo/index_160. html

5.2.2　港口区域再开发

港口区域再开发是对港口区域进行完全彻底的开发、改造,将原有港口区域用地置换为新的功能空间,如商业、游憩、娱乐、居住等综合性的功能空间。这是目前滨水区改造的主流方式,许多成功的再开发项目均属于此类。

5.2.2.1　新加坡河改造工程

在新加坡的港口发展历程中,老港改造工程是其中重要的一环。新加坡是由新加坡河发源而逐渐发展起来的,其发展历史可追溯到19世纪初期的早期殖民统治时期(图5-12,图5-13)。新加坡海峡是连接印度洋与南中国海的重要海运通道,新加坡港因其重要的地理位置、战略地位和良好的港口条件而受到英国殖民者的重视。1819年,第一个码头马斯特码头诞生。之后,新加坡港依靠其优越的地理位置、自由港政策、商业贸易的自由化、通信的便利快速发展起来(图5-14,图5-15)。1960年代,集装箱开始成为海上运输的新形式,为适应这一新形式的发展要求,港口重新选址,新加坡港开始大规模重建,并于1972年建成投产第一个集装箱码头。随着港口的迁移和港口功能的调整,作为原来城市的货运码头及商贸活动集中地的新加坡河逐渐衰落,甚至沦为城市的垃圾场和排水沟,河水受到严重的污染,成为城市的隐患。1977年,新加坡政府开始对新加坡河进行改造。

| 图5-12　新加坡河早期印象1 | 图5-13　新加坡河早期印象2 |

图片来源:杨光 NO1.新加坡河[EB/OL].(2013-07-11).http://baike.baidu.com/link?url=iI964Ihp7NFwAjGiEMg2HATtdyLa1QW2xFb7GqOWcTrz6_KEjTWpziBTgvZj5w0X

| 图5-14　新加坡河改造前随意停靠的小木船 | 图5-15　新建集装箱码头 |

图片来源:王诺,白景涛.世界老港城市化改造发展研究[M].北京:人民交通出版社,2004:100

1. 土地的重新利用

河边的土地被无家可归的民众擅自占用,河水被当做垃圾和污水排放地。经过改造,重新安置河旁的居民,让出原有居住用地,早年遗留的有价值的建筑被保留并重新改造,用做餐饮、休闲的场所(图5-16)。

2. 环境整治

河中的垃圾污物被清理出来,河岸被修整,对克拉码头和驳船码头及其他水域进行环境整治,使之成为环境优雅的休闲好去处(图5-17)。

图5-16 克拉码头改造后实景

图5-17 驳船码头改造后实景

图片来源:徜徉在新加坡河畔 时光停滞中感受定格之美[EB/OL]. (2013-03-04). http://sd. sina. com. cn/travel/line/2013-03-04/06125198. html

3. 历史文脉的延续

在老港改造中,对于有意义的码头建筑给予保留和重新改造,这些建筑是城市历史的见证,具有一定的时代烙印,原来的码头仓库被改造成酒吧、商店,成为新加坡河边颇具特色的景观(图5-18)。

图5-18 由原有仓库改造而成的商场和饭店

图5-19 现代建筑与原有建筑的融合

图片来源:驳船码头[EB/OL]. (2010-05-14). http://travel. sina. com/news/food/2010-05-14/22505391. html

4. 现代建筑特色

新加坡河边建筑充满了传统与现代的冲击与碰撞,拥有很多具有代表性的现代建筑,它们立足于与环境的融合、可持续发展战略的要求,体现新加坡港口文化特点(图5-19)。如滨海艺术中心,位于新加坡河的入海口,是最具现代特色的建筑之一,也成为新加坡的标志性建筑。设计理念是采掘,由蜻蜓的复眼设计而来。建筑的科技性体现在由 4 590 片组成的屋顶遮阳罩上,它根据新加坡真实日照环境模拟计算设计而成(图 5-20,图 5-21)。

图 5-20　滨海艺术中心

图 5-21　滨海艺术中心鸟瞰

图片来源:新加坡最具特色现代建筑[EB/OL]. (2013-05-03). http://design. newsccn. com/2013-05-03/206484. html

5. 景观效果

在新加坡河改造后,新加坡成为世界公认的花园式国家。河岸边排布着旧仓库改造成的风格多样的建筑,充满了异国情调,在其间分布的环境优雅的林荫道成为人们休闲娱乐的首选,商店、饭店和酒吧成为新加坡特色的旅游景点,也使新加坡河边成为新的商贸中心。新加坡河经过改造,给新加坡创造了一个以人为本、可持续发展的生存环境,也是城市走向繁荣的见证(图 5-22,图 5-23)。

图 5-22　河岸线的酒吧街

图 5-23　莱佛士塑像

图片来源:新加坡河河畔[EB/OL]. (2010-07-16). http://www. nipic. com/show/1/73/20c3acabd8eba3a6. html
图片来源:杨光 NO1. 新加坡河[EB/OL]. (2013-07-11). http://baike. baidu. com/link? url=iI964Ihp7NFwAjGiE Mg2HATtdyLa1QW2xFb7GqOWcTrz6_KEjTWpziBTgvZj5w0X

5.2.2.2　伦敦码头区(London Docklands)滨水再开发

伦敦码头区位于伦敦东部,整个码头区沿泰晤士河两岸绵延约 13 km 长,西端位于伦敦内城区。码头由东至西共四大区域:皇家码头区(Royal Docks)、狗岛码头区(Islr of Dogs)、萨里码头区(Surrey Docks)、夏德威尔大码头(Schade Will Docks),在 19 世纪末曾是世界最大港区之一,是伦敦向欧洲出口工业产品最重要的港口(图 5-24),到 1960 年代,随着全球贸易局势的转变、英国传统工业的衰退,老码头区开始衰落,至 1981 年伦敦码头区全部关闭,码头业务转移到现代化深水港区蒂尔伯里和费力克斯托。伦敦码头区有大量闲置的土地和建筑,恶劣的生存环境和交通状况使得人口流失,也成为伦敦社会、经济问题最为严重的地区。

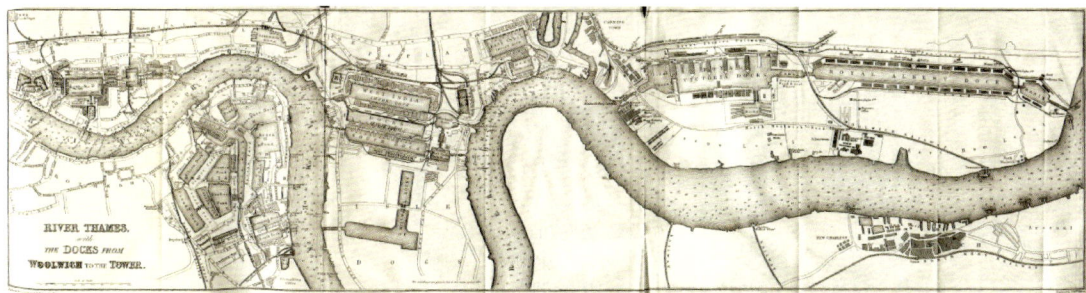

图 5-24　1882 年伦敦码头区全图

图片来源:White-Silent-Night. 伦敦码头区[EB/OL]. (2013-11-12). http://zh. wikipedia. org/wiki/%E5%80%AB%E6%95%A6%E7%A2%BC%E9%A0%AD%E5%8D%80

为激活这片衰落的区域,世界最具影响之一的内城复兴计划于 1980 年代开始,伦敦码头区再开发也在其中,分 3 个阶段将一个 22 km² 近似废弃的老区改造成伦敦的一个全新的金融、商业、商务区(表 5-2,图 5-25)。

表 5-2　伦敦码头开发历程

1981—1986	规划、筹备、预热阶段	通过对整体市场的准确判断,首期开发从道格斯岛启动。建立并推动私人住宅市场,实施基础设施建设,从而预热土地市场
1987—1990	社区基础设施建设	加大了对社区基础设施的投入,与此同时也加大了对政府公屋、医疗中心、教育及培训机构的投入
1991—1998	完善改造工程	宏观经济得到恢复,各项工程继续开展

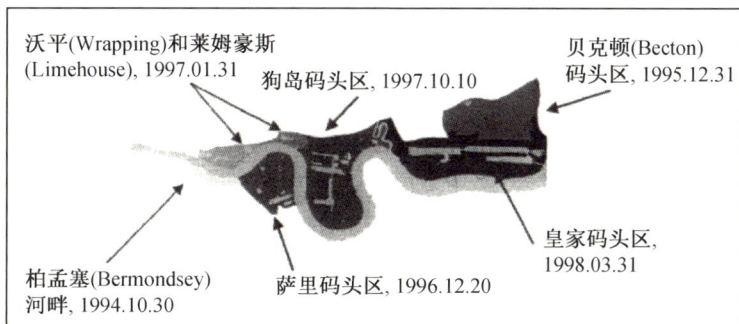

图 5-25　伦敦码头区阶段开发示意图

图片来源:伦敦码头区 LDDC 开发 1981—1998

1. 科学的功能定位(图 5-26)

码头位于伦敦的市中心,功能定位是以开发办公、农工业、住宅为主,以满足伦敦中心不同人群的需求。根据四大区域的不同地理位置和特点、不同的消费层次和需求,对码头区进行合理的功能定位,发挥出各区域自身优势,塑造出丰富各异的景观特色。其中夏德威尔大码头和萨里码头区定位为住宅、商业、旅游,并辅助旅游开发项目;狗岛码头区以办公、金融、贸易为主,配以商业和娱乐设施,一些世界著名的公司企业在此办公,如金丝雀、沃夫金融中心,是欧洲最大的改造项目之一;皇家码头区定位为开发区的交通枢纽,将城市机场(City Airport)设在此地,以解决开发区与欧洲其他国家的交通联系①(图5-27)。

用地现状(1997)

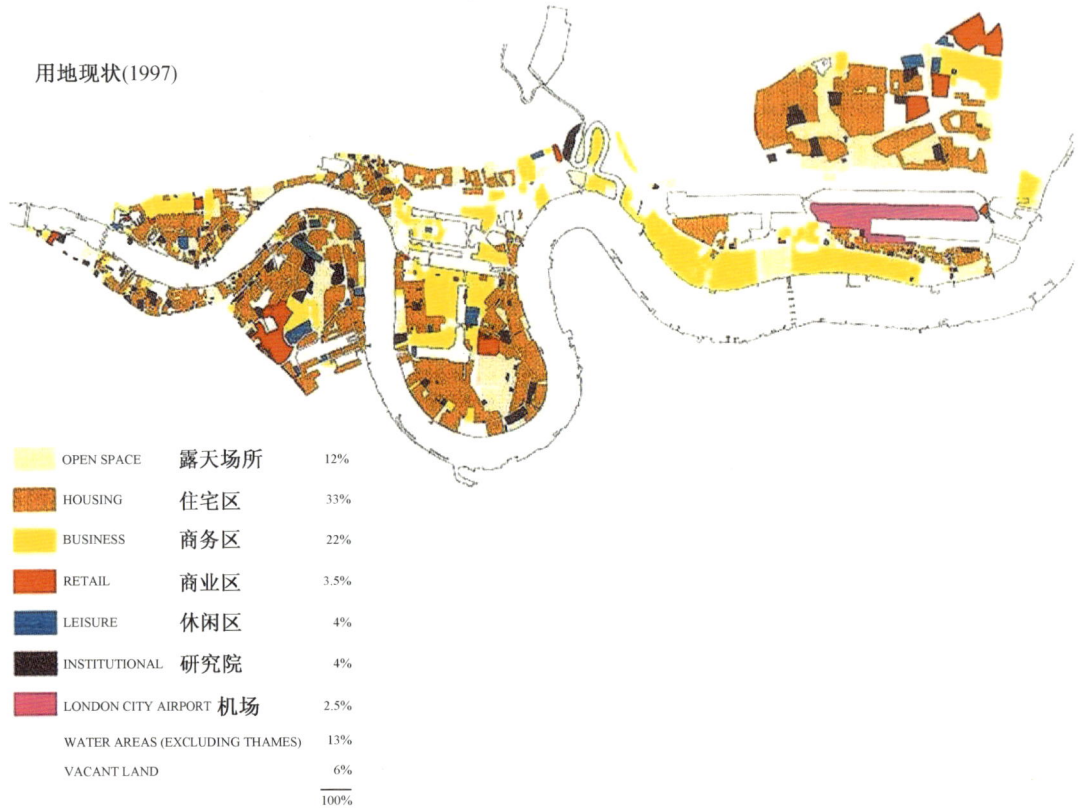

OPEN SPACE	露天场所	12%	
HOUSING	住宅区	33%	
BUSINESS	商务区	22%	
RETAIL	商业区	3.5%	
LEISURE	休闲区	4%	
INSTITUTIONAL	研究院	4%	
LONDON CITY AIRPORT	机场	2.5%	
WATER AREAS (EXCLUDING THAMES)		13%	
VACANT LAND		6%	
		100%	

图5-26 伦敦码头区功能布局
图片来源:英国伦敦码头区改造案例研究@都市综合体

图5-27 伦敦码头区全景图

图片来源:luo2801. 都市综合体论述之一[EB/OL]. (2010-05-15). http://luo2801. blog. 163. com/blog/static/6167520020104154849324

---

① 顾英. 伦敦码头区再开发成功的经验与启示[J]. 上海城市规划,1999(5):2

2. 以市场为导向的开发模式

1981年,英国政府成立伦敦码头区开发公司(LDDC),开始了对码头区的改造与复兴。LDDC是由政府牵头组成的半官方性质的都市综合体开发商,可以越过地方政府进行规划决策,并直接向国家议会汇报。伦敦码头区改造确定了以市场为导向的开发原则,没有制定整个码头区的详细规划,而是在改造的同时每年出台相关政策指导开发,由市场调整规划进程,以规划促进市场的繁荣。这种灵活的规划方法避免了码头区所属同行政区易出现的意见不合,也造就了伦敦码头区改造的成功。通过吸引私人开发商的投资,由LDDC对具体项目进行包装推广,再由私人开发商出面,达到融资的目的。

3. 基础设施的建设

伦敦对码头区改造的前6年投入了大量资金,用于基础设施的建设,包括对道路的建设、土地的平整、建筑的修复,占总开发资金来源的80%以上。改造前码头区交通状况十分恶劣,泰晤士河被分成若干个区块,区域之间没有适合的桥梁进行连接,两条铁路主线并不能直接通往市中心,需换成地铁。道路交通基础设施的改善是码头区开发的一个重点,1990年初LDDC共投资7 700万英镑建设码头区轻轨,全长12.5 km,其中一半以上为高架[1]。新建的河运枢纽、公交与地铁均能抵达附近地区,另外伦敦城市机场的建设和该地区光缆的铺设改善了整个地区的投资环境[2]。城市的主要交通得到改善,到1993年共建城市道路83.95 km。另外在狗岛与城市机场各建一座卫星地面接收站,与世界各地的通讯联系更加直接。到1998年,基础设施的建设为伦敦码头区创造了20 700个额外工作岗位(图5-28)。

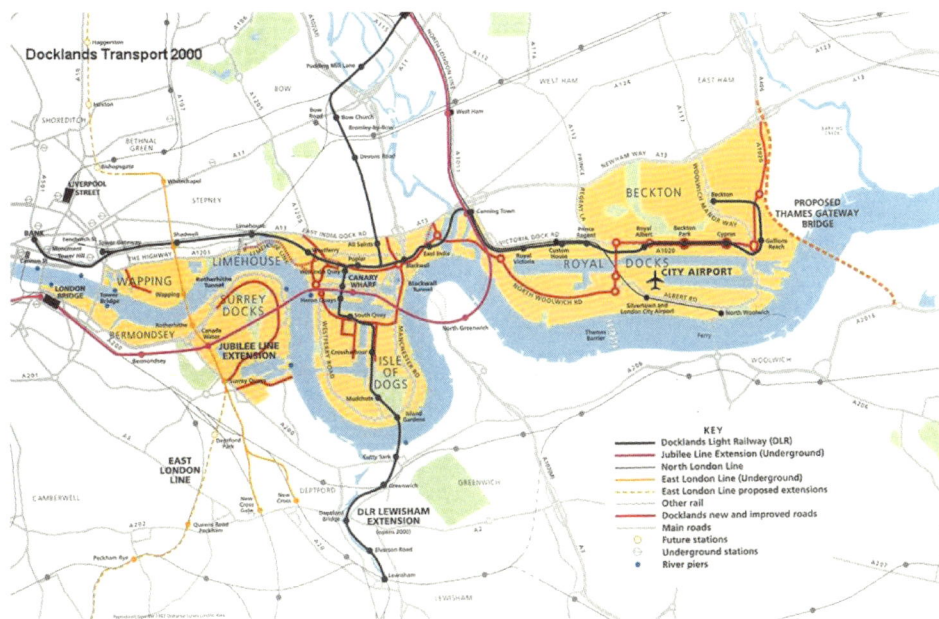

图 5-28　2000 年伦敦码头区交通现状图

图片来源:英国伦敦码头区改造案例研究@都市综合体

---

① Brownill S. Developing London's Docklands[M]. London:45
② Savitch H V. Post-Industrial Cities[M]. London,1991:76

4. 商业开发区的新建

伦敦码头区的商业开发也别具特色,其中狗岛码头区以办公、金融等商业开发为主,码头区中的金丝雀码头现已成为伦敦新的金融和商业中心,在此落户的世界超级银行和媒体机构包括汇丰银行、花旗银行、巴克利银行、每日电讯、独立报、路透社以及镜报等。作为欧洲近年来最大的开发项目之一,拥有 100 万 m^2 的办公空间,两个可容纳 400 人的酒店及其他商业娱乐设施,可以满足 5 万人的工作需求。1981 年不临水面的物业平均价格仅为 25 英镑/m^2,其商业租金也是全伦敦最低的。2001 年上半年,码头地区的甲级写字楼租金为每年 42 英镑。(图 5-29,图 5-30)

图 5-29 伦敦码头金融中心 1

图 5-30 伦敦码头金融中心 2

图片来源:伦敦码头金融中心[EB/OL]. (2010-11-22). http://image. baidu. com/i?tn=baiduimage&ct=201326592&lm=-1&cl=2&nc=1&ie=utf-8&word=%E9%87%91%E4%B8%9D%E9%9B%80%E7%A0%81%E5%A4%B4

案例分析:金丝雀码头(Canary Wharf)

金丝雀码头位于狗岛,是伦敦码头区的中心,原是废弃的工业区,占地 0.71 km^2,现在改造为伦敦新的金融中心区、城市中心区(图 5-31,图 5-32)。

图 5-31 1981 年的金丝雀码头

图 5-32 1996 年的金丝雀码头

图片来源:英国伦敦码头区改造案例研究@都市综合体

总体规划:与码头区其他区域开发情况不同,金丝雀码头开发商奥林匹亚和约克委托 SOM 公司对金丝雀码头进行了规划设计,形成了有序的公共空间序列,由林荫道、景观广场等组成(图 5-33)。规划设计在详细确定了建筑体量、高度、立面形式、檐口的处理、边界等后,很好地控制了码头的有序开发,与外围的无序产生了鲜明的对比[①]。

---

① 码头区由于过度强调私人开发商的权利,导致整体空间上的不连续、不协调,甚至疏远。

总平面图　　　　　　　　　　　　模型　　　　　　　　　局部平面

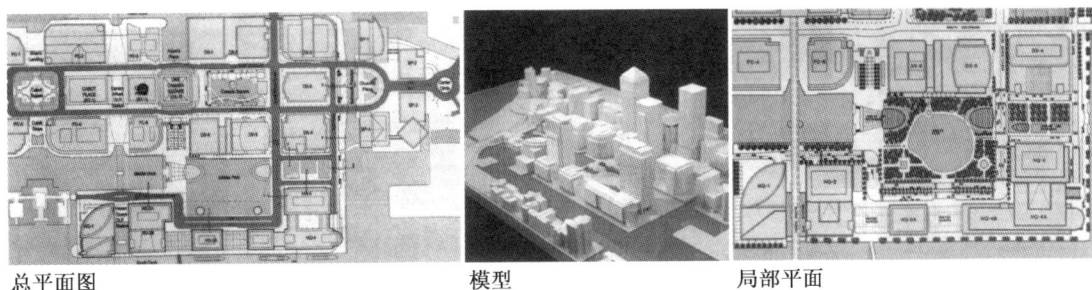

图 5-33　SOM 设计的金丝雀码头规划

图片来源:高健. CBD[EB/OL]. (2010-11-22). http://www.china-up.com/hdwiki/index.php? doc-view-267

地下空间的利用:为提高空间利用率,金丝雀码头充分利用了地下空间,给地面留出了足够的公共开放空间,增强了地上空间与地下空间的连接和协调,使二者成为一个有机的整体(图 5-34)。连接处采用室内中庭和室内下沉广场的方式,设有联系地上、地下空间的垂直交通和通往地下空间的人行出入口(图 5-37,图 5-39),连接体处采用透明玻璃(图 5-36),使连接体处空间明亮、纯粹;地下空间人行出入口设置大型自动扶梯,引导人流出入,使地上、地下流线贯通,空间融为一体(图 5-35)。

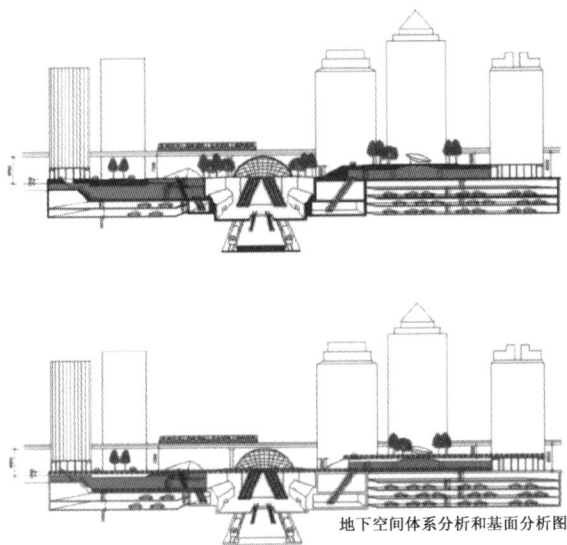

地下空间体系分析和基面分析图

图 5-34　地下空间体系分析图　　　图 5-35　地上、地下空间体系示意图

图片来源:韩晶. 伦敦金丝雀码头城市设计[J]. 世界建筑导报,2007(2):101

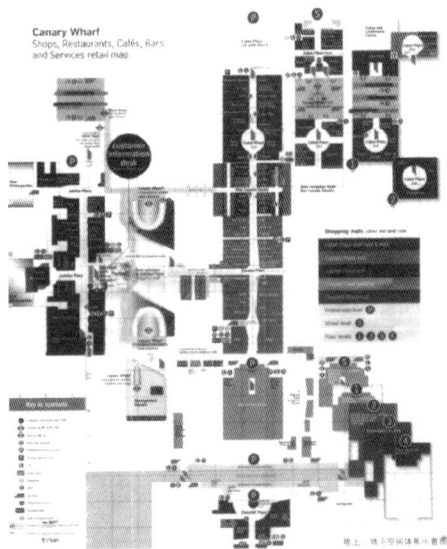

③ 立体的交通体系:金丝雀码头设有立体的交通体系,将不同的交通要素整合在不同的高度内,提高了土地使用率,避免了各要素间的流线交叉,使它们相互协作,达到高效运转。交通体系包括大型城市轨道交通 DLR 轻轨(连接码头区与内城金融区),朱比利(Jubilee)地铁线(直接与伦敦地铁系统相连,将金丝雀码头与内城行程缩短至 8 min),以及其他公共交通、步行交通、大型停车场等。西码头(West Ferry)双层环状道路系统通过抬高地面基面形成,其中上层用于公共交通——公共汽车、出租车等,下层服务于各办公楼的汽车交通,上下层之间可通过坡道进行转换;DLR 轻轨设于高于地面 7.5 m 处(图 5-38),

朱比利地铁站设于低于地面线 13 m 处,停车场设在地下四层,在地面解决滨水人行道交通。这些复杂的立体交通体系之间利用两个交通结合点,解决了不同交通形式之间的换乘问题。其中卡伯特广场(Cabot Place)结合点以轻轨站为中心,解决了汽车交通与轻轨之间的换乘问题;朱比利广场以地铁站为中心,解决了地铁、轻轨之间的换乘问题。

图 5-36 玻璃中庭

图 5-37 地下空间人行出入口

图 5-38 DLR 轻轨

图 5-39 地下空间人行出入口设置大型自动扶梯

图片来源:The Interior Archive. 金丝雀码头[EB/OL].(2010-11-29). http://image. baidu. com/i? tn = baiduimage&ct=201326592&lm=−1&cl=2&nc=1&ie=utf−8&word=%E9%87%91%E4%B8%9D%E9%9B%80%E7%A0%81%E5%A4%B4

5. 住宅情况的改善

1971—1981 年间,在英国经济衰退的形势下,码头区成为伦敦失业率最高的地方,人口流失严重,常住人口下降了 18.5%。区内 83% 居民由政府提供公屋居住,但公屋中的 20% 状况极差。1981 年 LDDC 开始分阶段对码头区进行改造,利用原来的码头建成各种规格档次的社会住宅和豪华住宅,1981—1997 年间累计完成了 24 042 套住房,可容纳 11.5 万人居住(图 5-40)。将原有港池或整治为游艇码头,供居民休闲游玩,或局部填埋作为小区内道路及停车位,或将港池保留并改造为小区内的水景,让人们在享受现代居住空间的同时又能联想到之前码头的历史景观,成为英国最大型的住宅建设项目(图 5-41)。

图 5-40　码头区新建住宅及保留的码头装卸设备

图 5-41　住宅区前的游艇码头

图片来源:伦敦码头住宅区[EB/OL]. (2011-03-05). http://image. baidu. com/i? tn = baiduimage&ipn = r&ct = 201326592&cl = 2&lm = − 1&st = − 1&fm = result&fr = &sf = 1&fmq = 1390750428202_R&pv = &ic = 0&nc = 1&z = &se = 1&showtab = 0&fb = 0&width = &height = &face = 0&istype = 2&ie = utf − 8&word = ％E4％BC％A6％E6％ 95％A6％E7％A0％81％E5％A4％B4％E4％BD％8F％E5％AE％85％E5％8C％BA

5.2.3　港口区域的转型

从完善整个城市空间布局的角度对港区进行重新定位和思考,将滨水区塑造成在经济、社会和文化等多方面提升工作和生活品质的公共场所,最终完成港口区域的转型——整合城市型的区域空间,这也是港口区域空间改造的一个趋势。

案例分析:横滨"未来 21 世纪港口计划"

日本横滨(Yokohama)是神奈川县的首府,日本第二大城市,是日本沿海开放城市兴起与发展的缩影。横滨港口优势突出,临港工业发达,是著名的滨海旅游与休闲城市。横滨东临东京港,南接横须贺等城市,北接川崎市,依靠临海港口从最初的小渔村发展成为日本第二大城市(仅次于东京),全国最大的内需型港口城市,主要为国内大型制造业中心提供原材料、能源物资和产品进出口服务。横滨港位于日本东部沿海,濒临东京湾西侧,北邻川崎港,依赖其优越的地理位置和自然条件,成为日本第二大港口和世界亿吨大港之一(图 5-42,图 5-43)。

图 5-42　横滨港鸟瞰

图 5-43　横滨港现状

图片来源:横滨港[EB/OL]. (2006-09-08). http://baike. baidu. com/view/175646. htm

横滨因其特殊地理位置的限制,无法成为地区经济中心,而早年古老的厂房和陈旧的码头及货场等老旧设施成为限制城市发展的障碍(图5-44)。为整合城市资源、发展滨海旅游与休闲产业,横滨港启动"未来21世纪港口计划"(MM21项目),对大都市进行整合重建,将原来的两个中心区(关内区和伊势左木町区)和横滨站两个地区连为一体,广泛开发水域面积填海造地。该计划将建设一个和谐、安定和丰富自然环境的具有多种用途的国际都市,建设面向新世纪的富有竞争力的新城市和新港口作为21世纪港口建设的首要任务。项目于1965年开始规划,1983年11月正式开始实施,为体现"未来"这一主题,至今仍在不断地建设与更新(图5-45)。

图5-44 1983年横滨港改造之前的情景

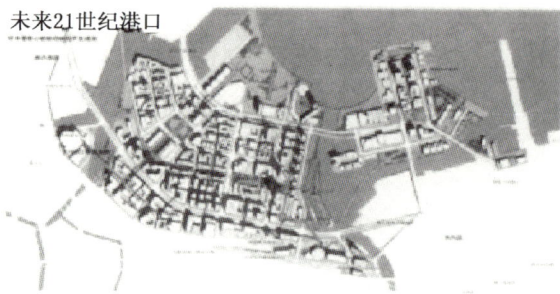

图5-45 1981年的规划方案

图片来源:王诺,白景涛.世界老港城市化改造发展研究[M].北京:人民交通出版社,2004:116

横滨港的开发特点可以概括为以下几方面。

(1)港口的整合与转型:MM21项目实现了横滨港口的转型。具体措施包括:对临海港口功能进行重新调整和布局,将关内、伊势左木町、横滨站区域的港口功能进行整合,促进港口中枢管理职能的集聚,留出更多城市生活空间,将港口的贸易、仓储等功能置换为适合城市居民活动的公园、绿地;对本牧码头、大黑地区的港口进行大规模投资,建设更适合现代集装箱运输的深水码头;将港口迁移出城市中心区,并对该地区进行功能改造,将办公、商业、教育、居住等功能有机结合,创造出更有魅力的城市空间,体现出横滨未来的发展方向——"国际文化城市""现代化信息城市""人文生态城市"(图5-46,图5-47)[①]。

图5-46 横滨未来21世纪港口街区

图5-47 横滨太平洋会展中心

图片来源:横滨港[EB/OL].(2011-05-09).http://baike.baidu.com/view/175646.htm

---

① 袁家冬,胡娜,李少星.横滨"港口未来21世纪"规划的分析与借鉴[J].国际城市规划,2008(23):37

（2）以绿化为主的开发主旨：绿化设计在 MM21 项目中占有很大比重，1/4 的用地用于绿化和景观。沿海岸线设置了安全通畅的步行海滨大道，步行道旁边风景宜人的园林与港口的宏观景色交相辉映。连接横滨站与临港公园的"国王大道"的海滨步行道，实现了人车分层，流线互不干扰，营造出现代步行空间系统（图 5-48，图 5-49）。

图 5-48　"MM21"岸边公园

图 5-49　"MM21"岸边绿地开放空间

图片来源：横滨港［EB/OL］．（2011-05-09）．http://baike.baidu.com/view/175646.htm

（3）人文、自然的设计理念：MM21 项目在规划中将经济开发、城市设计与历史文化的传承紧密结合，强调了人文、自然的设计理念，将能体现横滨港历史风貌的老建筑予以保留并加以合理的利用，是城市现代生活与历史文化的有机结合，并促进了城市整体环境的和谐统一。

如"红砖仓库"，是日本具有历史意义的重要仓库（图 5-50），曾作为 20 世纪初新建的码头国家保税仓库，第二次世界大战结束后的美军港湾司令部，也是日本当时最为现代化的仓库，极具保留价值。现作为展览、商业之用，其外观保护完好，与周边环境一并建设为"红砖公园"，已成为横滨的地标建筑（图 5-51）。

图 5-50　红砖仓库外部景观

图 5-51　红砖仓库内部景观

图片来源：从城市地标找寻美好生活魅力之源［EB/OL］．（2008-11-11）．http://ipad.jfdaily.com/sbyc/ipad/2008-11/11/content_400453.htm

（4）完善和先进的环保设施：为实现清洁安全型的城市环境，MM21 项目实施了许多体现节能环保的措施，如生活垃圾处理系统，将生活垃圾通过垃圾输送管道统一运送到处理中心，再将垃圾集中送到焚烧厂烧毁，其产生的热能还可为城市供暖，既卫生高效又环保节能；各种线路（水管、供电、通讯、供暖、煤气）统一设置在干线道路下方的大型公用地道内，既充分利用了道路下方空间,又减少了因线路维修对道路因反复开挖产生的破坏,也保护了道路景观(图5-52,图5-53)。

图 5-52　设于干线道路下方的综合管网地道

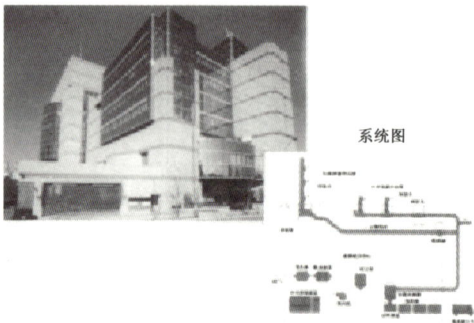

图 5-53　城市垃圾处理中心

图片来源:王诺,白景涛.世界老港城市化改造发展研究[M].北京:人民交通出版社,2004:125

5.3　港口区域空间发展借鉴

5.3.1　先进的规划理念

在港区开发建设中,长期有效的规划指导非常重要,其中包括科学的功能定位、相关政策法令的支持、合理的空间布局及高品质的环境,从而保证了港口开发的健康、可持续发展,也赋予了港区发展的生命力和可操作性。

汉堡港口新城开发项目的成功实施,与其总体规划的制定和贯彻有很大关系。项目从前期的建设,到后期的逐步实施,都是在2000年制定的总体规划的指导下完成的。规划确定了新城中功能的混合使用,界定了新开发的区域和保留区域的范围,确定了建筑和水岸的关系。之后的2009年的规划也是在之前规划基础上做的局部调整,从而保证了项目从开发到实施的一致性和整体性(图5-54,图5-55)。

图 5-54　汉堡港口新城 2000 年规划总图模型

图 5-55　汉堡港口新城 2000 年规划总平面图

图片来源:秦洛峰,魏薇.汉堡港口改造规划[J].新建筑,2005(1):33

横滨 MM21 项目中,城市规划与立法相结合,对项目的开发与建设起到宏观调控的作用,避免了因开发商为追求片面经济利益使城市整体发展失控的情况发生。其中规定了开发用地的容积率、建筑高度、建筑外墙后退红线距离、步行系统等。

5.3.2 全新的开发模式

合理的开发模式经过市场调查、科学的研究分析,对港口区域进行合理的功能定位,避免港口功能的重复开发,及不适合开发引起的不合理现象的出现,以发挥其优势,取得应有的经济效益、社会效益。

5.3.2.1 汉堡港口新城改造项目

汉堡港口新城改造项目采用吸引公私合作、各司其职的开发模式,政府(Public)+汉堡港口新区开发有限公司(Hafencity Hambing Gmbh,HHG)+私人投资方(Partnership)形成了 PPP 的合作模式:政府与 HHG 负责项目的整体开发,HHG 的工作由政府成立专门小组来负责监督,并成立城市发展委员会来推动项目的进行。将大地块拆成小块分包给适合的投资方建造,以保证城市空间、建筑空间、景观空间的高质量。

5.3.2.2 荷兰鹿特丹 KVZ(Kop van Zuid)建设工程

鹿特丹 KVZ 建设工程的开发模式采用市政组织和私人团体合作的方式。投资方式:政府与私人公司合作的投资方式,由政府负责基础设施的建设,如拉斯玛斯桥(Erasmus Bridge)、威廉敏那皇后广场(Wilhelminaplein),地铁站由荷兰政府和鹿特丹市政府共同投资建设,由私人企业负责各区中的建筑改造和更新。"共同利益"计划:目的是为了增加本地区的就业机会,协调项目中的各个组织,为各种人员和投资者创造新的经济活动,通过对基础设施的建设,支持本地企业和贸易活动,促进区域的经济发展。交流小组:是为了反映和实现公众意愿所设立的组织,公众可以就项目开发提出疑问并统一由小组负责人来解释,并随时将有关项目进展情况发布到信息中心,增加项目改造过程的透明度。

5.3.3 建筑的地标性

港口滨水景观空间中,建筑起到标志性和主导性作用。大型的标志性建筑往往位于城市中心区,是承载城市集体记忆的存储器,其色彩、造型、庞大的体量对城市的环境具有标志性。历史性建筑是城市发展历史的见证,因为它的存在其所在地段本身才具有历史地标性的意义,这些建筑的材料、结构、风格也具有很高的研究价值。在对港口区域的老建筑进行改造更新时,可以采取基本保持原有建筑外观和结构,通过改变内部空间进行功能置换的方法,赋予老建筑新的生命和活力。

5.3.3.1 法国马赛仓储建筑群

马赛码头仓储建筑群始建于 1863 年,作为马赛老港的仓储之用,总长 365 m,包括 13 栋 7 层高的建筑,是马赛港湾旁的巨大建筑综合体。在 20 世纪,由于马赛港货运功能的衰退,码头仓储建筑群失去了昔日的光辉。1990 年代,马赛老港进行改造,此建筑群也在改造范围之中。SARI 公司买下了这组建筑,并进行了一系列的改造更新工作。其最具特色的是建筑内部空间的设计,在每栋建筑中央设置了中庭并由步行道贯穿,使得建筑 3~7 层都获得了自然采光,建筑内部流动的空间与外部粗犷的外表形成了鲜明的对比,内院设计了可以反射墙面光线的倒影池,给人一种建筑仿似浮游水上的空灵感,展示了作为港口滨水建筑的特点。码头仓储建筑群成功的改造也使得马赛老港在今后的城市更新中更具保留和利用价值(图 5-56,图 5-57)。

图 5-56　改造前破败不堪的马赛码头仓库室内　　图 5-57　改造后的马赛码头仓库中庭水院

资料来源:王建国,戎俊强.关于产业类历史建筑和地段的保护性再利用[J].时代建筑,2001(4):12-13

5.3.3.2　汉堡港口新城公共建筑

在汉堡港口新城规划中,公共建筑的设计与建设为新城带来了活力和声望,其中最具代表性的是 3 栋公共建筑的设计。

B 号码头仓库改造位于地块西段,原是哥特风格的老仓库,被改为海洋博物馆。其 1.43 万 m² 的大空间很适合作为展览所用。MRLV 事务所在设计过程中并没有进行大的改动,为将建筑的工业美感展示给游人,建筑外观仍然保留了红砖外墙饰面和丰富的细节,使建筑本身也成为博物馆展览的一部分(图 5-58)。

易北爱乐厅是在 A 号码头仓库基础上改造设计而成,由瑞士建筑师赫尔佐格和德梅隆设计,建筑下部保留了原有建筑的红砖墙面外皮,内部空间与结构完全拆除,上部设计了波浪起伏的玻璃顶,包含音乐厅、五星级酒店、公寓住宅等功能,是对码头历史文脉的延续(图 5-60)。

科学中心是另一个具有视觉冲击力的建筑,由荷兰大都会设计事务所 OMA 设计,拥有高 80 m 建筑的巨大体量,成为地标性景观(图 5-59)。

图 5-58　改造后的海洋博物馆

图 5-59　拥有巨大体量的科学中心

图片来源：王佳佳. 德国第一大港口城市［EB/OL］. (2010-01-03). http://163. foloda. com/topic/sh/hsl/zykct40/zyhsl10/index7. html

(a) 外部空间

(b) 内部空间

图 5-60　易北爱乐厅

图片来源：建筑设计：德国汉堡易北爱乐厅［EB/OL］. (2011-11-04). http://news. ccd. com. cn/Htmls/2011/11/4/20111114111232119541-5. html

5.3.3.3 毕尔巴鄂古根海姆博物馆

由盖里设计的毕尔巴鄂古根海姆博物馆独特的造型既是建筑师个人风格的延续，同时也契合了古根海姆负责人的要求。他们希望这幢建筑具有强烈的吸引力，也最终成为该城市的标志性建筑物。古根海姆博物馆的建成使毕尔巴鄂这个已现颓势的昔日海港城市提高了国际知名度，来博物馆参观的人们趋之若鹜，成为欧洲文化界人喜爱之地。一个好的建筑设计不仅能提高建筑所在地段的文化品位，也是对建筑进行的新的诠释。它像一座未来之城静静地矗立在河边，和仅有一街之隔的旧区建筑在建筑形式强烈的对比之下，又相互吸引，水面的轻盈流动与建筑的厚重坚固、水的清澈与建筑的熠熠生辉、现代与古代这一系列的对比要素同时交织在古老的街区与现代技术结合的戏剧性空间里，不仅没有对周围环境产生负面影响，而且通过现代科技手段为这座城市的历史、环境和文化传统赋予了更为丰富的内涵。设计师成功地将建筑的旺盛生命力辐射到城市的各个角落(图 5-61)①。

图 5-61　毕尔巴鄂古根海姆博物馆

图片来源:西班牙古根海姆博物馆[EB/OL].(2006-05-24).http://www.sj33.cn/architecture/slsj/wenhua/200605/8790.html

5.3.4　可持续发展的观点

1987 年,联合国环境与发展委员会在《我们共同的未来》一书中正式提出可持续发展(Sustainable Development)——"既满足当代人的需求,又不对后代人满足其自身需求的能力构成危害的发展"这一理念,之后迅速成为各学科研究的焦点与前沿课题。其核心是对资源和环境的保护,在港口区域空间发展中得到了最完整的体现。

5.3.4.1　可持续要素的使用

港区拥有丰富的人文资源、自然资源、历史资源、工业遗产等,是物质、情感、思想上的多种财富,在港口的空间发展过程中,这些资源都是可持续发展的要素。这些要素的使用,使港口空间更具有可识别性,以及观赏价值和存在意义。如果在港区的改造中只进行单纯的更新重建,完全拆除码头原有的构筑物和设施,将使港口文化缺失。这些具有象征性的元素作为历史符号被保留下来,延续了港口的历史记忆,在经过改造更新后形成了新的体系,承载了更多新的城市功能和意义,最初的功能反而变得模糊了。

1. 汉堡港口新城保留的码头符号

服务于达尔曼码头和布鲁克门码头的运河随着码头的衰落逐渐失去了原有的作用,在汉堡港口新城规划中将码头的装卸设施、拴船柱等保留下来,作为滨水岸边的景观小品,向人们重现了码头昔日的繁荣。汉堡港口新城成功地将港口码头构筑物与现代景观融为一体,工业符号作为景观要素得到了可持续利用和发展(图 5-62)。

位于汉诺威的罗瑟公园,拥有众多的老建筑,其中汉诺威火车站最具代表性。汉诺威是水陆交通枢纽,汉诺威火车站是汉堡最重要的火车站之一,这里曾作为运送犹太人和吉卜赛人去往集中营的集结地。设计师在改造中保留了原来的站台和铁轨,并以此作为设计思想,在站前广场和站台之间设计一条直线贯穿整个公园,直线的两端即是遣送之路的起点和终点,与周围的环境整合在一起,独特的构思给整个公园平添许多教育意义和历史意义(图 5-63)。

---

① 王宇.滨湖风景与建筑[D].南京:东南大学,2011:50

图 5-62　河岸边被保留的码头起重机　　　　**图 5-63　汉诺威被保留的铁轨**

图片来源:刘延超.基于可持续理念的汉堡港口新城更新研究[D].沈阳:沈阳建筑大学,2012:42

2. 杜伊斯堡内港公园中的"记忆"元素

杜伊斯堡位于莱茵河与鲁尔河交汇处,曾是德国重工业中心,1980 年代后期,重工业的衰落使得城市成为失业率最高的地方,作为当时世界最大的内港,杜伊斯堡内港也随之被废弃。杜伊斯堡内港公园改造就是为城市复兴所做。其中对工业、建筑遗迹的利用,重拾了人们对港口昔日繁盛的回忆。以色列著名艺术家丹尼·卡拉凡在设计中将之前的遗迹——破败的建筑、碎石堆、钢框架等元素融入整个设计中,让植物在碎石堆上自由生长,建筑的屋顶上栽种树木,保留了碎石堆旁的称重货物的秤台及旧仓库拆剩的白色钢框架。遗留元素与现代景观元素之间产生了强烈的对比,唤起了人们心中的共鸣,以"记忆"元素形成的奇特景观向人们展示从前内港时期的辉煌,这种文化的改造与更新促成了杜伊斯堡内港转型的成功(图 5-64)。

5.3.4.2　空间的弹性设计

"弹性"(Elasticity)是物理学上的概念,意为当引起物体变形的外力撤掉以后,变形物体恢复原来形状和尺寸的能力。在建筑学领域,弹性设计指将不确定的因素纳入设计体系中,满足各种变化需求的可持续发展的空间设计,是合理利用资源、以人为本的有效结合,弹性设计的概念已拓展到环境、社会的范畴。

在港区空间动态的演变过程中,弹性设计为港口空间的变化提供了多种可能性,以增强空间的适应能力。多种功能在同一空间的存在,使各功能之间的联系更为紧密,在节约资源的同时也增加了空间的吸引力,促进人与人之间的交流。将可变的因素渗透到港区空间设计中,可以获得自由灵活的空间环境。这种形式的空间可以通过弹性设计来实现,创造一种灵活多变、张力十足、可持续发展的空间效果。

1. 悉尼达令港空间设计

达令港位于悉尼市中心的西北部,昔日是悉尼的铁路站场和港口工业区,后因为悉尼工业的衰落而成为荒芜的死水港。达令港是为庆祝澳大利亚建国 200 周年所做的城市复兴项目,是庆典的中心场所。在城市中心为大型公共建筑开辟了一整块区域,其中包括了临海步行道、在澳大利亚的中国画院、国家海洋博物馆、海湾市场、旅馆、高架环路单轨电车路线等。

达令港在对外部空间要素的组织和运用上,将港区、公园、绿地、码头遗址等外部空间要素融合在一起,创造了多元、动态的城市景观效果,体现了滨水空间元素构成方式的多样性,也造就了达令港的繁华和多姿多彩,能满足游客的不同喜好和兴趣。为塑造丰富的港域空

"记忆公园"鸟瞰

拆除建筑遗留部分屋顶上的树

建筑残渣和碎石堆的"记忆"元素

秤台与白色钢框架的"记忆"元素

图 5-64　杜伊斯堡内港公园中的"记忆"元素

图片来源:陈志翔. 修旧为创新,整合求转型——杜伊斯堡内港公园改造[J]. 现代城市研究,2006(3):85-86

间,将城市主干道和单轨电车设于高架桥上,将人行道设在地面。人行与车行流线互不干扰,尊重了人在设计中的重要性,吸引了众多游人来游玩、参观,使人充分地参与到公共活动中去,在空间构成上则体现了平面的融合与立体上的交叉,丰富了港域空间景观效果(图 5-65)。

　　2. 伦敦码头区滨水再开发

　　伦敦码头区滨水再开发项目有效地组织了多种元素,合理利用了空间资源,创造了宜人的城市环境,金丝雀码头的空间设计是其中的典范。金丝雀码头位于狗岛中心区,东西两侧均与泰晤士河直接相接,内部还保留有原码头的水面,特殊的地理位置和自然资源是金丝雀码头的一大特色。其历史人文资源也很丰富,拥有工业码头的遗址,也与伦敦古城的空间重合。在码头设计中,内涵丰富的历史人文资源与自然资源构成了码头开发的基本要素,自然、历史人文资源被注入城市的生长脉络之中,生活、娱乐、休闲等功能相互结合,在整合了空间要素的同时,为建筑和环境赋予了新的生命和活力(图 5-66)。

5.3.4.3　生态的可持续性

　　港口区域因具有良好的自然条件而成为城市的发源地,区域内的土壤、水体、植被等自然生态因子都是港口区域生态环境的内容。保护生态环境已不仅限于对生态系统的维护、

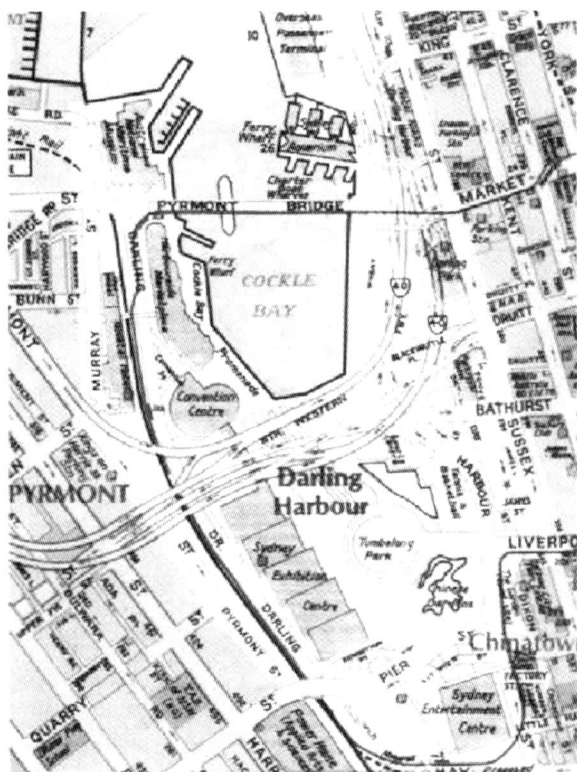

(b) 水景广场

(a) 总平面图　　　　　　　　　　　　　　　　(c) 单轨电车

图 5-65　悉尼达令港空间设计

图片来源:MSJ 集团.达令港改造,悉尼,澳大利亚[J].世界建筑,2000(10):45

对环境污染的治理,而应将其作为区域可持续发展的一个重要组成部分。将生态的可持续性作为一种理念注入港区空间的动态变化过程中,是港区空间发展的一个重要内容。生态型港口是未来港口发展的趋势,应以生态观念为指导,建设环境健康、保护生态、低能耗、低污染的新型港口,建设生态环境良好与高效、高度生态文明的港口①。

1. 悉尼港绿色生态港口建设

悉尼港位于澳大利亚新南威尔士州东部,主要由悉尼港区和波特尼港区组成。悉尼港致力于建设绿色港区,将生态理念融入港口的发展变化中,取得了很大的成就(图 5-67,图5-68)。

悉尼港的绿色生态港口建设在以下几方面采取了积极的措施。

(1) 防止水体污染:为防止港口的生产活动对港域造成水体污染,悉尼港采取了各种措施来应对。对于陆地的雨水、废水,设置专门的处理装置,经处理过的雨水、废水可以达到饮用标准,或用于树木浇灌和卫浴;对溢油污染,组建海上柔性浮式控油栅栏。

(2) 环保的交通方式:港口运输以废气排放量较少的铁路为主,减少废气排放量较高的公路运输,其铁路运输近年来呈上升趋势(图 5-69)。

---

① 蔡丽娜.国外绿色港口建设经验与启示[C].2010 年船舶防污染学术年会论文集,2010:487

(a) 滨水大道

(b) 绿化与景观小品

(c) 游艇码头

(d) 空间鸟瞰

图 5-66　伦敦码头区景观

图片来源：金丝雀码头［EB/OL］．（2010 - 11 - 29）．http://image. baidu. com/i? tn＝baiduimage&ct＝
201326592&lm＝－1&cl＝2&nc＝1&ie＝utf－8&word＝％E9％87％91％E4％B8％9D％E9％9B％80％E7％A0％
81％E5％A4％B4

图 5-67　环境优美的悉尼港 1

图 5-68　环境优美的悉尼港 2

图片来源：百度百科［EB/OL］．（2008-07-07）．http://image. baidu. com/i? tn＝baiduimage&ct＝201326592&lm＝
－1&cl＝2&nc＝1&word＝％E6％82％89％E5％B0％BC％E6％B8％AF&ie＝utf－8

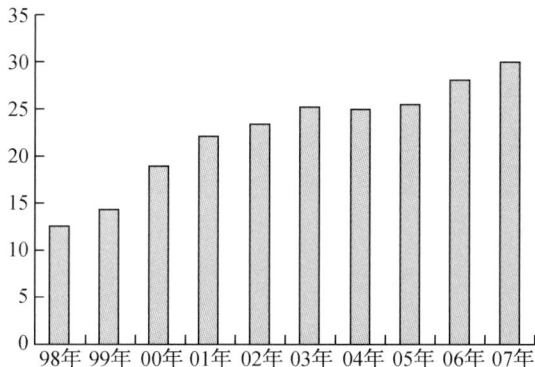

图 5-69 波特尼港区铁路运输量(万 TEU)

图片来源:卢勇,胡昊.悉尼港绿色港口实践及其对我国的启示[J].中国航海,2009,32(1):74

(3) 降低港口噪音:开通噪声投诉热线,成立专门的噪声管理委员会,并制定相关噪声管理规划。这些措施有效地控制了港口生产、施工带来的噪声污染。在 PBE(Port Botany Expansion)工程中按照噪声管理实施的"施工噪声和振动管理计划"(Construction Noise and Vibration Management Plan)、"夜间施工噪声管理计划"(Night-Time Works Noise Management Protocol),成功地将噪声控制在47 dB 左右(施工噪声控制目标是 51 dB)[1]。

(4) 生物保护:悉尼港采取多种方式来保护物种,如悉尼大学生态研究中心进行"海洋生物栖息地研究",NSW 国家公园和野生动物保护局进行"波特尼湾双纹鸟生存状况研究",然后根据课题的研究成果来制订生物保护方案[2]。甚至在进行波特尼港区的改造过程中,因小燕鸥在当地的筑巢而推迟施工,等引导小燕鸥在其他地方筑巢后才开工。

(5) WRAPP(Waste Reduction and Purchasing Plan)计划:是针对港区产生的建拆垃圾、生产垃圾、办公垃圾的处理计划。对于建拆垃圾,采取降低垃圾生成量、回收再利用为主的原则;对于港口生产垃圾如油污水,采用油污分离器进行分离,将船舶上的垃圾运送到岸上再进行处理,并在运输途中采取一定的保护措施防止泄露;对于办公垃圾,进行回收再利用处理,并提倡使用环保办公用品。

2. 汉堡港口新城低碳实践

汉堡新城的规划与实施都围绕着城市生态可持续性展开,在对老港区进行改造的同时,采取了一系列的低碳设计,实现了"城市性"与"生态性"的高度统一[3]。

(1) 节能高效的能源系统:港口新城采用热源的核心原则是节能高效,使用分散式地热与太阳能解决区域内的热能需求,新型的供热系统也降低了 CO_2 的排放量(表 5-3)。

---

[1] Bulk Liquid Berth No. 2-Port Botany Noise Assessment Report[EB/OL].(2006-10-16)[2008-06-18]. http://www.sydneyports.com.au/__data/assets/pdf_file/0013/4315/appendixf.pd

[2] 卢勇,胡昊.悉尼港绿色港口实践及其对我国的启示[J].中国航海,2009,32(1):74

[3] 车洁龄.汉堡港口新城低碳策略的实施及其空间影响研究[C].第九届国际绿色建筑与建筑节能大会论文集,2013:1

表 5-3 可持续发展框架

设计内容	设计目标
环境	城市更新:港区与滨水区的融合;滨水区域:适应全新的地形与气候
城市结构与公共属性	平衡公共空间、私人空间
交通	低能耗的交通方式:地铁、燃料电池公交汽车
能源供应	安全供应、低价、高效;CO_2 排放基准,低于 200 g/(kW·h),远期目标低于 175 g/(kW·h);应用太阳能与燃料电池
建筑的节能	使用可持续能源;应用环境友好型建筑材料;采用可持续的设施管理措施

（2）生态的绿化景观系统:汉堡新城采用生态的绿化景观系统,形成了有机的绿网结构（图 5-70）,形成环状绿网+线状绿带+点状绿植的结合形式。其中包含 10.5 km 的滨水岸线和 0.26 km² 的绿地面积,在滨水地带与主干道两侧均设置绿廊,各分区节点放大为景观公园。新城中心设置了宽 100 m 的绿带,打通了老港区的绿色景观视廊,并辅助点状绿植小品和步行道,以衔接新城与内城。大面积的绿化景观有效地吸收了 CO_2,降低了新城热岛效应,实现新城生态可持续性。

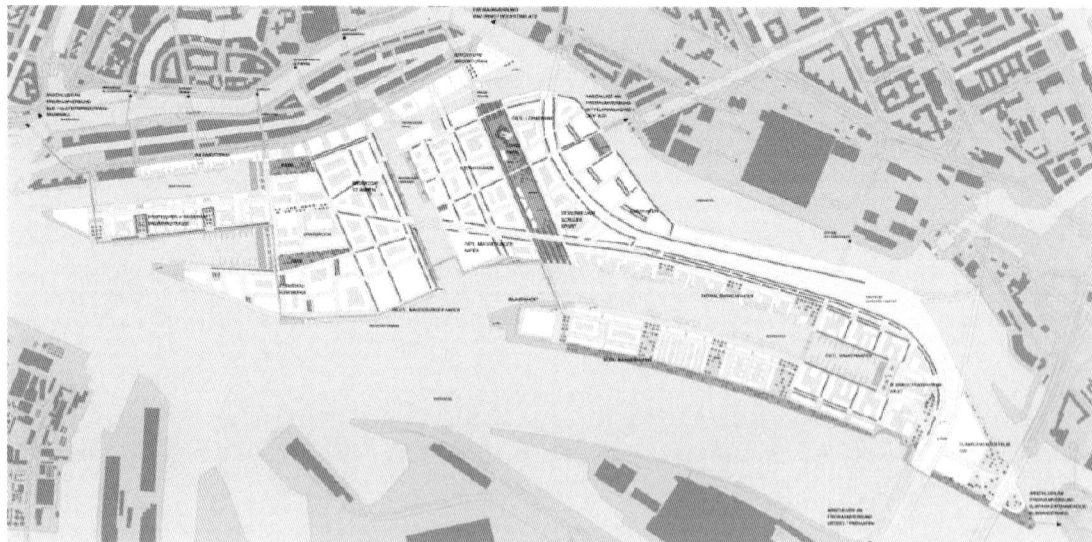

图 5-70 港口新城的绿化景观系统

图片来源:车洁龄. 汉堡港口新城低碳策略的实施及其空间影响研究[C]. 第九届国际绿色建筑与建筑节能大会论文集,2013:5

（3）可持续建筑的认证系统:港口新城在建设过程中颁布并实施了生态建筑认证系统,并设立"生态奖"以肯定节能低耗的港区建筑设计（表 5-4）。

表 5-4 港口可持续建筑的认证系统

类别	核心内容	详细内容
第一类	建筑运行的低能耗	能耗标准远低于法定标准,居住建筑需达到被动式房屋标准
第二类	建筑内部公共财产管理的可持续性	使用先进的洁具以降低水的消耗,底层开设咖啡厅,建设屋顶花园
第三类	环境友好型建筑材料的应用	禁止使用卤素、挥发性溶剂或生物杀伤剂的材料,建设木材需经过认证
第四类	健康与舒适的环境标准	室温舒适,采用非过敏性装置及配件,保证混响和隔音,采用自动空调,具有空间的眩光保护和空气流通装置
第五类	无障碍系统与机动性	考虑针对残疾人的设计,采用可持续的建筑设备,使用低维护与耐用材料

  (4)低能耗的交通系统:港口新城倡导零排放的非机动交通方式和公交、轨交交通方式,如自行车、步行的网状道路系统。有多条公交线路,其中6号公交线路采用了零污染燃料电池驱动的新型巴士,自行车站点与轨交站点、公交站点重合,实现了市民出行的零污染,塑造了生态、环保、低能耗的交通系统(图 5-71,图 5-72)。

图例:
- 机动车道两侧的自行车道
- 自行车与步行混合使用
- 自行车专用车道
- 独立的自行车道与步行道
- 公共空间与步道、对自行车开放
- 沿易北河长距离自行车路线

图 5-71 港口新城自行车系统布局

图片来源:European Commission. Hamburg: European Green Capital 2011[M]. Luxembourg: Publications Office of the European Union, 2011:34

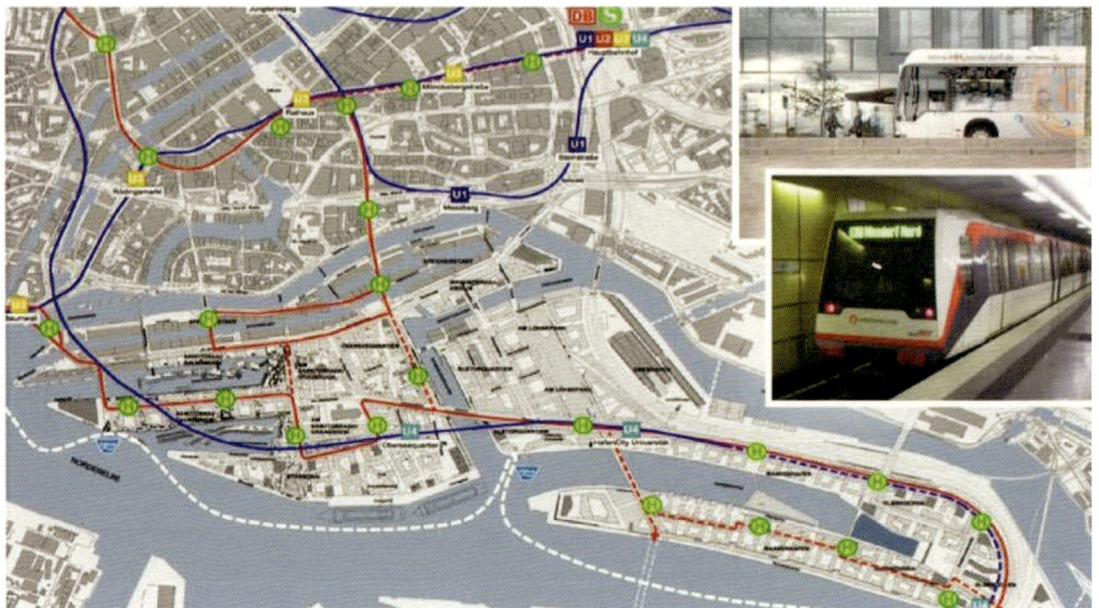

图 5-72　港口新城公共交通系统布局

图片来源：Lindlahr P. The Hamburg Strategy to Combat Climate Change［R］. Hamburg，2007：19

5.4　小结

　　本章以国外几个非常有影响力的城市港口区域开发案例为例，分析了城市港口区域空间开发的背景、过程、成效、经验以及教训，从而为我国港口空间开发提供借鉴。

6 长江下游城市港口区域空间发展优化策略

6.1 港口区域空间形态发展存在的问题

6.1.1 港城规划的不合理性

6.1.1.1 港城规划的不一致性

港口规划与城市规划的协调对城市和港口的发展起到至关重要的作用。长江下游几个城市中心基本都靠近港口地区,港口与市中心的距离大都在 10～20 km 范围内,甚至城市中心与港口区域紧紧相连。港口在地理分布上与城市保持着密切的联系,城市活动与港口也密不可分,港口岸线既作为港口布置码头作业区的场所,同时也是有设计城市风景旅游岸线、设置临港产业的不可缺少的场所。所以二者之间的协调发展、统筹兼顾极为重要。在制定港口规划时,不仅应考虑港口作为城市基础建设的重要一环,必须满足港口自身的发展需要,更要从满足城市的需求出发,充分考虑环境保护和可持续发展的需求,把港口建设成为城市新时代的标志,体现城市特色。在进行城市规划时,要考虑到港口在城市繁荣中起到的对经济行为活动的参与性及载体作用,体现在对提高城市综合运输能力的能力上,注意将港口与分拨中心、验放中心、保税区、开发区、科技园、临港工业相结合,充分发挥港口调整城市产业结构、改善城市投资环境的作用①。

长江下游港口规划普遍存在与城市规划不一致、各自为政、发展建设缺少统一部署的问题,导致港城发展产生矛盾,如发展空间之间的矛盾(为了各自生存和发展对有限资源和空间的掠夺)、城市与港口土地利用的矛盾(城市交通与港口集疏运交通互相交织和影响)、港口功能的分区不明、鱼龙混杂。这些存在的现象既阻碍了港口的发展,又对城市造成了极大的干扰。

关于港口合理的规划方式可以借鉴鹿特丹港的规划模式:鹿特丹港隶属鹿特丹港务局管理、经营和开发,但欧洲交通委员会从欧洲城市整体发展的高度上对欧洲内河航运发展进行统一规划,制定了协调欧盟各成员国港口区域统一的引水法、货物运输法、码头装卸法、港口进出口法、港口服务市场法等。鹿特丹港在开发、经营、管理港口及临港产业发展方面都处于世界领先水平,从而建设出最高效、可持续性发展和安全的港口。

6.1.1.2 城市规划缺乏区域联动

要体现长江下游区域的战略地位,要发挥本区域内城市在经济、政治、文化、综合实力等多种优势,发掘内涵的巨大潜力,就要从更高的高度对各城市统一规划。长江下游各市缺少统领全局的规划和协调,造成产业结构趋同、重复建设的现象,虽然经济处于较为发达阶段,

---

① 杨华雄. 论港口与城市的协调发展[J]. 中国港口,2000(06):9

但与发达国家相比仍有不小差距。为避免这些问题,就要从城市发展模式上进行资源整合,克服目光短浅造成的重复建设、资源浪费、盲目投资、无序竞争、结构趋同、环境污染等种种弊端,形成区域内可持续性发展。

6.1.1.3 港口建设的弊端

长江下游港口建设存在缺乏协调、建设无序重复、规划布局与选址不合理、腹地交叉利用、恶性竞争导致的资源不足等弊端,使得港口设施得不到充分利用,从而造成投资损失,也对区域的空间形态产生影响。各港口城市对港口开发混乱,分散了港口区域内空间发展的重点,不能有效地对区域资源进行配置,港区的基础设施也无法形成系统性的配套设施。要形成以上海国际航运中心为中心,以南京、镇江、南通为主枢纽港,以张家港为地区重要港口,以江阴港为地方港口的港口区域规划布局,并对各港口按物流加以规划和建设,建成有序发展、功能明确、联系紧密的世界最有竞争力港口群。

港口岸线环境是不可再生的优势资源,必须最大限度地利用。长江沿线的港口功能布局散乱,趋于单一,岸线利用结构不合理,使用效率低下,存在企业乱占乱用、多占少用、深水浅用,以及上下游不合理地交叉使用的现象。沿长江南岸港口比较密集,功能上缺乏合理分工,分布较分散,未形成港口群整体优势,不能发挥该有的投资效益,也不能确保岸线资源的可持续利用。

6.1.2 港城空间发展的矛盾

6.1.2.1 港城空间各自发展

因长江下游港口城市与港口在发展需要的土地、岸线资源、环境之间产生相互交叠、影响和制约,土地利用矛盾日益突出。如张家港港区与城市生活区接壤,二者在空间发展上难免出现碰撞。港区要发展、要扩张,势必会侵占城市用地,生产中产生的噪音、粉尘等有害物质对城市环境造成危害;城市的发展也需要空间的支撑,港口规模扩大,沿长江岸线领域的增大,阻碍了城市沿江方向的发展。

6.1.2.2 城市交通与港口集疏运体系的矛盾

港口是具有水运条件的城市快速发展的重要原因,是城市对外窗口、多种运输方式的连接点和转换处。港口发挥的作用是其他运输方式(空运、铁路、水路、公路)无法比拟的,港口城市的综合交通并非各种运输方式的简单叠加,而是需要协调港口多种运输方式之间和城市内外交通的关系,并进行综合考虑,才能发挥港口运输的能力和城市交通的功能。前述6个港口城市和港口的交通体系各自存在不同的问题亟待解决。

(1)港城交通体系平行发展,争夺空间资源。如张家港港作为城市发展的核心战略资源,其港口发展是张家港市加快产业升级、转型发展的重要契机,是实现城市空间优化、区域协调的重要推力,但港区缺乏直接对外通道并穿越城区,与城市交通产生交叉;港城交通平行发展,缺乏有效分隔,造成港城交通互相干扰,不通畅,疏港交通反而成为制约港口发展的瓶颈。

(2)疏港运输结构不合理,制约港口和腹地的发展。如江阴港铁路运输建设缓慢,缺少稳定价廉的远距离大宗干散货运输方式,加大了运输成本,降低了经济效益。而江阴因自身条件限制,集装箱运输发展也停滞不前,使港区发展前景雪上加霜。港区将运输重担放在了公路运输上,造成公路运输压力过大、港区交通拥堵、环境污染等问题,影响港城空间的合理拓展。

（3）港城交通体系不完善,相互影响制约。上海是全国最重要的交通枢纽城市和港口枢纽城市,但港城交通体系依然存在一些问题:疏港交通体系不完善,专为港区服务的铁路专线少,如外高桥、罗泾等与铁路不连通,疏港运输分布不合理,与城区交通交叉而又缺乏有效衔接,内河港口运输未发挥出原有功能,给陆路交通造成压力,因城市交通不完善而侵占疏港道路,城市交通和港口集疏运体系二者相互影响、相互制约。

（4）新的运输格局带来挑战。沪宁高铁和城际铁路的开通,对南京原有城市、港口运输格局产生了很大的影响。高铁的出现,使原有铁路负担的客运转向高铁,实现与原有铁路的客货分流,推动铁路集装箱运输和多式联运的高速发展,释放沿线铁路货运能力,为港口发展水铁联运创造了有利条件。但新的运输方式对南京作为我国水运中转枢纽的地位造成冲击,降低了南京作为长江中上游物资中转地的竞争力,限制了港城的进一步发展。

6.1.3 港区建设对生态的破坏

港区所在地通常聚集着大量的污染性大的工业,在对港区进行开发的同时对生态环境造成一定的破坏,其产生的噪音、废气、废水、粉尘等污染物导致港区水域质量恶化、生物种类减少甚至灭绝、滨水湿地被严重污染等一系列生态问题。

我国港口的建设目前正处于高潮期,但在港口规划建设时缺乏环保意识,在生产过程中缺少相应的处理措施,使得港口环境质量问题严重,如何解决港口环境问题迫在眉睫。而且目前我国对于港口生态保护的举措多停留在港区绿化、污染源治理等低端层次上,在诸多环节上还存在着误区,如对港口经济发展模式的选择、节能减排措施的实施、港口环境管理体系的创新、相应的环境保护条例的制定、对生态港口设计的研究、系统的生态港口评估体系的建立与建设规范的制定等①。

绿色生态是一种发展中的概念,是在对环境影响和可获得的经济利益之间取得的一种平衡。应在港区生态承载力范围内进行建设,建设出生态健康、绿色环保、高效文明、可持续发展的良性循环的港口。建设绿色生态港口是国际港口共同的目标,国外在绿色生态港口建设方面取得了很大进展,值得我们学习和借鉴。

6.1.4 港口开发存在的误区

1950 年代开始,由于生态理念和港口经济结构的转变,世界许多著名港口和城市在空间布局上发生了很大变化。为避免生态安全隐患及满足港区更高的发展要求,港区从市中心逐渐分离出来,并在远离滨水区的地方选址建设新港,老港区则进入再开发阶段。

我国港区再开发起步较晚,由于经济发展的不均衡,港口处于不同的经济发展阶段,港口对城市的经济贡献也不尽相同。到 1990 年代,随着港口城市经济结构的变化,其港口面临功能转型问题,同时进入再开发状态,其中包括对港口区的功能整治与重塑、对港口工业遗产的保护再利用等内容。但我国港区再开发尚处于起步阶段,对港区的改造仍存在许多问题,如照搬照抄国外港区改造的成功案例,造成港区与城市原有肌理断裂;对工业遗产如

---

① 蔡丽娜. 国外绿色港口建设经验与启示[C]//中国航海学会船舶防污染专业委员会. 2010 年船舶防污染学术年会论文集. 北京:人民交通出版社,2010:489

码头、仓库、厂房的保护与利用不够重视,没有认识到历史遗产保护更新与港区再开发结合的重要性,对工业遗产的保护仅停留在文物和公共建筑的范围内,甚至认为码头、仓库、厂房没有保留价值而对其进行拆除。我们应借鉴国外城市港区再开发的经验和教训,建立适合我们的港区再开发设计及管理体系。

6.2 港口区域空间的发展策略

6.2.1 港口的功能定位

长江下游地区聚集着中国最大的港口群,包括上海港、南通港、张家港港、江阴港、镇江港、南京港等众多港口,组成了长江三角洲港口群的重要部分,这些港口形成了集装箱港口地域组合系统[①]。但长江下游的港口缺乏良性分工,港口功能开发存在诸多问题。国外一些学者认为港口体系的空间发展已进入"区域化"发展这一新阶段,将相邻城市、相邻港口的经济、社会连成一片,是英国地理学家伯德 Anyport 模型后的第六阶段[②]。

按现有港口条件,长江下游众多港口只有通过区域整合形成优势互补,才能参与国际竞争。长江下游港口的共同战略目标是建设上海国际航运中心,即以上海港为航运中心的核心、以其他港口为辅助港为上海港货物提供中转运输服务,减轻上海货物中转压力。

上海国际航运中心各港区的功能定位可归纳如下。

上海港:定位为国际集装箱枢纽港,是上海国际航运中心的核心港口。

南京港:长江下游最重要的货物中转枢纽港,上海国际航运中心的次中心,目标是发展成为长江上的地区性国际集装箱枢纽港。

南通港、张家港港:分别位于长江口的南北两侧,具有一定的地理优势,成为上海的辅助港,分流上海港的物资。

江阴港、镇江港:以南京港为核心,作为南京的喂给港,协助南京港中转物资。

6.2.2 港城空间组织模式

由上述港口的功能定位以及港城空间分析,可以对长江下游港城空间发展路径提出可选的模式(表 6-1)。

表 6-1　长江下游港城空间发展路径

港口定位	港城空间组织模式	城市职能	区域形态特征	核心特征	临港组团职能	岸线使用
国际集装箱枢纽港——上海港、南京港	港城空间一体化	城市由区域中心城市向国际大都市迈进	大城市连绵区	资金、信息密集	临港物流节点、保税区、生产服务、技术研发、高端居住区	生产、生活空间共享

----

① 陈航. 论海港地域组合的形成机制与发展过程[J]. 地理学报,1996,51(6):501-507

② Notteboom E, Rodrigue J. Port Regionalization:Towards a New Phase in Port Development[J]. Mari-time Policy & Management. ,2005,32(3):297-313

港口定位	港城空间组织模式	城市职能	区域形态特征	核心特征	临港组团职能	岸线使用
物资中转枢纽港——南通港、张家港港、江阴港、镇江港、南京港	港城空间分离	城市由中小城市向区域中心城市过渡	城市群	技术、资金密集	临港重工业企业、临港物流节点	港区生产、重工业企业共享
综合性功能港——上海港	整合性港城空间	城市由一般城市向生态型旅游城市过渡	城市群	消费密集	客运码头、临港居住、娱乐休闲、人文景观	居住、娱乐、办公、商业等共享

将上述的空间发展路径落实到空间,可以得出长江下游港城空间模式,分为以下三类。

6.2.2.1　港城空间一体化模式

港城空间一体化模式特点表现为:

(1) 适用于大型集装箱综合港,如上海港、南京港。

(2) 港区空间与生活空间的矛盾较小,生产、生活空间共享临港岸线资源。

(3) 在临港地区形成高品质的沿海居住组团,港城外围形成第二层次的居住组团。

(4) 保税区是支撑这种空间布局的发展核心,其中包括物流仓储、生产加工、国际贸易、保税商品等多个功能,是允许外商贸易类项目的唯一区域,最大限度地发挥港口对信息、资金、物资的核心组织作用[①](图6-1)。

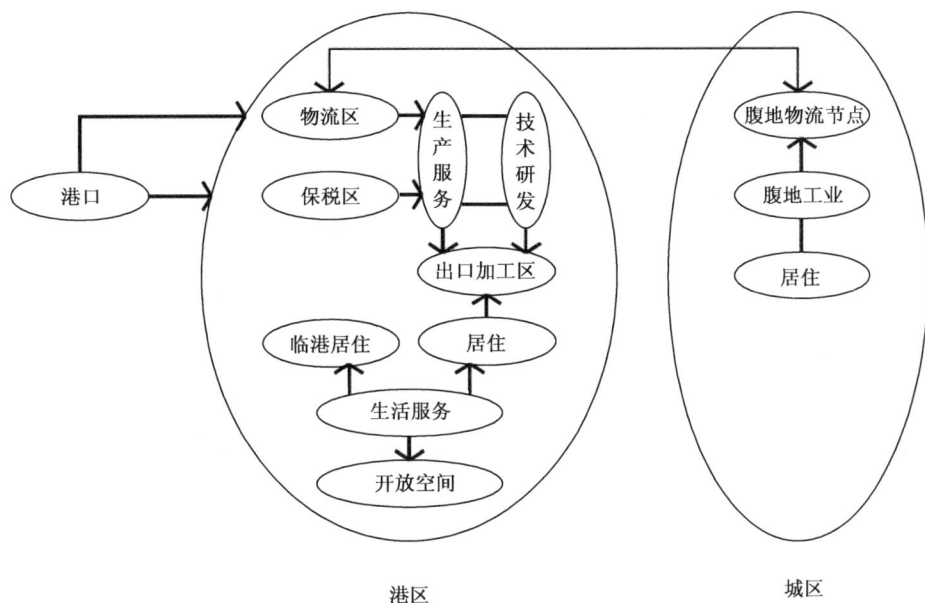

图6-1　港城空间一体化模式图

图片来源:作者自绘

---

① 唐秀敏. 港城关系的发展与上海国际航运中心建设[D].上海:华东师范大学,2005:45

6.2.2.2 港城空间分离模式

港城空间分离模式特点表现为：

（1）适用于物资中转枢纽港，如南通港、张家港港、江阴港、镇江港。

（2）港区的生产空间与生活空间存在一定的矛盾和冲突，形成港城分离发展的状况。

（3）港区生产与重工业企业共享岸线资源。

（4）大型企业在空间布局起到主导性构架作用，并形成产业集群。

（5）物流作为港区与后方产业空间的物资联系方式。

（6）港城之间的界面是港口与城市之间的地理边界区域，包括交通组织、绿化隔离等功能。

（7）城市作为港区的辅助生活空间，提供给港口居住和生活服务等功能（图6-2）。

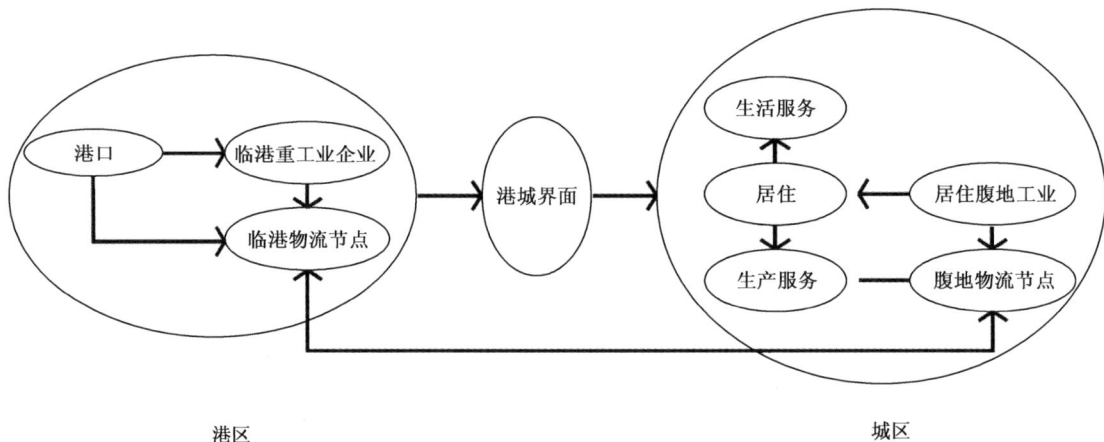

图6-2　港城空间分离模式

图片来源：作者自绘

6.2.2.3 整合型港城空间发展模式

整合型港城空间发展模式特点表现为：

（1）将港区与城区的空间进行整合，将港口滨水区建设成经济、文化、社会等多方位的区域，形成整合型港城发展空间模式，也是港口区域未来发展的趋势。

（2）居住、娱乐休闲、办公、商业、旅游服务等共享港口滨水区域岸线资源。

（3）滨水区具备不同品质特征的居住空间，以满足不同人群需求。

（4）滨水景观作为城市景观的一部分，与城市联系紧密。

（5）临港产业发展空间、生产服务空间与城市空间形成有机的联系。

（6）适用于港城发展关系密切、滨水空间有一定的开发潜力的港域，如上海国际航运中心（图6-3）。

6.2.3 港口区域再开发

随着我国经济与社会的发展、城市经济结构的调整，越来越多的港城面临港口区域再开发的问题，可以根据以下几点对其进行设计：

（1）调整用地结构：对原有港城已衰落的空间进行机构性和功能性的综合调整，利用港区再开发，完成对城市社会功能的重塑。如上海黄浦江港口区的功能，由原来以交通运输、

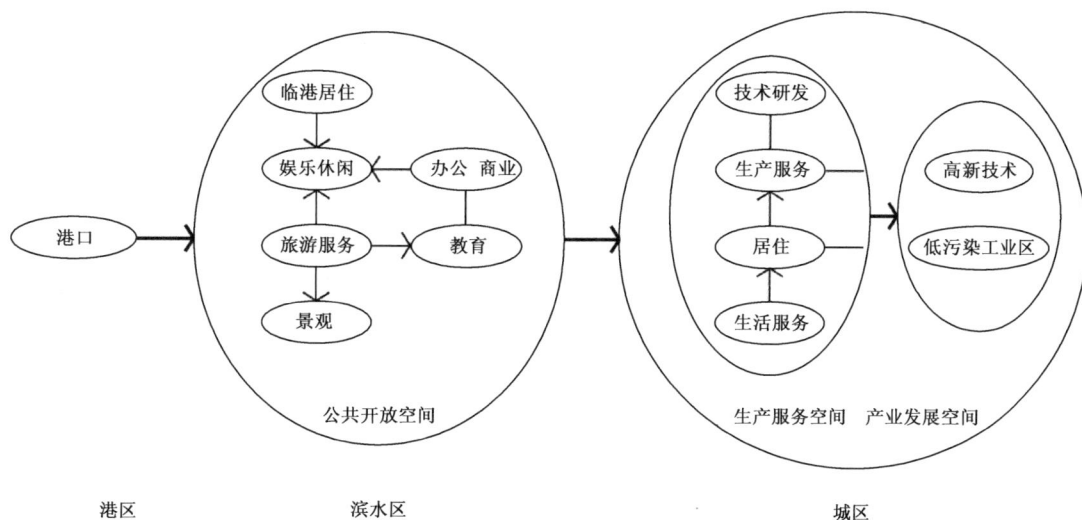

图 6-3　整合型港城空间发展模式

图片来源：作者自绘

码头企业为主，转换到以金融、旅游、景观、居住为主，实现了从生产型到综合服务性的转换。

（2）延续城市文脉：对港区中有价值的历史建筑和地块，在保护利用原则下进行改造、更新和合理利用，既延续城市文脉，同时又是对景观的再创造。

（3）塑造景观空间：景观空间的塑造是港区再开发中的重要一环，利用绿地、滨江公园、道路沿岸绿地等手法形成内容丰富、形式多样的景观空间，改善滨水区域自然生态环境，使人与自然协调发展。

6.2.4　区域内的交通体系

为避免原来的交通体系各成一体的状况，需结合长江下游港口区域空间发展的需求，在明确各港口的特点及定位后，形成各类型港口所需要的高效、快速的交通网络。

（1）铁路：加强铁路的网络建设，与港口建设配合，使港口与铁路干线顺畅连接。

（2）高速公路：在已有的基础上，建设高速公路，使港口与沪宁高速和沿江高速干线连接通畅。

（3）水运：长三角航运潜力巨大，应统筹安排长江下游航道体系，并加强航道的维护，以形成长江下游水运货运体系。

（4）物流：在下游的港口发展建设区域次级物流中心，与区域内枢纽性物流中心形成统一标准的区域性物流体系。

6.2.5　生态的可持续性发展

为保持港城生态的可持续发展，可以对港区空间设计采取如下措施。

6.2.5.1　港区的生态规划

目前我国的港区总体规划中缺少生态规划内容，只有环境保护规划，这是港口规划内容的一大缺失。在制定生态规划篇章中，应该将港口的特点、功能定位、空间布局等融入地域生态特征中,使生态规划在技术层面促进港口的总体规划,从而将生态理念贯穿到港口开发、运营等全过程中。如在港址选择中应避开自然保护区,并使港区生态规划与城市生态规划相互协调融合,在港区的功能布局、交通组织、景观结构和建筑设计中体现生态修复理念和措施,降低对生态环境的影响,切实体现生态可持续发展理念。

6.2.5.2 环境保护措施

(1)制定相应的港口环境保护评价体系和生态建筑认证系统,有助于管理部门对环境实行监管和约束,并对港口的环境保护实现科学管理,以减少对环境的破坏。

(2)节能环保的交通方式:对于港外交通方式,一方面采取降低车船排放标准的措施,另一方面优先选择废气排放较少的铁路运输,减少排放量高的公路运输;港区内部社会交通采取设置公交、自行车道路的方式,塑造生态、环保、低能耗的交通系统。

(3)通过公园、绿地、沿岸景观等点线面的布局结构,塑造生态绿化景观结构,将滨水景观的保护开发作为重点,对港区重要的湿地和具有地貌特色的区位实施生态保护。

(4)对港区噪音、粉尘、垃圾等污染物配套相应的防治设施,如对垃圾的处理可以降低垃圾生成量、增加回收再利用为主,在船舶上安装污水处理设施,并建立船舶溢油监测体系,提高处理事故反应能力,设置垃圾处理系统,并在运送垃圾过程中进行密封处理。

6.2.5.3 资源的节约利用

随着港口国际船舶大型化的发展,港口空间发展需求与资源紧缺的矛盾日益突显,因此,如何有效利用现有开发资源,是港口生态建设的重要一环。

(1)有效利用岸线资源:合理开发岸线资源,将岸线利用规划与城市规划相协调,对岸线功能区划进行有计划、有步骤、分重点的开发,以"深水深用,浅水浅用"为原则,从而确保岸线资源的可持续利用,提高岸线利用率。

(2)节约使用土地资源:在港区进行建设时,应多利用废弃地,少占用耕地、林地等经济作物用地,对港区土地用地与城市土地利用总体规划进行协调,避免重复建设和过度超前建设。

(3)合理开发水资源:水资源是不可再生资源,在满足港区最低淡水使用需要的基础上,开发江、海等水资源,并利用污水处理系统处理污水、雨水用于绿化浇灌和卫浴,提高可用水资源的数量,以确保港区工业水资源供需的动态平衡。

6.3 不足与展望

本章通过对以上章节的分析和论证,概括出长江下游城市港口区域空间发展存在的问题,提出长江下游城市港口区域空间的发展策略,以期为我国港城空间发展提供借鉴。

对港口区域空间形态的研究,具有很强的系统性和复杂性,要充分运用相关学科如产业经济学、人文地理学、交通运输学、城市规划学、建筑学的成果进行综合分析研究。囿于作者学识,本书存在许多不足之处,有待进一步研究与探讨,具体表现为:

(1)理论基础相对薄弱。我国对城市港口区域空间形态的研究从 1990 年代才开始,且我国对于港城空间理论的研究大多追随于西方国家,无论从研究内容还是研究方法上而言,都十分薄弱,并且研究内容过多地集中于产业经济、人文地理、交通运输等领域,也使得本书的理论基础相对薄弱。

（2）研究对象具有局限性。本书的研究对象限制在长江下游地区，长江下游地区港口群只是港城空间研究对象的一部分，对该领域的需求来说，研究对象还可以扩展至对国内其他区域如珠江三角洲、京津冀等城市群的港口区域空间的综合考察。

（3）研究方法具有单一性。本书研究涉猎内容宽泛而庞杂，资料源自不同的部门和单位。本书对港城空间的分析，多采取定性分析，较少用到定量分析，在此后的研究中可结合定量分析方法，如加入城市 GIS 空间分析、城市空间动力学分析、城市空间信息分析等内容。所有这些不同的改进方式都有待于在后续研究中一一探讨。

参考文献

中文文献

学术著作

［1］张学恕. 中国长江下游经济发展史［M］. 南京：东南大学出版社,1990.

［2］武进. 中国城市形态：结构、特征及其演变［M］. 南京：江苏科学技术出版社,1990.

［3］段进. 城市空间发展论［M］. 南京：江苏科学技术出版社,2006.

［4］顾朝林,甄峰,张京祥. 集聚与扩散：城市空间结构新论［M］. 南京：东南大学出版社,2000.

［5］熊国平. 当代中国城市形态演变［M］. 北京：中国建筑工业出版社,2006.

［6］罗正齐. 港口经济学［M］. 北京：学苑出版社,1991.

［7］郑弘毅. 港口城市探索［M］. 南京：河海大学出版社,1991.

［8］王诺,白景涛. 世界老港城市化改造发展研究［M］. 北京：人民交通出版社,2004.

［9］中国城市规划设计院. 现代海港城市规划和港区合理布局［M］. 哈尔滨：黑龙江人民出版社,1985.

［10］科研成果汇编组. 现代海港城市规划［M］. 哈尔滨：黑龙江人民出版社,1985.

［11］洪承礼. 港口规划与布置［M］. 第 2 版. 北京：人民交通出版社,1999.

［12］中国航海史研究会. 镇江港史［M］. 北京：人民交通出版社,1989.

［13］斯米尔诺夫(Смирнов Г Н). 港口与港口建筑物［M］. 吴德镇,译. 北京：人民交通出版社,1984.

［14］于汝民. 港口规划与建设［M］. 北京：人民交通出版社,2003.

［15］许浩. 城市景观规划设计理论与技法［M］. 北京：中国建筑工业出版社,2006.

［16］杨·盖尔. 交往与空间［M］. 何人可,译. 北京：中国建筑工业出版社,1992.

［17］施淑文. 建筑环境色彩设计［M］. 北京：中国建筑工业出版社,1991.

［18］中交水运规划设计院. 现代集装箱港区规划设计与研究［M］. 北京：人民交通出版社,2007.

［19］洋山同盛港口建设有限公司. 上海国际航运中心洋山深水港区一期工程论文集［M］. 北京：人民交通出版社,2006.

［20］《建筑设计资料集》编委会. 建筑设计资料集 6［M］. 第 2 版. 北京：中国建筑工业出版社,1991.

［21］大连市建筑设计研究院. 港口客运站建筑设计规范［M］. 北京：建设部标准定额研究所,1992.

［22］连义平. 综合交通运输概论［M］. 成都：西南交通大学出版社,2009.

［23］王任祥主编. 交通运输地理［M］. 北京：人民交通出版社,2008.

［24］城市土地研究学会. 都市滨水区规划［M］. 马青,马雪梅,李殿生,译. 沈阳：辽宁科学技术出版社,2007.

［25］伊利尔·沙里宁. 城市：它的发展、衰败与未来［M］. 顾启源,译. 北京：中国建筑工业出版社,1986.

［26］郑弘毅. 港口城市探索［M］. 南京：河海大学出版社,1991.

［27］王海平. 港口发展战略与规划［M］. 天津：天津人民出版社,2005.

［28］上海市城市规划设计研究院. 上海城市规划演进［M］. 上海：同济大学出版社,2007.

[29] 马小奇.上海港史话[M].北京:人民交通出版社,1990.

[30] 同济大学城市规划教研室.中国城市建设史[M].北京:中国建筑工业出版社,1982.

[31] 范锴.民国南通县图志[M].江苏:江苏古籍出版社,1990.

[32] 高鼎传.江阴港史[M].武汉:武汉出版社,1989.

[33] 中国航海史研究会.镇江港史[M].北京:人民交通出版社,1989.

[34] 张力.镇江交通史[M].北京:人民交通出版社,1989.

[35] 蒋赞初.南京史话[M].南京:南京出版社,1995.

[36] 马小奇.南京港史[M].北京:人民交通出版社,1989.

[37] 曹洪涛,刘金声.中国近现代城市的发展[M].北京:中国城市出版社,1998.

[38] 苏则民.南京城市规划史稿(古代篇·近代篇)[M].北京:中国建筑工业出版社,2008.

[39] 土木学会.港口的景观设计[M].日本:技报堂出版,1993.

学位论文

[1] 陈烨.京津冀沿海港口城市空间形态演变研究[D].北京:中国城市规划设计研究院,2008.

[2] 邰艳丽.东北地区城市形态研究[D].长春:东北师范大学,2004.

[3] 刘延超.基于可持续理念的汉堡港口新城更新研究[D].沈阳:沈阳建筑大学,2012.

[4] 余建华.南通城市空间发展战略研究[D].南京:南京师范大学,2002.

[5] 王建波.烟台城市空间形态的演变[D].上海:同济大学建筑与城市规划学院,2006.

[6] 谢金金.张家港市港城关系研究[D].苏州:苏州科技学院,2011.

[7] 孙青林.沿海港口城市空间结构[D].哈尔滨:哈尔滨工业大学,2008.

[8] 唐秀敏.港城关系的发展与上海国际航运中心建设[D].上海:华东师范大学,2005.

[9] 武强.近代上海港城关系研究(1843—1937)[D].上海:复旦大学,2011.

[10] 王敏.张家港港发展战略研究[D].武汉:武汉理工大学,2003.

[11] 金辉虎.港口建设项目环境经济分析与评价研究[D].西安:长安大学,2011.

[12] 尚正勇.城市空间形态演变的多尺度研究——以江苏省淮安市为例[D].南京:南京师范大学,2011.

[13] 陈航.港城互动的理论与实证研究[D].大连:大连海事大学,2009.

[14] 刘文.天津港城互动发展策略研究[D].武汉:武汉理工大学,2007.

[15] 陈芸芸.港城互动发展研究[D].大连:大连海事大学,2007.

[16] 曹虹宇.上海港城互动发展与对策研究:[D].上海:上海交通大学,2008.

[17] 陈晓宁.滨海港口区域景观规划与设计[D].北京:北京林业大学,2007.

[18] 付博新.港口景观设计与评价方法研究[D].大连:大连理工大学,2007.

[19] 丁仕堂.港城关系对城市空间结构的影响研究——以日照为例[D].上海:同济大学,2008.

[20] 张威.当代工业建筑的色彩设计[D].天津:天津大学,2005.

[21] 王宇.滨湖风景与建筑[D].南京:东南大学,2011.

[22] 姜丽丽.辽宁省港口城市空间格局及整合发展研究[D].长春:东北师范大学,2011.

[23] 杨伟.河口港城市深水港址的选择研究——以福州东洛近陆岛港新方案为例[D].福州:福建师范大学,2003.

[24] 黄芳.港口物流系统集疏运环节协调优化分析[D].成都:西南交通大学,2003.

[25] 熊国平.90年代以来中国城市形态演变研究[D].南京:南京大学,2005.

[26] 管佳佳.上海港发展成为国际枢纽港的策略研究——从上海港和鹿特丹港的比较分析谈起[D].上海:复旦大学,2004.

[27] 杨建勇.现代港口发展的理论与实践研究[D].上海:上海海事大学,2005.

学术期刊、会议论文、研究报告

［1］曹有挥,毛汉英,许刚. 长江下游港口体系的职能结构［J］. 地理学报,2011(9):584-590.

［2］彭劲松. 长江经济带城市综合竞争力及空间分异［J］. 重庆工商大学学报(社会科学版),2007,24(4):39-44.

［3］谷凯:城市形态的理论与方法——探索全面与理性的研究框架［J］. 城市规划,2001,25(12):36-42.

［4］刘宇峰. 试论紧缩城市与分散城市［J］. 科技情报开发与经济,2007,17(15):131-132.

［5］王列辉. 国外港口城市空间结构综述［J］. 城市规划,2010,34(11):55-62.

［6］赵一飞. 上海国际集装箱枢纽港备选方案比较［J］. 上海交通大学学报,2000(1):14-17.

［7］刘秉镰. 港城关系机理分析［J］. 港口经济,2002(3):12-14.

［8］杨伟,宗跃光. 现代化港口城市港城关系的建设——以江苏省南通市为例［J］. 经济地理,2008,28(2):209-213.

［9］万旭东,麦贤敏. 港口在城市空间组织中的作用解析［J］. 规划师,2009,25(4):56-62.

［10］刘铭. 港口集疏运问题研究［J］. 现代商贸工业,2010(13):126-127.

［11］交通部规划设计院. 上海港总体规划(2010—2020)［R］. 上海:上海市港口管理局,2009.

［12］戴鞍钢. 港口·城市·腹地——上海与长江流域经济关系的历史考察［J］. 中国城市经济,2004(1):50-53.

［13］南通市规划局. 南通市城市总体规划(2008—2030)［R］. 南通市人民政府,2009.

［14］殷惠. 张家港港城关系探析［J］. 中国港口,2006(5):44-46.

［15］胡海波. 城市滨水地区复兴——以南京下关为例［C］//中国城市规划学会. 和谐城市规划:2007年中国城市规划年会论文集. 哈尔滨:黑龙江科学技术出版社,2007.

［16］王宇. 南京下关城市空间结构及其相关因素的演变研究［C］//中国建筑学会. 建筑我们的和谐家园:2012年中国建筑学会年会论文集. 北京:中国建筑工业出版社,2012.

［17］俞晓晶. 国际航运中心的集疏运体系［J］. 水运管理,2009,31(7):11-14.

［18］石良清,凤翔鸣,张亚明. 我国集装箱干线港集疏运系统分析［J］. 集装箱化,2005(4):1-6.

［19］车洁龄. 汉堡港新城低碳策略的实施及其空间影响研究［C］//第九届国际绿色建筑与建筑节能大会论文集,2013.

［20］宋海良,吴澎,邓筱鹏,等. 外高桥现代集装箱港区规划与设计［J］. 水运工程,2005(5):183-194.

［21］高宗祺,昌敦虎,叶文虎. 港口城市演变趋势的剖析及可持续发展战略选择［J］. 中国人口·资源与环境,2010,20(5):102-109.

［22］顾英. 伦敦码头区再开发成功的经验与启示［J］. 上海城市规划,1999(5):35-39.

［23］袁家冬,胡娜,李少星. 横滨"港口未来21世纪"规划的分析与借鉴［J］. 国际城市规划,2008(23):36-41.

［24］蔡丽娜. 国外绿色港口建设经验与启示［C］//中国航海学会船舶防污染专业委员会. 2010年船舶防污染学术年会论文集. 北京:人民交通出版社,2010.

［25］卢勇,胡昊. 悉尼港绿色港口实践及其对我国的启示［J］. 中国航海,2009,32(1):72-76.

［26］杨华雄. 论港口与城市的协调发展［J］. 中国港口,2000(6):9.

［27］陈勇. 从鹿特丹港的发展看世界港口发展的新趋势［J］. 中国航海,2009,32(1):72-76.

［28］陈航. 论海港地域组合的形成机制与发展过程［J］. 地理学报,1996,51(6):501-507.

［29］交通部规划研究院. 镇江港总体规划［R］. 镇江市港口管理局,2006.

［30］方玲梅,姚庆梅,田蕤新,等. 南通城市空间结构演变过程与特征研究［J］. 现代城市研究,2011(3):62-68.

［31］深圳市城市规划设计研究院. 张家港市城市总体规划(2011—2030)［R］. 张家港人民政府,2012.

[32] 交通部规划研究院.无锡(江阴)港总体规划[R].无锡市港口管理局,2006.

[33] 姚亦峰.南京城市水系变迁以及现代景观研究[J].城市规划,2009,33(11):39-43.

[34] 南京市规划设计研究院有限责任公司.南京总规 2011 版(阶段成果)[R].南京市规划局,2011.

[35] 曹卫东,曹有挥,李海建.港口体系区域基础的综合评价研究——以长江下游干流沿岸港口体系为例[J].安徽师范大学学报(自然科学版),2004(2):195-199.

[36] 张陶新,杨英,喻理.智慧城市的理论与实践研究[J].湖南工业大学学报,2012,17(1):1-7.

[37] 程泽坤.上海国际航运中心洋山深水港区平面布置方案[J].中国港湾建设,2007(5):31-35.

[38] 浦伟庆,陈昕.上海国际航运中心洋山深水港一期工程港区进港主干道方案设计[J].上海建设科技,2002(6):18-20.

[39] 浦伟庆.上海国际航运中心洋山深水港区一期工程总平面设计[J].上海建设科技,2003(3):6-8.

[40] 宋海良,吴澎,邓筱鹏,等.外高桥现代集装箱港区规划与设计[J].水运工程,2005(5):21-32.

[41] 方爱东.上海港外高桥(高桥嘴)港区二期工程设计概况[J].水运工程,2000(1):24-30.

[42] 南京市规划设计研究院有限责任公司.南京市下关区总体规划(2010—2030)[R].南京:南京市规划局,下关区人民政府,2011.

[43] 吴澎,王荣明.现代集装箱港区的创新设计[J].水运工程,2009(1):167-174.

[44] 应臻.新形势下城市核心地区的空间塑造——上海外滩金融集聚带的滨江空间规划[J].城市建筑,2011(2):76-79.

[45] 曹志英.对现代单层大空间工业建筑设计的思考[J].工业建筑,2002(12):24-25.

[46] 秦洛峰,魏薇.汉堡港口改造规划[J].新建筑,2005(1):32-35.

[47] 田文之,陈雪莉.上海港十六铺客运站设计探讨[J].建筑学报,1981(7):23-29.

[48] 钟诚,陈凌.现代国际港口客运站设计探究[J].水运工程,2011(S1):129-132.

[49] 范亚树,邵峰.上海港国际客运中心城市与交通流线设计[J].建筑技艺,2009(5):74-81.

[50] 陈缨.上海国际航运中心洋山深水港区管理中心[J].建筑创作,2005(6):74-79.

[51] 韩晶.伦敦金丝雀码头城市设计[J].世界建筑导报,2007(2):100-105.

[52] 秦洛峰,魏薇.汉堡港口改造规划[J].新建筑,2005(1):32-35.

[53] 王建国,戎俊强.关于产业类历史建筑和地段的保护性再利用[J].时代建筑,2001(4):10-13.

[54] 陈志翔.修旧为创新,整合求转型——杜伊斯堡内港公园改造[J].现代城市研究,2006(3):80-88.

[55] 张天舒.日本横滨港老港区改造简介[J].港口科技动态,2004(12):23-26.

[56] 武旭阳.西方城市规划理论演变及对我国城市规划的思考[J].安徽建筑,2012(6):11-13.

[57] 张晋石.城市旧港区更新中的开放空间设计[C]//中国风景园林学会.中国风景园林学会 2010 年会论文集.北京:中国建筑工业出版社,2010.

电子文献

[1] hysky523.广亩城市[EB/OL].(2013-11-06).http://baike.baidu.com/view/1691990.htm.

[2] ycq112.精明增长[EB/OL].(2012-09-16).http://baike.baidu.com/view/2186786.htm.

[3] 心系唯一.腹地[EB/OL].(2013-03-31).http://baike.baidu.com/link?url=jmSh8p4MBZOhgoBllk-EpHW3gWEplt7AOAzoRDpsRhSTK0U4-R-bApoSpzNCaB_Awc_lsm_2TxK-qlLsbxxxma-NuXtw-C8JBaXvwOiGrAEAyMbmwJlSowt8ETJ_-atcq.

[4] Hehelin.港口陆域[EB/OL].(2013-11-07).http://wiki.mbalib.com/wiki/Land_Area_Of_Harbor.

[5] Linshuchegn_71.港口集疏运系统[EB/OL].(2013-12-15).http://baike.baidu.com/view/1372929.htm.

[6] 从远处走来.水路运输[EB/OL].(2013-07-12).http://baike.baidu.com/view/136970.htm.

[7] 于蕾.江阴市鹅鼻嘴公园[EB/OL].(2007-01-25).http://js.news.cn/jiangyin/2007-01/25/content_

9139034. htm.

［8］镇江水利工程［EB/OL］.（2010-11-15）. http://news. 66wz. com/system/2010/11/15/102201670. shtml.

［9］南京有个五马渡［EB/OL］.（2010-09-05）. http://www. 17u. com/blog/article/563731. html.

［10］镇江市的城市建设面貌［EB/OL］.（2009-02-07）. http://www. zj. efw. cn/news/n27378_3. html.

［11］荷兰鹿特丹 Kop van Zuid［EB/OL］.（2006-01-22）. http://www. landscape. cn/works/photo/index_160. html.

［12］杨光 NO1. 新加坡河［EB/OL］.（2013-07-11）. http://baike. baidu. com/link? url＝iI964Ihp7NFwAj-GiEMg2HATtdyLa1QW2xFb7GqOWcTrz6_KEjTWpziBTgvZj5w0X

［13］徜徉在新加坡河畔 时光停滞中感受定格之美［EB/OL］.（2013-03-04）. http://sd. sina. com. cn/travel/line/2013-03-04/06125198. html.

［14］驳船码头［EB/OL］.（2010-05-14）. http://travel. sina. com/news/food/2010-05-14/22505391. html.

［15］新加坡最具特色现代建筑［EB/OL］.（2013-05-03）. http://design. newsccn. com/2013-05-03/206484. html.

［16］sunjinlontongzhi. 新加坡河河畔［EB/OL］.（2010-07-16）. http://www. nipic. com/show/1/73/20c3acabd8eba3a6. htm.

［17］White-Silent-Night. 伦敦码头区［EB/OL］.（2013-11-12）. http://zh. wikipedia. org/wiki/%E5%80%AB%E6%95%A6%E7%A2%BC%E9%A0%AD%E5%8D%80.

［18］luo2801. 都市综合体论述之一［EB/OL］.（2010-05-15）. http://luo2801. blog. 163. com/blog/static/6167520020104154849324/

［19］伦敦码头金融中心［EB/OL］.（2010-11-22）. http://image. baidu. com/i? tn＝baiduimage&ct＝201326592&lm＝-1&cl＝2&nc＝1&ie＝utf-8&word＝%E9%87%91%E4%B8%9D%E9%9B%80%E7%A0%81%E5%A4%B4.

［20］高健. CBD［EB/OL］.（2010-11-22）. http://wwww. china-up. com/hdwiki/index. php? doc-view-267.

［21］The Interior Archive. 金丝雀码头［EB/OL］.（2010-11-29）. http://image. baidu. com/i? tn＝baiduimage&ct＝201326592&lm＝-1&cl＝2&nc＝1&ie＝utf-8&word＝%E9%87%91%E4%B8%9D%E9%9B%80%E7%A0%81%E5%A4%B4.

［22］伦敦码头住宅区［EB/OL］.（2011-03-05）. http://image. baidu. com/i? tn＝baiduimage&ipn＝r&ct＝201326592&cl＝2&lm＝-1&st＝-1&fm＝result&fr＝&sf＝1&fmq＝1390750428202_R&pv＝&ic＝0&nc＝1&z＝&se＝1&showtab＝0&fb＝0&width＝&height＝&face＝0&istype＝2&ie＝utf-8&word＝%E4%BC%A6%E6%95%A6%E7%A0%81%E5%A4%B4%E4%BD%8F%E5%AE%85%E5%8C%BA.

［23］横滨港［EB/OL］.（2006-09-08. http://baike. baidu. com/view/175646. htm.

［24］从城市地标找寻美好生活魅力之源［EB/OL］.（2008-11-11）. http://ipad. jfdaily. com/sbyc/ipad/2008-11/11/content_400453. htm.

［25］一笑而过. 上海南外滩夜景［EB/OL］.（2011-08-01）. http://www. 17u. com/news/shownews_301859_0_n. html.

［26］月家福. 再看镇江外滩［EB/OL］.（2010-05-14）. http://bbs. my0511. com/f314b-t3945085z-1-1.

［27］机灵兔. 东海大桥［EB/OL］.（2013-11-02）. http://baike. baidu. com/view/122000. htm? fromTaglist.

［28］王佳佳. 德国第一大港口城市［EB/OL］.（2010-01-31）. http://163. foloda. com/topic/sh/hsl/zykct40/zyhsl10/index7. html.

［29］建筑设计:德国汉堡易北爱乐厅［EB/OL］.（2011-11-04）. http://news. ccd. com. cn/Htmls/2011/

11/4/2011114111232119541-5. html.

[30] 西班牙古根海姆博物馆［EB/OL］.（2006-05-24）. http://www. sj33. cn/architecture/slsj/wenhua/200605/8790. html.

[31] 金丝雀码头［EB/OL］.（2010-11-29）. http://image. baidu. com/i? tn＝baiduimage&ct＝201326592&lm＝-1&cl＝2&nc＝1&ie＝utf-8&word＝%E9%87%91%E4%B8%9D%E9%9B%80%E7%A0%81%E5%A4%B4.

[32] 百度百科［EB/OL］.（2008-07-07）. http://image. baidu. com/i? tn＝baiduimage&ct＝201326592&lm＝-1&cl＝2&nc＝1&word＝%E6%82%89%E5%B0%BC%E6%B8%AF&ie＝utf-8.

外文文献

学术著作

[1] Howard E. Garden Cities of To-morrow[M]. New York：The MIT Press,1965.

[2] Lynch K. Good City Form[M]. New York：The MIT Press,1981.

[3] Bird J H. Seaport Gateways of Australia [M]. London： Oxford University Press, 1968.

[4] Bird J H. Seaports and Seaport Terminals[M]. London：Hutchinson University Library,1971.

[5] McGee T G. The Southeast Asian City：A social geography of the primate cities of Southeast Asia [M]. London：Bell Sons Ltd,1967.

[6] Hoyle B S, Hilling D. Seaport Systems and Spatial Change：Technology, Industry and Development Strategies [M]. Wiley：Chichester,1984.

[7] Hoyle B S, Pinder D A. Cityport Industrialization and Regional Development：Spatial Analysis and Planning Strategies[M]. Oxford： Pergamon Press,1981.

[8] Hall P. Waterfronts：A New Urban Frontier[M]. Berkeley C A：Institute of Urban and Regional Development，University of California,1991.

[9] European Commission. Hamburg：European Green Capital 2011 [M]. Luxembourg： Publications Office of the European Union，2011.

[10] Hoyle B S, Husain M S, Pinder D A. Revitalising the Waterfront：International Dimensions of Dockland Redevelopment [M]. London and New York：Belhaven Press,1988.

[11] Pesquera M A, Ruiz J R. Sustainable Development Strategies for Cities and Ports[M]. New York and Geneva：UNCTAD Monographs on Port Management,1996.

[12] Reeves P. Studying the Asian Port City[M]//Broeze F. Brides of the Sea：Port Cities of Asia from the 16 th-20 th Centuries. Honolulu：University of Hawaii Press,1989.

[13] Kidwai A H. Port Cities in a National System of Ports and Cities：A Geographical Analysis of Indiain the 20th Century[M]//Broeze F. Brides of the Sea：Port Cities of Asia from the 16th - 20th Centuries. Honolulu：University of Hawaii Press,1989.

[14] Murphey R. On the Evolution of the Port City[M] //Broeze F. Brides of the Sea：Port Cities of Asia from the 16th-20th Centuries. Honolulu：University of Hawaii Press,1989.

学位论文

[1] Ducruet C. Port Cities：Laboratories of Globalisation[D]. Le Havre University,2004.

学术期刊、会议论文、研究报告

[1] Ducruet C, Jeong O, European Port-city Interface and Its Asian Application[R]. Korea Research

Institute for Human Settlements,2005.

[2] Lee S W,Song D W,Ducruet C. A Tale of Asia's World Ports:The Spatial Evolution in Global Hub Port Cities[J]. Geoforum,2008.

[3] Sommer J W. The Internal Structure of African Cities [C]//Knight C G, Newman J L. Contemporary Afica Geography and Change. Engelwood Cliffs,NJ:Prentice Hall,1976.

[4] Taaffe E J, Morrill R L, Gould P R. Transport Expansion in Underdeveloped Countries: A Comparative Analysis [J]. Geographical Review, 1963,53(4).

[5] Hoyle B S. The Port-City Interface: Trends, Problems and Examples [J]. Geoforum, 1989(20).

[6] Forward C N. A Comparison of Waterfront Land Use in Four Canadian Ports: St. John's, Saint John, Halifax and Victoria [J]. Economic Geography,1969,45(2).

[7] Kenyon J B. Land Use Admixture in the Built-up Urban Waterfront: Extent and Implications [J]. Economic Geography,1968(44).

[8] McCalla R J. Separation and Specialisation of Land Uses in Cityport Waterfronts: The Cases of Saint John and Alifax [J]. Canadian Geographier,1983(27).

[9] Notteboom E, Rodrigue J. Port Regionalization:Towards a New Phase in Port Development[J]. Maritime Policy & Management, 2005,32(3).

[10] Bird H J. The Major Seaports of the United Kingdom [J]. Hutchinson,1963.

[11] Norcliffe G. Bassett K, Hoare T. The Emergence of Postmodernism on the Urban Waterfront: Geographical Perspectives on Changing Relationships[J]. Journal of Transport Geography,1996,4(2).

[12] Hayuth Y. Changes on the Waterfront:A Model-Based Approach[C] // Hoyle B S, Husain M S, Pinder D A,1988.

[13] Slack B. Harbour redevelopment in Canada:Ottawa:Ministry of State for Urban Affairs [R]. Urban Affairs Paper A—75—2,1975.

[14] Lindlahr P. The Hamburg Strategy to Combat Climate Change [R]. Hamburg,2007.

[15] Fujita M, Mori T. The Role of Ports in the Making of Major Cities:Self-Agglomeration and Hub-Effect[J]. Journal of Development Economics,1996(49).

[16] Olivier D,Slack B. Rethinking the Port[J]. Environment and Planning A,2006,38.

[17] Gleave M B. Port Activities and the Spatial Structure of Cities:The Case of Freetown, Sierra Leone [J]. Journal of Transport Geography,1997 (4).

[18] Slack B,Wang J J. The Challenge of Peripheral Ports:An Asian Perspective[J]. Geo Journal,2002 (56).

[19] Robinson R. Industrial Strategies and Port Development in Developing Countries:the Asian Case[J]. Tijdschrift Voor Economische En Sociale Geografie,1985,76(2):133-143.

[20] Gripaios R. Ports and their Influence on Local Economies:A UK Perspective[J]. The Dockand Harbour Authority,1999 (2).

[21] O'Connor K. Australian Ports,Metropolitan Areas and Trade-related Services [J]. Australian Geographer,1989,20(2).

[22] Hayuth Y. The Port-Urban Interface:An Area in Transition[J]. Area,1982,14(3).

[23] Van Klink H A. The Port Network as a New Stage in Port Development:The Case of Rotterdam[J]. Environment and Planning A,1998(30).

[24] Hoyle B S. Lamu:Waterfront Revitalization in an East African Port-city[J]. Cities,2001(5).

[25] Hoyle B S. Urban Renewal in East African Port Cities:Mombasa's Old Town Waterfront[J]. GeoJournal,2001(53).

［26］ Rodrigue J P. Transportation and Territorial Development in the Singapore Extended Metropolitan Region［J］. Singapore Journal of Tropical Geography,1994(15).

［27］ Ford L R. A Model of Indonesian City Structure［J］. Geographical Review,1993 (4).

［28］ Kosambi M,Brush J E. Three Colonial Port Cities in India［J］. Geographical Review，1988 (1).

［29］ Ducruet C,Lee S W. Front line Soldiers of Globalisation:Port-city Evolution and Regional Competition ［J］. GeoJournal,2006(67).

［30］ Fleming D,Hayuth Y. Spatial Characteristics of Transportation Hubs:Centrality and Intermediacy［J］. Journal of Transport Geography,1994(1).

电子文献

［1］ Bulk Liquid Berth No. 2-Port Botany Noise Assessment Report［EB/OL］. (2006－10－16). http://www. sydneyports. com. au/__ data/assets/pdf_file/0013/4315/appendixf. pd .

［2］ Marnanel. Howard-three-magnets［EB/OL］. (2004－02－20). http://zh. wikipedia. org/wiki/File:Howard-three-magnets. png

内容提要

港口区域作为理想城市中最具活力的区域之一,其空间生态可持续发展是当今众多学科研究的热点问题。如何使港口区域空间合理有序发展,并建立良好的港城空间体系,促进港口区域空间可持续发展,对城市和港口的发展均有重要意义。我国长江下游地区经济发达、城市密集,港口区域空间形态各异,港城关系复杂,其港口区域的研究具有重要的学术价值。本书特选其中几个有特色的城市港口区域作为主要的研究和分析对象,从建筑学科的角度对其进行分析和论证,并借鉴产业经济学、人文地理学、交通运输学、生态学、环境学等其他学科的研究理论和方法,遵循"宏观、中观、微观"的逻辑,针对港域空间发展中存在的问题,提出港口区域空间生态可持续发展行之有效的方法和手段。

本书适用于城市规划、建筑学以及相关学科领域的研究者及学生阅读参考。

图书在版编目(CIP)数据

理想城镇港口区域可持续发展研究 / 王宇著. —南

京 : 东南大学出版社,2019.12

(可持续发展的中国生态宜居城镇/齐康主编)

ISBN 978-7-5641-8344-8

Ⅰ. ①理… Ⅱ. ①王… Ⅲ. ①城镇经济-港口经济-经济可持续发展-研究-中国 Ⅳ. ①F299.27

中国版本图书馆 CIP 数据核字(2019)第 052280 号

理想城镇港口区域可持续发展研究
Lixiang Chengzhen Gangkou Quyu Kechixu Fazhan Yanjiu

著　　者:	王　宇
出版发行:	东南大学出版社
社　　址:	南京市四牌楼 2 号　　邮编:210096
出 版 人:	江建中
网　　址:	http://www.seupress.com
责任编辑:	戴　丽　贺玮玮
文字编辑:	魏晓平
责任印制:	周荣虎
经　　销:	全国各地新华书店
印　　刷:	上海雅昌艺术印刷有限公司
版　　次:	2019 年 12 月第 1 版
印　　次:	2019 年 12 月第 1 次印刷
开　　本:	787 mm×1092 mm　1/16
印　　张:	12.75
字　　数:	300 千字
书　　号:	ISBN 978-7-5641-8344-8
定　　价:	68.00 元

本社图书若有印装质量问题,请直接与营销部联系。电话(传真):025-83791830